ORGANISATION ET FONCTIONNEMENT

DES

SERVICES ADMINISTRATIFS

DU

CORPS EXPÉDITIONNAIRE FRANÇAIS

EN CHINE (1900-1901)

RAPPORT

Du Commissaire en chef de 1re classe de la marine

A. SAINTE-CLAIRE DEVILLE

DIRECTEUR DES SERVICES ADMINISTRATIFS DU CORPS EXPÉDITIONNAIRE

NANCY

IMPRIMERIE BERGER-LEVRAULT & Cie

18, RUE DES GLACIS, 18

1902

ORGANISATION ET FONCTIONNEMENT

DES

SERVICES ADMINISTRATIFS

DU

CORPS EXPÉDITIONNAIRE FRANÇAIS

EN CHINE (1900-1901)

ORGANISATION ET FONCTIONNEMENT

DES

SERVICES ADMINISTRATIFS

DU

CORPS EXPÉDITIONNAIRE FRANÇAIS

EN CHINE (1900-1901)

RAPPORT

Du Commissaire en chef de 1re classe de la marine

A. SAINTE-CLAIRE DEVILLE

DIRECTEUR DES SERVICES ADMINISTRATIFS DU CORPS EXPÉDITIONNAIRE

NANCY

IMPRIMERIE BERGER-LEVRAULT & Cie

18, RUE DES GLACIS, 18

1902

CORPS EXPÉDITIONNAIRE FRANÇAIS
EN CHINE

Direction des Services administratifs.

N° 2137

Tien-Tsin, le 17 février 1901.

Le Commissaire en chef Sainte-Claire Deville, directeur des Services administratifs, à M. le Général de division, commandant en chef le Corps expéditionnaire de Chine.

MON GÉNÉRAL,

Le 19 décembre 1900, vous m'avez adressé la circulaire suivante :

Le corps expéditionnaire de Chine a été organisé dans des conditions spéciales qui ne s'étaient pas encore présentées jusqu'ici ; c'est la première fois qu'on ait envoyé aussi loin, et en aussi peu de temps, une pareille quantité de troupes. La préparation de l'expédition a été rapide et, si l'ensemble peut être considéré comme satisfaisant, certains points de détail laissent à désirer.

Il convient, par suite, afin que l'expérience acquise au cours de l'expédition actuelle puisse être mise à profit pour les expéditions ultérieures, que chaque corps ou service étudie avec soin les conditions d'organisation et de fonctionnement qui lui sont propres, et fasse connaître les améliorations qu'elles auraient pu comporter ainsi que celles qu'on peut y introduire, soit dans le présent, soit dans l'avenir. Cette étude sera avantageusement complétée par la comparaison de notre organisation avec les organisations similaires des armées étrangères, toutes les fois qu'on pourra obtenir à ce sujet des indications suffisantes.

En conséquence, chaque corps ou service adressera un rapport établi conformément au programme particulier ci-joint; ce rapport fera r sortir la situation au 31 décembre 1900, il devra parvenir au génér commandant en chef, le 15 février 1901.

Au quartier général, à Tien-Tsin, le 19 décembre 1900.

Le général, commandant en chef le Corps expéditionnaire de Chine,

VOYRON.

Conformément aux prescriptions de ladite circulaire, j l'honneur de vous transmettre le rapport ci-après; je souha que vous y trouviez les éléments d'un travail d'enseml qui permette d'établir que, sous la direction du Comm sariat de la Marine, avec le concours intelligent et profo dément dévoué de l'Intendance militaire et des offici d'administration de la Guerre, l'Administration du cor expéditionnaire de Chine s'est toujours montrée à la haute de ce que l'on était en droit d'attendre d'elle, dans l'inté des finances de l'État, de l'ordre et du bien-être des homm

SAINTE-CLAIRE DEVILLE.

Le rapport annexé à la lettre ci-dessus a été fondu avec celui adressé au C mandant en chef le 15 juillet 1901.

PREMIÈRE PARTIE

ORGANISATION GÉNÉRALE DU SERVICE

I. — PERSONNEL

a) Composition du personnel. — Bases de fixation. Mise en route. — Observations à ce sujet.

Dès le début des pourparlers engagés à Paris, avec le Département de la Guerre, il a été entendu que ce Département ne fournirait que le personnel supérieur et inférieur nécessaire à la brigade de la Guerre.

Il a été convenu, toutefois, qu'un sous-intendant de 1re classe, M. Coppens de Norlandt, serait adjoint au directeur des Services administratifs, et qu'un adjoint à l'intendance, M. Chayrou, serait attaché au quartier général.

C'est dans cet ordre d'idées qu'a été conçue la dépêche du ministre de la Guerre, en date du 21 juillet 1900, dont le 1er paragraphe est ainsi libellé :

« J'ai l'honneur de porter à votre connaissance la composition, tant en personnel qu'en matériel, que j'ai arrêtée pour les services administratifs de la brigade expéditionnaire dont je vous ai donné la composition sommaire. »

Bien que le personnel des commis et ouvriers des Subsistances fixé par cette dépêche (217) ait été augmenté, puisque l'effectif de ce personnel atteignait, au 31 décembre 1900, le chiffre de 252 hommes, il était hors de doute que si ces 217 hommes (il n'est question ici que du personnel des Subsistances au-dessous du grade d'adjudant) étaient jugés par le Département de la Guerre nécessaires en vue d'assurer le service d'une brigade, 252 hommes ne pouvaient suffire pour deux brigades, pour le quartier général, les magasins de la base maritime, ceux de la base d'opérations, etc.

Dans cette pensée, par lettre du 23 juillet, le général, commandant en chef, a demandé au ministre d'affecter au Service administratif du Corps expéditionnaire, et d'expédier spécialement dans ce but, 13 gradés (sergents-majors, sergents-fourriers et caporaux d'infanterie de Marine) et 39 soldats (secrétaires, ordonnances et plantons), soit en tout 52 hommes.

Le 24 juillet, le ministre adressait des ordres en conséquence au vice-amiral, préfet maritime à Toulon; il décidait en outre que les militaires en question prendraient passage sur le paquebot partant de Marseille le 29 juillet, et se mettraient, à leur arrivée en Chine, à la disposition de M. le commissaire principal Dubled.

Cette dépêche n'ayant jamais été notifiée au Corps expéditionnaire, les militaires en question furent, dès leur débarquement, répartis entre les différents services; il ne semble pas qu'un seul d'entre eux ait été attribué au Service administratif.

Pendant qu'à Paris on s'efforçait de constituer les cadres du Corps expéditionnaire, le service administratif des troupes qui opéraient en Chine était dirigé par un aide-commissaire colonial, d'un très grand mérite, M. Le Conte, arrivé en même temps que M. le colonel de Pelacot et les corps prélevés sur les effectifs de l'Indo-Chine. M. Le Conte avait avec lui un écrivain auxiliaire du commissariat colonial et trente Annamites, bouchers, boulangers, etc.

Le 24 août sont débarqués du *Vinh-Long :* 1 commissaire principal de la Marine, désigné par le ministre pour remplir les fonctions de chef du service administratif, M. Dubled;

2 commissaires de 1re classe de la marine, MM. Carrière et Pognan;

1 commissaire de 2e classe, M. Cablat;

5 sous-officiers d'infanterie de Marine;

5 premiers maîtres;

2 seconds maîtres;

4 quartiers-maîtres;

13 matelots.

Ce personnel a assuré le service, dans les conditions les plus difficiles, jusqu'au 21 septembre, date du débarquement de M. le général de division Voyron, commandant en chef le Corps expéditionnaire de Chine.

Le 21 septembre et les jours suivants arrivaient, à Tong-Kou : le commissaire en chef, directeur des Services administratifs, M. Sainte-Claire Deville ; le sous-intendant, adjoint au directeur, M. Coppens de Norlandt ; deux officiers du commissariat, MM. Duvigeant et Prudham ; deux fonctionnaires de l'intendance, MM. Adam et Chayrou ; trois officiers d'administration (1 commissaire de 1re classe, M. Saint-Girons, venu avec M. le colonel Régis, était à Tien-Tsin depuis quelques jours déjà).

Le complément du personnel administratif, officiers, sous-officiers, caporaux et soldats, n'a été dirigé sur la Chine qu'ultérieurement et n'a débarqué à Tong-Kou qu'aux dates des 7 et 27 octobre 1900.

Il eût été à désirer que l'on embarquât, non pas même sur le premier navire affecté au transport des troupes, mais sur un navire devançant tous les autres, le personnel appelé à assurer la subsistance des hommes composant le Corps expéditionnaire ; les officiers, commis et ouvriers d'administration devaient arriver en Chine *avant tous autres*. Le fait de ne les avoir embarqués que sur le *Rio-Negro* et la *Bithynie* aurait pu avoir des conséquences regrettables.

Quoi qu'il en soit, c'est avec le personnel marin ci-dessus indiqué, et avec les quelques soldats d'infanterie de Marine mis par la place de Tien-Tsin à la disposition de la direction des Services administratifs, qu'il a fallu, jusqu'à l'arrivée des hommes de la section, d'une part, assurer la fabrication du pain et les distributions de vivres, non seulement aux troupes de la garnison et à celles qui débarquaient chaque jour de la rade, mais aussi aux troupes de passage se dirigeant sur Yang-Tsoum ou sur d'autres points, d'autre part, recevoir et emmagasiner les vivres et le matériel arrivant de France, de l'Indo-Chine, de Shanghaï et de Nagasaki, et, simultanément, assurer l'expédition des denrées destinées aux troupes se rendant, ou se trouvant déjà en garnison, sur les différents postes de stationnement.

Il est impossible de dire ce qu'a été cette période de travail intensif; ceux là seuls qui ont vu les moyens dont nous disposions et ont été à même d'apprécier les résultats obtenus, peuvent se rendre compte de la somme de zèle, d'initiative et de forces dépensée. Les difficultés auraient été bien plus grandes encore si le service, si rudimentaire qu'il fût, n'avait été aussi merveilleusement préparé et organisé, sous la direction de M. le commissaire principal Dubled, par l'Administration qui nous avait précédés.

Plus tard, lorsque le personnel de la section est arrivé, la direction des Services administratifs a été mise en demeure de restituer tous les hommes d'infanterie de Marine autres que ceux amenés par M. le commissaire principal Dubled, qui, pour parer au plus urgent, avaient été mis à la disposition de l'Administration.

Nous avons dû ainsi, avec quelques marins et le personnel que le Département de la Guerre jugeait utile pour une brigade, et après avoir doté très largement la direction des étapes, satisfaire aux obligations que nécessitaient le service de deux brigades, ceux du quartier général, des magasins généraux de Tien-Tsin, des places de Pékin, Pao-Ting-Fou, Tong-Kou, Yang-Tsoum et de nombreuses annexes.

Il est inutile de dire que nous avons trouvé dans tous les services, et chez tous les commandants de place, le plus grand désir de nous venir en aide, et que nous avons pu, notamment, obtenir des postes de garde, dont la présence a singulièrement soulagé nos ouvriers épuisés par les travaux de jour et de nuit (les boulangers) et se trouvant dans l'impossibilité d'assurer, pendant la nuit, la garde de nos établissements.

C'est, au surplus, dans cette entente entre les différents services et dans le grand désir de chacun de contribuer au bien commun, qu'il faut chercher le secret du bon fonctionnement de toutes les parties du service du Corps expéditionnaire.

b) Répartition du personnel au début, au 31 décembre 1900 et ultérieurement. — Principaux établissements du service.

Répartition du personnel

Au début, et après le départ de M. l'aide-commissaire colonial Le Conte, le personnel administratif officier du Corps expéditionnaire se composait de :

M. Dubled, commissaire principal de la Marine, chef du Service administratif;

M. Carrière, commissaire de 1re classe;

M. Pognan, commissaire de 1re classe;

M. Cablat, commissaire de 2e classe.

Le 21 septembre, et après l'arrivée du personnel expédié de France sur le *Rio-Negro* et la *Bithynie*, le personnel était ainsi constitué et réparti :

1° A Tien-Tsin :

M. Sainte-Claire Deville, commissaire en chef de 1re classe de la Marine, directeur des Services administratifs du Corps expéditionnaire ;

M. Coppens de Norlandt, sous-intendant militaire de 1re classe, adjoint au directeur;

M. Carrière, commissaire de 1re classe, chef du service des approvisionnements;

M. Prudham, commissaire de 1re classe, chef du service de la comptabilité financière;

M. Cablat, commissaire de 2e classe, chef de la comptabilité des matières;

M. Dubled, commissaire principal, commissaire de la 1re brigade;

M. Duvigeant, commissaire de 1re classe, chef du service de la solde de la 1re brigade ;

M. Chayrou, adjoint à l'intendance, faisant fonctions de sous-intendant du quartier général;

M. Vilatte, sous-intendant militaire de 2e classe, sous-intendant des étapes;

MM. les officiers d'administration des bureaux de l'intendance Perrot, Péron et Hinque;

MM. les officiers d'administration des subsistances militaires Muller, Astoul (Tong-Tchéou), Deney, Raisin, Jouclard, Dumont;

M. l'officier d'administration de l'habillement Gœhring.

2° A Yang-Tsoum :

M. le sous-intendant militaire de 3e classe Adam, sous-intendant de la 2e brigade;

M. l'officier d'administration des subsistances Coyen.

3° A Pékin :

M. le commissaire de 1re classe Pognan, chef du Service administratif;

M. l'officier d'administration des bureaux Aillaud;

MM. les officiers d'administration des subsistances Gonce et Armieux.

4° A Pao-Ting-Fou :

M. l'adjoint à l'intendance Rupp, faisant fonctions de sous-intendant de la colonne;

M. l'officier d'administration des subsistances Aimé.

5° A Tong-Kou :

M. le commissaire de 1re classe Saint-Girons, chef du Service administratif;

M. l'officier d'administration des subsistances Boudal.

6° A Shanghaï :

M. le commissaire de 2e classe Bougourd, délégué du Service administratif.

Plus tard, le service administratif de la 1re brigade ayant été transféré à Pékin, M. le commissaire principal Dubled, ainsi que M. le commissaire de 1re classe Duvigeant, se sont rendus dans cette ville, et M. le commissaire de 1re classe Pognan a rallié Tien-Tsin, où il a rempli les fonctions de chef du service de la solde.

Puis, quand le siège administratif de la 2e brigade a été transféré de Yang-Tsoum à Pao-Ting-Fou, M. le sous-intendant Adam et MM. les officiers d'administration Coyen et Michel ont rallié cette dernière ville.

M. l'officier d'administration Raisin a été dirigé sur Yang-Tsoum.

En fait, au 1er janvier 1901, le personnel était réparti conformément aux indications des trois tableaux ci-après : B, B1 et B2.

Les tableaux A, A1 et A2 indiquent quelle serait la répartition du personnel en tant que corps d'opération.

Le tableau C indique l'ordre de bataille, tel qu'il a été arrêté par le commandant en chef.

TABLEAUX.

TABLEAU A *présentant la répartition, par brigades, éléments non embrigadés et service de l'arrière, du personnel (officiers et fonctionnaires) des Services administratifs du corps expéditionnaire, en tant que corps en opération.*

DIRECTION.	1re BRIGADE.	2e BRIGADE.	QUARTIER GÉNÉRAL et ÉLÉMENTS NON EMBRIGADÉS.	SERVICE DE L'ARRIÈRE. BASE DE RAVITAILLEMENT ET ÉTAPES.
M. le commissaire en chef de 1re classe de la Marine SAINTE-CLAIRE DEVILLE, directeur. M. le sous-intendant militaire de 1re classe COPPENS DE NORLANDT, adjoint au directeur. M. le commissaire de 1re cl. PRUDHAM, chef du service de la comptabilité financière. M. le commissaire de 2e cl. CABLAT, chargé du service de la centralisation de la comptabilité matières. M. l'officier d'administration de 1re classe des bureaux de l'intendance PERROT, chef du secrétariat.	M. le commissaire principal Dubled, chef des services administratifs de la 1re brigade. M. le commissaire de 1re cl. Duvigeant, adjoint au chef des services administratifs de la 1re brigade. M. l'officier d'administration de 2e classe des bureaux de l'intendance Aillaud. M. l'officier d'administration de 1re classe des subsistances Gonce. M. l'officier d'administration de 2e classe des subsistances Armieux.	M. le sous-intendant militaire de 3e classe Adam, chef des services administratifs de la 2e brigade. M. l'adjoint à l'intendance militaire Rupp, adjoint au chef des services administratifs de la 2e brigade. M. l'officier d'administration de 2e classe des bureaux de l'intendance Michel. M. l'officier d'administration de 1re classe des subsistances Coyen. M. l'officier d'administration de 2e classe des subsistances Aimé.	M. l'adjoint à l'intendance militaire Chayrou, chargé de la sous-intendance du quartier général et des éléments non embrigadés. M. l'officier d'administration de 1re classe des bureaux de l'intendance Péron. M. l'officier d'administration de 2e classe des subsistances Raisin. M. l'officier d'administration de 2e classe des subsistances Dumont. M. l'officier d'administration de 2e classe de l'habillement Gœhring, gestionnaire de la réserve d'effets du quartier général. ——— Les éléments non embrigadés comprennent : Les deux escadrons de chasseurs d'Afrique, La 3e batt. de montagne (marine), La 4e — , La 7e — de campagne — , La 8e — , La 5e batt. de mont. à Shanghaï, 1 compagnie du génie 19/1, 1 section d'aérostiers, 1/2 comp. de sapeurs de chemin de fer, 1 section de télégraphistes, Les parcs d'artillerie, Le parc du génie, Les détachements de la : 15e section de commis et ouvriers militaires d'administration, 15e section d'infirmiers, Le dépôt de remonte de Tien-Tsin et son annexe de Pékin,	*Direction du service de l'intendance des étapes.* M. le sous-intendant militaire de 2e classe Vilatte. M. le commissaire de 1re classe Pognan. M. l'officier d'administration de 2e classe des subsistances Dency. *Service de la station-magasin et des lignes d'étapes* (1). M. le commissaire de 1re classe Carrière. M. le commissaire de 1re classe Saint-Girons. M. le commissaire de 2e classe Bougourd. M. l'officier d'administration de 2e classe des bureaux de l'intendance Hinque. M. l'officier d'administration de 1re classe des subsistances Muller. M. l'officier d'administration de 2e classe des subsistances Astoul. M. l'officier d'administration de 2e classe des subsistances Jouclard. M. l'officier d'administration de 3e classe des subsistances Boudal.

APPROUVÉ :

Tien-Tsin, le 3 janvier 1901.

Le général de division, commandant en chef,

VOYRON.

(1) Ce personnel serait attribué suivant les besoins, en totalité ou en partie, au service de l'arrière (station-

Tableau A[1]. — *Répartition par service, par grade et par profession, du personnel des commis et ouvriers militaires d'administration employés dans les Services administratifs du Corps expéditionnaire, en tant que corps* en opération.

PROFESSIONS.	DIRECTION				QUARTIER général				1re BRIGADE				2e BRIGADE				SERVICE de l'arrière				TOTAUX par grades				TOTAL GÉNÉRAL.	OBSERVATIONS.
	ADJUDANTS.	SERGENTS.	CAPORAUX.	SOLDATS.	ADJUDANTS.	SERGENTS.	CAPORAUX.	SOLDATS.	ADJUDANTS.	SERGENTS.	CAPORAUX.	SOLDATS.	ADJUDANTS.	SERGENTS.	CAPORAUX.	SOLDATS.	ADJUDANTS.	SERGENTS.	CAPORAUX.	SOLDATS.	ADJUDANTS.	SERGENTS.	CAPORAUX.	SOLDATS.		
Adjudant des bureaux	»	»	»	»	1	»	»	»	»	»	»	»	»	»	»	»	3	»	»	»	4	»	»	»	4	
— des subsistances	»	»	»	»	»	»	»	»	1	»	»	»	1	»	»	»	»	»	»	»	2	»	»	»	2	
Commis des bureaux	»	3	»	2	»	1	1	1	»	2	1	2	»	2	1	2	»	2	1	2	»	10	4	9	23	
— des subsistances	»	»	»	»	»	1	»	2	»	1	1	1	»	1	1	1	»	1	»	3	»	4	2	7	13	
Charpentiers	»	»	»	»	»	»	»	»	»	»	»	1	»	»	»	»	»	»	»	»	»	»	»	1	1	
Charrons	»	»	»	»	»	»	»	»	»	»	»	»	»	»	»	1	»	»	»	»	»	»	»	1	1	
Menuisiers	»	»	»	»	»	»	1	1	»	»	»	2	»	»	»	2	»	»	1	2	»	»	2	7	9	
Tonneliers	»	»	»	»	»	»	1	1	»	»	»	2	»	»	»	2	»	»	»	4	»	»	1	9	10	
Chauffeurs	»	»	»	»	»	»	»	»	»	»	»	1	»	»	»	1	»	»	»	1	»	»	»	3	3	
Conducteurs de machines	»	»	»	»	»	»	»	1	»	»	»	»	»	»	»	»	»	»	»	»	»	»	»	1	1	
Ferblantiers	»	»	»	»	»	»	»	»	»	»	»	1	»	»	»	1	»	»	»	1	»	»	»	3	3	
Forgerons	»	»	»	»	»	»	»	1	»	»	»	1	»	»	»	1	»	»	1	1	»	»	1	4	5	
Mécaniciens	»	»	»	»	»	»	»	1	»	»	1	2	»	»	1	2	»	»	»	1	»	»	2	6	8	
Maçons	»	»	»	»	»	»	»	1	»	»	»	1	»	»	»	1	»	»	»	1	»	»	»	4	4	
Peintres	»	»	»	»	»	»	»	»	»	»	»	»	»	»	»	»	»	»	»	1	»	»	»	1	1	
Boulangers	»	»	»	»	»	2	2	22	»	2	6	30	»	2	6	30	»	2	6	29	»	8	20	111	139	
Bouchers	»	»	»	»	»	»	1	5	»	1	»	8	»	1	»	8	»	»	1	10	»	2	2	31	35	
Botteleurs	»	»	»	»	»	»	»	2	»	»	»	3	»	»	»	3	»	»	»	3	»	»	»	11	11	
Meuniers	»	»	»	»	»	»	»	1	»	»	»	1	»	»	»	1	»	»	1	1	»	»	1	4	5	
Cordiers	»	»	»	»	»	»	»	»	»	»	»	»	»	»	»	»	»	»	1	»	»	»	1	»	1	
Lithographes-typos	»	1	»	1	»	»	»	»	»	»	»	»	»	»	»	»	»	»	»	»	»	1	»	1	2	
Total	»	4	»	3	1	4	6	39	1	6	9	55	1	6	9	56	3	5	12	60	6	25	36	214	281	
	7				50				72				72				80				281					

Approuvé :

Tien-Tsin, le 3 janvier 1901.

Le général de division, commandant en chef,

Voyron.

TABLEAU A². — *Répartition du personnel des Équipages de la flotte dans les Services administratifs du Corps expéditionnaire, en tant que corps* d'opération.

DÉSIGNATION des GRADES ET EMPLOIS.	EFFECTIF.	OBSERVATIONS.
1er Maître commis	2	*Personnel employé au service de l'arrière.*
1er Maître voilier	1	
Second-maître fourrier	1	
— commis	1	
Quartier-maître fourrier	1	
— tonnelier	1	
— charpentier	1	
— distributeur	1	
Matelots distributeurs	4	
— boulangers	6	
TOTAL	19	

APPROUVÉ :

Tien-Tsin, le 3 janvier 1901.

Le général de division, commandant en chef,

VOYRON.

du Corps expéditionnaire, à la date du 1er janvier 1901.

DIRECTION.	SERVICE DES MAGASINS du corps expéditionnaire à la base de concentration (y compris les magasins de Yang-Tsoum et Tong-Kou.)	PLACE de TIEN-TSIN.	PLACE de PÉKIN.	PLACE de PAO-TING-FOU.	PLACE de SHANGHAI.	QUARTIER GÉNÉRAL.	SERVICE des ÉTAPES.
M. le commissaire en chef de 1re cl. de la marine Sainte-Claire Deville, directeur. M. le sous-intendant militaire de 1re cl. Coppens de Norlandt, adjoint au directeur. M. le commissaire de 1re cl. Prudham, chef du service de la comptabilité financière. M. le commissaire de 2e cl. Cablat, chargé du service de la centralisation de la comptabilité-matières. M. l'officier d'administration de 1re cl. des bureaux de l'Intendance Perrot, chef du secrétariat.	M. le commissaire de 1re cl. Carrière, chef du service des approvisionnements du corps expéditionnaire à la base de concentration (1). M. l'officier d'administration de 2e cl. des bureaux de l'Intendance Hinque, adjoint au commissaire chef du service des magasins. M. l'officier d'administration de 1re cl. des subsistances Muller, gestionnaire du service des subsistances. M. l'officier d'administration de 2e cl. des subsistances Dumont, adjoint au gestionnaire du service des subsistances. M. l'officier d'administration de 2e cl. de l'habillement Gœhring, gestionnaire du service de l'habillement. M. l'officier d'administration de 2e cl. des subsistances Jouclard, commandant la 15e section des commis et ouvriers d'administration. *Yang-Tsoum.* M. l'officier d'administration de 2e cl. des subsistances Raisin, gestionnaire du service des subsistances de Yang-Tsoum. *Tong-Kou.* M. le commissaire de 1re cl. Saint-Girons. M. l'officier d'administration de 3e cl. des subsistances Boudal, gérant du magasin annexe de Tong-Kou. (1) Les magasins de la base de concentration servent en même temps au ravitaillement de la place de Tien-Tsin et annexes.	ANNEXES. — Sou-Kiao, Hien-Hien, Chin-Yan, Tao, Chan-Hai-Kouan-Shanghaï, magasin de Yang-Tsoum. M. le commissaire de 1re cl. Pognau, chef du service de la solde de la place de Tien-Tsin. M. l'officier d'administration de 1re cl. des bureaux de l'Intendance Péron, adjoint au commissaire chef du service de la solde. *Pour mémoire :* (à Tien-Tsin.) M. le commissaire de 1re cl. Carrière, chef du service des magasins de Tien-tsin et annexes. (à Yang-Tsoum.) M. l'officier d'administration de 2e cl. des subsistances Raisin, gestionnaire du service des subsistances de Yang-Tsoum. (à Tong-Kou.) M. le commissaire de 1re cl. Saint-Girons. M. l'officier d'administration de 3e cl. des subsistances Boudal, gérant du magasin annexe de Tong-Kou.	ANNEXES. — Lou-Kou-Kiao, Liang-Siang-Sien, Fang-Sang, Liou-Liou, Lai-Sui-Sien, Itcho, Mouling, Tcho-Tchéou. M. le commissaire principal Dubled, commissaire de la 1re brigade, chef du service administratif à Pékin, chargé en outre de la surveillance administrative des corps non embrigadés de la marine. M. le commissaire de 1re cl. Duvigeant, chef du service de la solde de la place, chargé des magasins de Pékin et annexes. M. l'officier d'administration de 2e cl. des bureaux de l'Intendance Ailland, adjoint au commissaire, chef du service de la solde. M. l'officier d'administration de 1re cl. des subsistances Gouce, gestionnaire des subsistances de Pékin et annexes. M. l'officier d'administration de 2e cl. Armieux, adjoint au gestionnaire du service des subsistances de la place.	ANNEXES. — Ting-tchéou, Sin-Lo, Tcheng-ting, Hono-lou. M. le sous-intendant militaire de 3e cl. Adam, sous-intendant de la 2e brigade et chef du service administratif à Pao-Ting-Fou. M. l'adjoint à l'Intendance mre Rupp, chef du service de la solde de la place et chargé des magasins de Pao-Ting-Fou et annexes. M. l'officier d'administration de 2e cl. des bureaux de l'Intendance Michel, adjoint au fonctionnaire chef du service de la solde. M. l'officier d'administration de 1re cl. des subsistances Coyen, gestionnaire du service des subsistances de Pao-Ting-Fou et annexes. M. l'officier d'administration de 2e cl. des subsistances Aimé, adjoint au gestionnaire du service des subsistances de la place.	M. le commissaire de 2e cl. Bougourd, délégué du service administratif à Shanghaï.	M. l'adjoint à l'Intendance mre Chayrou, faisant fonctions de sous-intendant du quartier général, chargé du service de la solde des officiers du quartier général, de la prévôté et de la 16e compagnie du train, ainsi que de l'administration du dépôt de remonte et du service géographique.	ANNEXES. — Ligne de Pékin : Hosiou, Matou, Tong-Tchéou ; ligne de Pao-Ting-Fou, Si-Kou, Whang-Shing-to, Sheng-Fang, Sang-Yoanne, Hung-Shien, Ta-Shing-Tzuonz. M. le sous-intendant militaire de 2e cl. Vilatte, sous-intendant de la Direction des étapes, solde des officiers sans troupe des étapes. Magasins du service des étapes, convois et transports ressortissant aux étapes. M. le commissaire de 1re cl. Saint-Girons, à Tong-Kou (1). M. l'officier d'administration de 2e cl. des subsistances Astoul, gestionnaire du service des subsistances. M. l'officier d'administration de 2e cl. des subsistances Deney, chargé du service des étapes (Direction des étapes.) (1) En outre, M. le commissaire Saint-Girons, comme chef du service administratif à Tong-Kou est sous les ordres directs du directeur des services administratifs et est délégué du commissaire chef du service des magasins de Tien-Tsin, en ce qui concerne le transit des vivres et du matériel à Tong-Kou.

APPROUVÉ :

Tien-Tsin, le 3 janvier 1901.

Le général de division,

commandant en chef le corps expéditionnaire,

VOYRON.

Tableau B[1]. — *Répartition, par place et par profession, du personnel des commis et ouvriers militaires d'administration, à la date du 1er janvier 1901.*

DÉSIGNATION des PROFESSIONS.	DIRECTION DE LA PLACE DE TIEN-TSIN												QUARTIER GÉNÉRAL.				ÉTAPES.				PLACE de PÉKIN.			PLACE de PAO-TING-FOU.			PLACE de YANG-TSOUM.			PLACE DE SHANGHAI.	TOTAUX par GRADES.				TOTAL GÉNÉRAL.	OBSERVATIONS.
	DIRECTION.		REVUES.		MAGASIN.				CAMPEMENT.	SECTION.																										
	Sergents.	Soldats.	Sergents.	Soldats.	Adjudants.	Sergents.	Caporaux.	Soldats.	Soldats.	Sergents.	Caporaux.	Soldats.	Adjudants.	Sergents.	Caporaux.	Soldats.	Adjudants.	Sergents.	Caporaux.	Soldats.	Sergents.	Caporaux.	Soldats.	Sergents.	Caporaux.	Soldats.	Sergents.	Caporaux.	Soldats.	Sergents.	Adjudants.	Sergents.	Caporaux.	Soldats.		
Adjudant des bureaux	»	»	»	»	2	»	»	»	»	»	»	»	1	»	»	»	1	»	»	»	»	»	»	»	»	»	»	»	»	»	4	»	»	»	4	
— des subsistances	»	»	»	»	»	»	»	»	»	»	»	»	»	»	»	»	2	»	»	»	»	»	»	»	»	»	»	»	»	»	2	»	»	»	2	
Commis des bureaux	1	3	1	1	»	»	(a) 1	(a) 2	»	»	»	»	»	1	1	»	»	1	1	2	3	»	»	2	»	1	»	1	»	1	»	10	4	9	23	(a) Dont 1 caporal et 1 soldat employés à Tong-Kou.
— des subsistances	1	»	»	»	»	1	»	2	2	1	1	»	»	»	»	»	»	»	1	1	1	»	1	»	»	1	»	»	»	»	»	4	2	7	13	
Charpentiers	»	»	»	»	»	»	»	»	»	»	»	1	»	»	»	»	»	»	»	»	»	»	»	»	»	»	»	»	»	»	»	»	»	1	1	
Charrons	»	»	»	»	»	»	»	»	»	»	»	»	»	»	»	»	»	»	»	1	»	»	»	»	»	»	»	»	»	»	»	»	»	1	1	
Menuisiers	»	»	»	»	»	»	2	2	1	»	»	1	»	»	»	»	»	»	»	1	»	»	1	»	»	»	»	»	1	»	»	»	2	7	9	
Tonneliers	»	»	»	»	»	»	1	5	»	»	»	»	»	»	»	»	»	»	»	2	»	»	1	»	»	»	»	»	1	»	»	»	1	9	10	
Chauffeurs	»	»	»	»	»	»	»	1	»	»	»	»	»	»	»	»	»	»	»	1	»	»	»	»	»	1	»	»	»	»	»	»	»	3	3	
Conducteurs de machines	»	»	»	»	»	»	»	1	»	»	»	»	»	»	»	»	»	»	»	»	»	»	»	»	»	»	»	»	»	»	»	»	»	1	1	
Ferblantiers	»	»	»	»	»	»	»	»	1	»	»	»	»	»	»	»	»	»	»	»	»	»	1	»	»	»	»	»	1	»	»	»	»	3	3	
Forgerons	»	»	»	»	»	»	1	1	»	»	»	1	»	»	»	»	»	»	»	1	»	»	»	»	»	1	»	»	»	»	»	»	1	4	5	
Mécaniciens	»	»	»	»	»	»	2	2	»	»	»	»	»	»	»	»	»	»	»	1	»	»	2	»	»	»	»	»	1	»	»	»	2	6	8	
Maçons	»	»	»	»	»	»	»	2	»	»	»	»	»	»	»	»	»	»	»	»	»	»	1	»	»	1	»	»	»	»	»	»	»	4	4	
Peintres	»	»	»	»	»	»	»	1	»	»	»	»	»	»	»	»	»	»	»	»	»	»	»	»	»	»	»	»	»	»	»	»	»	1	1	
Boulangers	1	1	»	»	»	3	7	37	»	»	1	7	»	»	»	»	»	1	3	14	1	4	24	1	3	18	1	2	10	»	»	8	20	111	139	
Botteleurs	»	»	»	»	»	»	»	4	»	»	»	2	»	»	»	1	»	»	»	4	»	»	»	»	»	»	»	»	»	»	»	»	»	11	11	
Meuniers	»	»	»	»	»	»	»	2	»	»	»	»	»	»	»	»	»	»	»	»	»	1	»	»	»	»	»	»	1	»	»	»	1	4	5	
Cordiers	»	»	»	»	»	»	1	»	»	»	»	»	»	»	»	»	»	»	»	»	»	»	1	»	»	»	»	»	»	»	»	»	1	»	1	
Bouchers	»	»	»	»	»	1	1	11	»	»	»	3	»	»	»	»	»	»	»	8	»	»	3	1	1	4	»	»	2	»	»	2	2	31	35	
Lithographes-typos	»	»	»	»	»	»	»	1	»	»	»	»	»	»	»	»	»	»	»	»	1	»	»	»	»	»	»	»	»	»	»	1	»	1	2	
Totaux	3	4	1	1	2	5	16	74	4	1	2	15	1	1	1	1	3	2	5	36	6	5	35	4	4	27	1	3	17	1	6	25	36	214	281	
Totaux par place	128												4				46				46			35			21			1	281					

Approuvé :

TABLEAU B². — *État du personnel des équipages de la flotte employé à la Direction des Services administratifs, à la date du 1er janvier 1901.*

DÉSIGNATION des GRADES ET EMPLOIS.	TIEN-TSIN. MAGASIN des subsistances.	TIEN-TSIN. REVUES.	TIEN-TSIN. CAMPEMENT.	TONG-KOU.	TOTAUX par GRADES.	OBSERVATIONS.
1er Maître commis	1	»	»	1	2	
1er Maître voilier	1	»	»	»	1	
Second maître fourrier	1	»	»	»	1	
Second maître commis	»	»	»	1	1	
Quartier-maître fourrier	»	1	»	»	1	
Quartier-maître tonnelier	1	»	»	»	1	
Quartier-maître charpentier	»	»	»	1	1	
Quartier-maître distributeur	»	»	»	1	1	
Matelots fourriers	»	»	1	3	4	
Matelots boulangers	6	»	»	»	6	
	10	1	1			
TOTAUX	12			7	19	

APPROUVÉ :

Tien-Tsin, le 3 janvier 1901.

Le général de division, commandant en chef,
VOYRON.

TABLEAU C. — *Ordre de bataille. Services administratifs.*

DIRECTION

MM. SAINTE-CLAIRE DEVILLE, commissaire en chef, directeur.
Coppens de Norlandt, sous-intendant de 1re classe, adjoint.
Prudham, commissaire de 1re classe.
Cablat, commissaire de 2e classe.
Perrot, officier d'administration de 1re classe, des bureaux de l'Intendance.

Sous-intendance du Quartier général.

M. Chayrou, adjoint à l'Intendance.

Service des étapes.

MM. Vilatte, sous-intendant de 2e classe.
Saint-Girons, commissaire de 1re classe.
Astoul, officier d'administration de 2e classe des subsistances.
Deney, officier d'administration de 2e classe des subsistances.

Service de Tien-Tsin et annexes.

MM. Pognan, commissaire de 1re classe (bureaux de la solde).
Péron, officier d'administration de 1re classe, des bureaux de l'Intendance (bureaux de la solde).
Carrière, commissaire de 1re classe, chef du service des magasins.
Hinque, officier d'administration de 2e classe, des bureaux de l'Intendance.
Muller, officier d'administration de 1re classe des subsistances.
Dumont, officier d'administration de 2e classe des subsistances.
Gœhring, officier d'administration de 2e classe de l'habillement.
Jouclard, officier d'administration de 2e classe des subsistances, commandant la 15e section.
Raisin, officier d'administration de 3e classe des subsistances (Yang-Tsoum).
Boudal, officier d'administration de 3e classe des subsistances (Tong-Kou).

1re brigade (*Pékin*).

MM. Dubled, commissaire principal.
Duvigeant, commissaire de 1re classe.
Aillaud, officier d'administration de 2e classe des bureaux de l'Intendance.
Gonce, officier d'administration de 1re classe des subsistances.
Armieux, officier d'administration de 2e classe des subsistances.

2e brigade (*Pao-Ting-Fou*).

MM. Adam, sous-intendant de 3e classe.
Rupp, adjoint à l'Intendance.
Michel, officier d'administration de 2e classe, des bureaux de l'Intendance.
Coyen, officier d'administration de 2e classe des subsistances.
Aimé, officier d'administration de 2e classe des subsistances.

Shanghai.

M. Bougourd, commissaire de 2e classe.

PRINCIPAUX ÉTABLISSEMENTS DU SERVICE.

Les principaux établissements du service ont été organisés à Tong-Kou (base maritime), puis, éventuellement, pendant la saison d'hiver, à Chin-van-Tao ; à Tien-Tsin (base de concentration, siège des magasins généraux); à Yang-Tsoum, où, pendant la période du 1er octobre au 15 décembre, se trouvait concentré le gros de la 2e brigade; à Pékin, siège principal des troupes de la 1re brigade, et à Pao-Ting-Fou, point de concentration d'une colonne très importante, puis siège de la 2e brigade. Des contingents de 1 000 hommes environ de troupes ont également stationné à Chan-Hai-Kouan et à Shanghaï; les magasins de ces deux localités constituaient des annexes de celui de Tien-Tsin.

Des renseignements plus détaillés sur les principaux établissements du service seront donnés plus loin, au titre III, « fonctionnement du service, § A, organisation des magasins, des annexes etc. ».

c) Main-d'œuvre locale, prix de revient, comment utilisée. Valeur relative des indigènes : Annamites, Japonais, Chinois.

1° CHINOIS

Le déchargement des jonques et des wagons, le transport des vivres et du matériel des quais et de la gare dans les magasins, le service du parc à bétail, le service intérieur, nécessitaient, faute d'arabas et de voitures Lefebvre, une main-d'œuvre considérable ; aussi, le recrutement des coolies a-t-il été un des premiers problèmes et des plus importants à résoudre. Pendant les mois de juillet et d'août, la main-d'œuvre chinoise a été extrêmement rare et a été bornée, à peu près exclusivement, à environ 60 Chinois catholiques. Pour obtenir d'autres coolies, il fallait, à Tien-Tsin, envoyer, jusqu'à la cité chinoise, des soldats armés qui ramenaient, d'ailleurs, très peu d'hommes. La situation s'améliora dans les premiers jours de septembre, lorsque la ville chinoise commença à se repeupler. Les indigènes s'étant aperçus que nos travailleurs recevaient un salaire relativement élevé et étaient, grâce à des mesures énergiques, traités avec la plus grande humanité, prirent l'habitude de se présenter à la direction des Services administratifs tous les matins, dès l'aube, pour se faire embaucher.

Leur nombre croissant de jour en jour, la question de main-d'œuvre était résolue et l'on put écarter toute idée de recrutement de coolies, soit à Shanghaï, soit au Japon.

Les Services administratifs employèrent, à Tien-Tsin, une moyenne de 600 coolies par jour pendant les premiers jours de septembre. Malgré ce nombre considérable de travailleurs, les quais et surtout la gare n'étaient pas déblayés rapidement à cause de l'énorme quantité de matériel et de vivres qui arrivaient chaque jour et surtout des interruptions fréquentes qui se produisaient dans la circulation du pont de bateaux.

Le 13 septembre, un Chinois, fournisseur des services fluviaux, procura à la Direction des Services administratifs 130 brouettes chinoises qui purent, dans une seule journée, transporter de la gare dans les magasins le chargement de 10 wagons. Ces brouettes, d'un modèle spécial, et uniquement employées en Chine, ont rendu au Corps expéditionnaire de très grands services. Maniées par 2 coolies, elles peuvent transporter, par voyage, jusqu'à 200 kilogrammes; le prix de location, par jour, d'une brouette avec ses conducteurs, est de 1 $ 25 qui représente, au taux moyen de la piastre, une somme de 3 fr. 31 c.

Le Service administratif de Tien-Tsin a employé, le 13 septembre et jusqu'à ce que le ravitaillement ait été terminé, 100 à 150 brouettes par jour. Le nombre des coolies a été ainsi diminué dans de très fortes proportions. On peut affirmer que le rendement d'une brouette équivaut à celui de 10 coolies. La journée du coolie étant de 0 $ 25 c. soit 0 fr. 662, l'économie réalisée par brouette est de 3 fr. 31 c., à laquelle il y a lieu d'ajouter la nourriture de 8 coolies, que l'on peut évaluer à 1 fr. 70 c.

Du 15 au 31 décembre 1900 la moyenne des coolies employés, par jour, à Tien-Tsin, a été de 250. L'abondance de la main-d'œuvre permettait de ne choisir que les hommes les plus robustes et les plus travailleurs.

Ce personnel était ainsi réparti :

2 doï (recruteurs et chefs), 1 à la manutention, 1 au parc à bestiaux. . . . . 1 $ par jour, 2f 65

4 caï (chefs de corvée, 1 par 60 hommes environ).	o $ 50	par jour,	1f325.
25 ouvriers d'art (maçons, menuisiers, forgerons, couvreurs de meules)	o 50	—	1 325.
20 boulangers. { 5 pétrisseurs	o 40	—	1 06.
20 boulangers. { 5 aides-boulangers	o 30	—	o 795.
20 boulangers. { 10 coolies	o 25	—	o 662.
100 coolies (distribution, manutention, transports, services intérieurs)	o 25	—	o 662.
80 coolies. { Parc à bétail, Garde du troupeau, Nettoyage des écuries, Broyage des grains, abattoir	o 25	—	o 662.
25 coolies. Parc à fourrage et chauffage	o 25	—	o 662.

L'effectif restreint de la section d'ouvriers militaires d'administration, la mise en état et l'entretien des locaux, des fours, des parcs et écuries, l'entretien et la manipulation de tous les approvisionnements du Corps expéditionnaire, justifient le nombre, relativement élevé, des coolies. Tous les efforts du reste ont tendu à diminuer ce nombre.

Depuis le 1er janvier 1901, les brouettes chinoises n'ont été louées qu'à titre tout à fait exceptionnel, au prix de 1 $ par jour, soit 2 fr. 65 c.

Dans un but d'économie, le Service administratif a acheté, à Tien-Tsin, une dizaine de brouettes chinoises qui, avec les arabas disponibles, ont assuré le service dans de bonnes conditions, au moment de la réouverture du Peï-Ho.

Si le prix de la main-d'œuvre chinoise est peu élevé, le rendement est faible. Le coolie est paresseux, maladroit et voleur; son travail doit être dirigé et surveillé avec soin par un personnel nombreux, dévoué et ferme, sans brutalité. Les militaires employés à ce service se sont, en général, bien acquittés de leur tâche. Les ouvriers d'art, menuisiers, maçons, forgerons, sont assez habiles et rendent de bons services sous la direction d'ouvriers européens.

2° Annamites

Le Service administratif n'a eu à sa disposition que 20 Annamites amenés par M. l'aide-commissaire des colonies Le Conte, au début des hostilités. Ces Annamites ont rendu de bons services comme aides-distributeurs, boulangers et bouchers.

Il a fallu les rapatrier avant le commencement de l'hiver, dont ils n'auraient pu supporter la rigueur.

Leur solde était ainsi fixée :

Caï-boulanger	28 $	soit 74f 20	par mois.
Ouvrier boulanger	25	— 66 25	—
Caï-boucher	26	— 68 90	—
Caï des coolies	25	— 66 25	—
Bouchers Aides-distributeurs Journaliers	15	— 39 75	—

3° Japonais

Le Service administratif n'a pas employé de coolies japonais.

Depuis le 29 avril 1901, le salaire des coolies ordinaires employés à Tien-Tsin a été abaissé à 0 $ 20 par jour; en outre, l'emploi de caï a été supprimé.

La moyenne des coolies utilisés, à Tien-Tsin, par jour a été la suivante :

Janvier	250
Février	200
Mars	225
Avril	225
Mai	280
Juin	220

Le chiffre élevé du mois de mai s'explique par les arrivages importants de denrées et la reprise du réapprovisionnement de certains postes.

Il convient d'ajouter que le service des subsistances a dû fournir les coolies pour le chargement des jonques, lesquels étaient précédemment payés par la direction du port. D'autre part, l'approche de la saison des pluies a nécessité des travaux importants d'aménagement intérieur des magasins et du parc à bétail.

Aux baraques de la rue Dillon et à la manutention, de nombreuses corvées de coolies ont été employées à aplanir le sol, à y placer des briques comme sous-traits et à construire des caniveaux ou rigoles pour l'écoulement des eaux.

Au parc à bétail, des écuries couvertes ont été construites de toutes pièces sous la direction d'un doï maçon, par une équipe de 25 coolies.

Ces travaux ont été terminés le 29 juin.

A partir du 30 juin, les 200 coolies ordinaires de Tien-Tsin étaient ainsi répartis :

	2 doïs : Recruteurs et surveillants (1 à la manutention, 1 au parc à bétail) à	1 $	»
Coolies permanents.	9 ouvriers d'art	0	50
	12 boulangers — 6 pétrisseurs	0	40
	12 boulangers — 6 servants	0	30
	43 coolies pour le transport de l'eau, le fendage du bois et les travaux intérieurs de la manutention	0	25
Coolies éventuels.	80 coolies pour les réceptions, chargements et mouvements divers de vivres, fourrage et chauffage.	0	20
Parc.	54 coolies. Parc à bétail, garde du troupeau, nettoyage des écuries, broyage du grain, abattoir		
	4 bouchers	0	30
	20 coolies de 1re classe	0	25
	30 coolies de 2e classe	0	20

Les Services administratifs se sont attachés à former un certain nombre de boulangers et de bouchers. Un Européen a pu être remplacé par un Chinois dans chaque équipe de boulangers; plus tard, l'équipe ne comprenait plus qu'un blanc et deux indigènes.

La boucherie employait 4 bons bouchers chinois.

L'expérience faite de l'emploi de la main-d'œuvre chinoise, dans toutes les places, a confirmé l'appréciation émise précédemment au sujet de la valeur et du bon marché de cette dernière, comparée à celle des Annamites et Japonais.

Le prix des journées des simples coolies, des manœuvres, a baissé, dans la plupart des places, dans des proportions importantes; à Pékin, il n'était pas rare de trouver des coolies heureux de s'engager moyennant un salaire de 10 cents (0 fr. 25 c.) par jour, avec, en plus, la nourriture indigène, d'une valeur moyenne de 0 fr. 27 c.; il est vrai de dire que les services rendus sont proportionnels aux prix payés.

Partout, comme il est dit ci-dessus, en ce qui concerne Tien-Tsin, nous nous sommes efforcés de réduire le nombre des coolies employés.

Le tableau ci-dessous indique les effectifs de ces indigènes depuis le 15 mars, dans chacune des principales places.

DATES.	TIEN-TSIN.	PÉKIN.	PAO-TING-FOU.	YANG-TSOUM.	TONG-KOU.	LIGNE D'ÉTAPES et annexes.	TOTAL.	OBSERVATIONS.
1901.								
15 Mars .	233	120	48	25	41	145	602	
15 Avril .	260 (1)	124	48	24	40	113	609	(1) Augmentation provenant du magasin du campement.
15 Mai. .	261	106	48	24	37	119	595	
15 Juin .	265	78	45	24	40	117	569	

Il n'est pas inutile de rappeler que, d'après la note de service du 28 janvier dernier n° 1014[b], au 1er dudit mois, les effectifs des coolies des Services administratifs (non compris ceux de la section) atteignaient :

Tien-Tsin. . . . . . 291 hommes.
Pao-Ting-fou . . . . 50 —
Yang-Tsoum . . . . 40 —

Le nombre des coolies employés est d'ailleurs fonction de l'importance des travaux à assurer ; or, dans le service des subsistances et celui de l'habillement, les mouvements de transports et de manutentions sont subordonnés, en campagne, à des circonstances essentiellement variables et le plus souvent imprévues.

II. — CONSTITUTION DES APPROVISIONNEMENTS

---

a) Bases de fixation, demandes et commandes en France, aux colonies, à l'étranger. — Observations à ce sujet. — Règles de comptabilité.

Pendant les mois de juillet et d'août 1900, la subsistance des troupes a été assurée entièrement par la division navale de l'Extrême-Orient. Dès que la situation critique des légations et de Tien-Tsin nécessita le débarquement de troupes en Chine, la division navale se dessaisit d'une partie de ses approvisionnements et prit rapidement toutes les mesures nécessaires sous l'intelligente direction de M. le commissaire principal Lemoine. Le ravitaillement fut assuré, dans de bonnes conditions, par des commandes sur les marchés en cours, par de nouveaux marchés à Nagasaki et à Shanghaï, et par des demandes à M. le gouverneur général de l'Indo-Chine. On peut évaluer à 300 000 rations les vivres fournis par la division navale en juillet et en août 1900, auxquels il convient d'ajouter des bœufs, des moutons et des fourrages en quantités suffisantes. En outre, des commandes furent faites par ses soins, en temps utile, à Shanghaï et à Nagasaki, pour la livraison de 300 000 rations dans le courant des mois de septembre et d'octobre.

Les transports de Nagasaki à Takou étaient effectués par les bâtiments de la division navale. Les vivres ayant cette origine étaient admis en recette à Nagasaki par les soins du bâtiment transporteur qui constatait les quantités, les prenait en charge et les versait au Corps expéditionnaire. Pour les vivres et les fourrages prévus aux marchés de Shanghaï, le fournisseur devait les livrer à Tong-Kou, au magasin ou lieu de dépôt désigné par l'autorité militaire. L'admission en recette en était prononcée par le Corps expéditionnaire.

Dès que le Gouvernement eut décidé l'envoi d'une brigade de troupes de la Marine, le ministre prescrivit, par dépêche du 3 juillet 1900 (subsistances) d'expédier, en dehors des 200 000 rations chargées sur la *Nive,* le 1er juillet, 750 000 rations complètes de marin embarqué, c'est-à-dire cinq mois de vivres pour 5 000 hommes, les fourrages nécessaires pour 220 chevaux, 6 fours Godelle et quelques articles de matériel d'exploitation et de distribution des subsistances. Le *Vinh-Long* parti de France le 12 juillet, n'ayant pu, faute de place, prendre la totalité de ce matériel et de ces vivres, le reste fut chargé sur le *Tigre* et les affrétés qui suivirent. Le déchargement en rade de Takou commença dans les derniers jours du mois d'août.

L'effectif du Corps expéditionnaire ayant été, quelques semaines après, augmenté d'une brigade de troupes de la guerre, les mesures suivantes furent adoptées sur la proposition du directeur des Services administratifs :

1° Constitution dans le Petchili d'un approvisionnement de six mois de vivres pour 15 000 hommes (2 700 000 rations) et 4 000 chevaux, avant l'hiver, en prévision du blocus du Corps expéditionnaire au moment de la fermeture du Peï-Ho par les glaces. (Dépêche ministérielle du 1er août 1900. Subsistances.) Ces vivres devaient être expédiés de France, sauf le sel, le riz, le thé demandés à l'Indo-Chine par télégramme du 1er août ; l'orge, fournie par l'Algérie, devait être embarquée à Oran et à Philippeville ;

2° Cession par le Département de la Guerre à la Marine du matériel de distribution et d'exploitation (fours Godelle. Tentes-baraques.....) et des objets de consommation du service des subsistances ;

3° Achat de 12 baraques en bois démontables, système Maillard, de poêles pour magasins, etc ;

4° Envoi des effets d'habillement, de grand et petit équipement et du campement nécessaires pour 6 mois, et de 18 000 collections complètes d'effets spéciaux d'hiver. Chaque homme du Corps expéditionnaire devait recevoir, pendant la saison d'hiver, très rigoureuse dans cette partie de la Chine :

Manteau à capuchon de chasseur alpin	1
Bandes molletières (paire)	1
Béret	1
Tricot en laine	1
Caleçon en laine	1
Bas ou chaussettes en laine	2
Gants de laine	1
Moufles	1
Cache-nez	1
Peaux de mouton (veste en)	1
Couverture (grande)	1
Couvertures (petites)	2

Il devait être, en outre, expédié 18 000 bandes de toile caoutchoutée (1 par homme) et 1 170 filtres, système Lapeyrère (1 par demi-section).

Le chauffage et l'éclairage ont été constitués sur les bases ci-après :

Charbon de terre du Japon. (Marché passé à Shanghaï par la division navale, livrables à Tong-Kou)	9 000 tonnes.
Bois à brûler. (Marché passé à Tien-Tsin, bois provenant du Japon)	1 000 —
Bois à brûler. (Achats sur place)	400 —
Bougies. (Achats sur place suivant les besoins)	5 000 kilos.
Pétrole. (Achat sur place)	60 000 litres.

En dehors de quelques achats peu importants en Extrême-Orient, le tabac et le savon ont été expédiés de France.

La totalité du matériel et des vivres de ces différentes provenances, et nécessaires pendant la saison d'hiver jusqu'au 15 avril 1901, a été, sauf le chargement du *Marseille,* mise à terre et emmagasinée avant la fermeture du Peï-Ho.

RÉCAPITULATION DES DEMANDES ADRESSÉES DE FRANCE AVANT LE DÉPART DU COMMANDANT EN CHEF

Demande de denrées

DÉSIGNATION DES DENRÉES.	QUANTITÉS.	OBSERVATIONS.
Farine	14 580 quintaux.	
Sel (540 + 108 pour coolies)	648 —	Commandés en Indo-Chine.
Sucre	1 350 —	
Café vert	648 —	
Riz (1 080 + 6 480 pour coolies)	7 560 —	Id.
Haricots	810 —	
Julienne	810 —	
Vin	13 500 hectolitres.	
Tafia	810 —	
Thé	270 quintaux.	Id.
Graisse de saindoux	810 —	
DENRÉES DE SUBSTITUTION		
Biscuit	1 500 quintaux.	
Conserves de viandes	2 800 —	
Pain de guerre	2 500 —	
DENRÉES A CÉDER AUX ORDINAIRES A TITRE REMBOURSABLE		
Potage aux haricots	280 quintaux.	
Lait condensé	50 —	
Tabac scaferlati de troupe	50 —	
— supérieur	10 —	
Cigarettes scaferlati ordinaire	10 —	
— supérieur	5 —	
FOURRAGES POUR CHEVAUX (4000)		
Orge	1 000 quintaux.	
Avoine	4 000 —	
Paddy	36 000 —	Commandés en Indo-Chine.
Foin	28 800 —	

Demande de matériel. — Guerre.

DÉSIGNATION DU MATÉRIEL	QUANTITÉS.	OBSERVATIONS.
Tentes-baraques complètes	10	
Tentes à distribution complètes	4	
Fours Godelle de 200 rations, y compris la collection d'ustensiles d'armement.	10	En plus de 6 fours expédiés le 10 juillet et de 10 fours annoncés par la dépêche ministérielle (Guerre) du 21 juillet 1900.
Caisses d'outils pour construction de fours	4	
Caisses de pièces pour fours de construction au bois (série complète) . .	4	
Petit outillage pour officier d'approvisionnement.	20	
Paires de cantines à comptabilité (simple)	15	
Paires de cantines à compartiments . .	6	
Prélarts grands 8/10	10	
Prélarts petits 5/6	40	
Sacs en balles pressées	10 000	
Caisses d'outils de charpentier	2	
— de menuisier	4	
— de tonnelier	4	
— pour ouvrier en fer . .	4	
Série de manches (outils divers). . . .	8	
— (outils de boucher) .	8	
Série régimentaire d'outils de bouchers.	10	
Barils de 40 à 50 litres.	1 250	
Brûloirs à café	8	
Crible à main en toile métallique n° 40 pour farine.	16	
Crible ventilateur Drouin	3	
Collection pour la mensuration et le marquage des bestiaux	4	
Cantines à vivres complètes avec ustensiles	40	
Colis de 25 panetons entoilés	20	
Pétrisseuses	3	
Caissettes métalliques.	400	

Demande d'objets et matières de consommation (Guerre).

NUMÉROS de la nomenclature sommaire.	NUMÉROS de la nomenclature détaillée.	DÉTAIL des OBJETS ET MATIÈRES.	QUANTITÉS.	OBSERVATIONS.
»	»	Vinaigre	3 hectol.	
»	»	Huile d'olive	5 —	
»	2	Étagères mobiles de 7 travées	9	
50	1	Balance à bras égaux à colonne petite	3	
»	3	Balance à bras égaux à légumes de 15 k.	15	
»	10	Balance à bras égaux grandes de 200 k.	4	
»	18	Balance bascule au 1/100 de 200 kilos.	4	
»	25	Balance bascule au 1/100 de 500 kilos.	4	
51	5 bis	Caractères à jour chiffres (jeu de 10).	4	
»	5 ter	Caractères à jour lettres —	4	
»	11	Marques à chaud, S. M.	4	
»	21	Presse à plomber les sacs	5	
54	7	Roulettes de 10 m/m	5	
»	23	Séries de mesures en étain (comprenant un double litre, 1 litre, 1/2 litre, 1/4 de litre, 1/16 de litre, une boîte renfermant la série)	10	
»	25	Décalitres à bec en fer-blanc	10	
56	79	Marteaux ordinaires	10	
»	100	Scies de long	2	
»	101 bis	Scies passe-partout	15	
58	3	Séries de poids de 15 kilos	10	
»	7	Séries de poids de 200 kilos	4	
»	1	Arrosoirs de jardinier	4	
»	19	Brouettes à coffres	4	
»	21	Brouettes à sacs	4	
»	23	Burins ou ciseaux à froid	10	
»	30	Ciseaux de tailleur	4	
»	31	Ciseaux ordinaires	4	
»	35	Coins de fendeur de bois	20	
»	73	Grès à affûter	4	
»	75	Haches de bûcheron	10	
»	86	Mèches anglaises assorties	20	
58	91	Meules à affûter	4	
»	112	Râteaux en fer	4	
»	113	Ratières	4	
»	116	Scies à bûches	10	
»	118	Seau en fer battu	10	
»	121	Souricières	10	
»	125	Tenailles ordinaires	10	
»	132	Tournevis à main grands	4	
»	133	Tournevis à main petits	4	
»	138	Vilebrequins ordinaires	4	
»	34	Panetons	2 000	
63	45	Pétrins démontables	27	
66	11 bis	Lanternes « Cosmos »	10	
»	13	Lanternes marines	10	
68	19	Pelles à grain et à farine	20	
69	9	Burettes pour l'ouillage	4	
»	15	Entonnoirs de 1 litre 50	10	
»	16	— de 4 litres	4	
»	17	— de 7 litres	4	
»	21	Filtres en feutre	10	
»	30	Pompes à main de tonnelier	10	
»	34	Robinets en bois	10	
»	35	— en cuivre grands	5	
»	36	— — moyens	10	
»	41	Siphons en fer-blanc	4	
24	1	Bougies	30 quint.	
»	3	Huile à brûler minérale	200 kilos.	
»	4	Huile à brûler végétale	200 —	

NUMÉROS de la nomenclature sommaire.	détaillée.	DÉTAIL des OBJETS ET MATIÈRES.	QUANTITÉS.	OBSERVATIONS.
»	5	Mèches diverses { plates pour lanternes marines	10 kilos.	
	5	Mèches diverses { rondes de 12 l., lampe « Cosmos »	10 —	
34	5	Plombs pour sceller	40 —	
»	10	Fil de chanvre	10 —	
»	11	Fil à coudre	10 —	
»	12	Fil à voile goudronné	10 —	
44	14	Cire à cacheter	5 —	
»	17	Colle forte	5 —	
»	26	Éponges ordinaires	4 —	
»	37	Huile à graissage	10 —	
»	42	Joncs de marais	4 —	
»	48	Mèches soufrées	10 —	
»	58	Savon blanc	10 —	
»	63	Suif	10 —	
»	73	Clous et pointes	2 000 —	
»	75	Pitons	10 —	
»	76	Rivets	20 —	
»	77	Semences	10 —	
»	78	Vis à bois	10 —	
45	4	Encre à écrire	5 litres.	
»	5	Encre à marquer	5 —	
46	1	Craie blanche	10 kilos.	
»	3	Crayons de menuisier	20 —	
»	4	Papier de verre	20 feuilles.	
»	8	Aiguilles à voiles	40	
»	9	— de bourrelier	40	
»	10	— d'emballage	40	
»	11	— ordinaires fortes	40	
»	12	Alènes de bourrelier	10	
»	14	— à coudre	10	
»	16	Arrosoirs pour le balayage	10	
»	23	Bidons à huile petits, 7 kilos	5	
»	30	Bondes ou bondons { pour fûts	200	
		Bondes ou bondons { pour barils	500	
»	31	Bouchons de liège	500	
»	47bis	Broches en bois avec chaînettes	1 000	
»	49	Brosses en chiendent	100	
»	50	— en crin	20	
»	51	— — à poignée	10	
»	53	Burettes à huile { d'éclairage	4	
»	54	Burettes à huile { de graissage	4	
46	58	Ciseaux de lampe	4	
»	117	Cadenas	10	
»	118	Charnières	40	
»	119	Serrures de porte	10	
»	120	Vis diverses (grosses)	10	
»	164	Chèvres ferrées pour balances	4	
»	182	Couteaux pour boîtes de conserve	10	
»	399	Seaux en toile	100	
47	1	Tuyaux en caoutchouc de 3 mètres pour transvidage	4	
48	15	Fer feuillard	100 kilos.	
»	17	Fil de fer ordinaire	40 —	
49	3	Toiles à paneton	100 —	
»	4	Toiles à prélarts	100 —	
		Petits sacs en forte toile ayant les dimensions suivantes : Longueur : 0m,80. Largeur : 0m,40.	1 000	
		Caissettes en fer-blanc (à expédier à la consignation des Services administratifs de la marine à Toulon, où elles seront remplies de denrées)	3 000 environ.	
22	1	Allumettes amorphes { boîtes de 50	1 000	
»	1	Allumettes amorphes { boîtes de 150	1 000	
94	6	Caisses à archives, à compart'ments.	10	

Demande d'objets divers. (Marine et Guerre.)

DÉSIGNATION DES OBJETS.	QUANTITÉS.	OBSERVATIONS.
BARAQUES « ESPITALLIER »		
ıraques « Espitallier » de 20 mètres de longueur.	20	Dépêche ministérielle du 9 août 1900.
POÊLES POUR CHAUFFAGE		
-56 Poêles ordinaires en fonte moyens	25	Une partie de ce matériel accessoire (tisonniers et tuyaux) est destinée à compléter le matériel demandé par le service de santé.
-57 — — petits	5	
(page 142 de l'édition du 13 août 1899).		
-73 Tisonniers	30	
-78 Tuyaux de poêle coudés	80	
-79 — droits (long 0m,66). . . .	200	
-80 — (long 0m,33).	200	
(page 144 de l'édition du 13 août 1899).		
CORDAGES		
ordage de 75 à 80 m/m de circonférence. (Dimensions approximatives.)	500 mètres.	
— de 45 à 50 m/m —	10 000 —	
gne de 34 à 36 m/m de circonférence. . .	2 000 —	
— de 24 à 26 m/m — . . .	8 000 —	
— fine de 9 à 10 m/m de circonférence .	4 000 —	
ızin à 2 fils de 7 à 8 m/m de circonférence.	10 000 —	
SAVON		
ıvon blanc.	540 quintaux.	Dépêche ministérielle 6 août 1900 (subsistances).

Demande d'effets d'habillement et de campement. (Marine.)

DÉSIGNATION des EFFETS.	UNITÉ RÉGLEMENTAIRE.	QUANTITÉS NÉCESSAIRES au débarquement.	pour le magasin de réserve.	TOTAUX.	OBSERVATIONS.
HABILLEMENT.					
areuses.	nombre	»	3 500	3 500	(1) La dépêche ministérielle du 28 juillet (troupes) a avisé de la commande à Saïgon de 15 000 de ces vêtements.
antalons de drap	—	»	4 500	4 500	
omplets kaki (1)	—	15 000	3 000	18 000	
EFFETS SPÉCIAUX.					
ricots de laine (2)	nombre	15 000	3 000	18 000	(2) Par lettre du 5 août, rappelée par celle du 17 août, le général en chef a demandé l'envoi d'un deuxième jeu de tricots et de caleçons de laine, ce qui ferait 15 000 caleçons et 15 000 tricots de plus. (3) Les cache-nez et les peaux de mouton ont été demandés directement par l'état-major, sans que le Service administratif ait eu à intervenir (lettres du général commandant en chef en date des 3 juillet, 2 août et 17 août 1900).
aleçons de laine (2)	—	15 000	3 000	18 000	
haussettes de laine (paires).	—	30 000	6 000	36 000	
ants de laine (paires) . . .	—	15 000	3 000	18 000	
ouvertures de laine	—	15 000	3 000	18 000	
oufles.	—	15 000	3 000	18 000	
ache-nez (3)	—	15 000	3 000	18 000	
eaux de mouton (vestes) [3]	—	15 000	3 000	18 000	
CAMPEMENT.					
andes de toile caoutchoutée de 2m de long sur 1m,20. .	nombre	9 500	4 000	14 000	
iltres	—	350	500	850	
ièce de molleton bleu . . .	—	»	1	1	

Demande d'effets d'habillement, grand et petit équipement et campement. (Guerre

NATURE DES EFFETS.	UNITÉ RÉGLEMENTAIRE.	QUANTITÉS NÉCESSAIRES			OBSERVATIONS.
		au débarquement.	pour le magasin de réserve.	TOTAL.	
Pantalons rouges pour infanterie . .	nombre	»	750	750	
— pour artillerie	—	»	500	500	Pantalons d'hommes à pied.
— pour cavalerie	—	»	100	100	
— pour zouaves	—	»	1 000	1 000	
Vestes de zouaves	—	»	500	500	
G lets de zouaves	—	»	500	500	
Pèlerines	—	15 000	3 000	18 000	
Bourgerons de toile	—	»	500	500	
Pantalons de treillis	—	»	500	500	
Ceintures de laine	—	8 000 [a]	1 500	9 500	(a) Pour l'infanterie de marine.
Capotes en drap	—	4 000 [b]	1 000	5 000	(b) Pour le régiment de zouaves.
Casques	—	»	2 000	2 000	
Coiffes de casque	—	»	5 000	5 000	
Bérets	—	15 000	3 000	18 000	
Passe-montagnes.	—	15 000	3 000	18 000	
Bandes molletières (paires)	—	15 000	3 000	18 000	
Chéchias de zouave.	—	»	500	500	
Vêtements pour le génie. Capotes du génie . . .	—	»	200	200	
Vêtements pour le génie. Pantalons	—	»	200	200	
Vêtements pour le génie. Vestes.	—	»	200	200	
Vêtements pour le génie. Képis	—	»	200	200	
Souliers (paires)	—	»	500	500	
Guêtres jambières en drap noir pour zouaves (paires).	—	»	500	500	
Brodequins (paires).	—	»	3 000	3 000	
Lacets de brodequins (paires)	—	»	18 000	18 000	
Guêtres de toile (paires)	—	»	200	200	
Ceinturons complets d'infanterie. . .	—	»	100	100	
Porte-épée	—	»	100	100	
Bretelles de fusil	—	»	200	200	
Bretelles de suspension	—	»	200	200	
Cartouchières d'infanterie.	—	»	600	600	
Havresacs d'infanterie	—	»	200	:00	
Chemises de flanelle coton	—	»	4 000	4 000	
Caleçons de coton.	—	»	2 000	2 000	
Mouchoirs	—	»	4 000	4 000	
Cravates	—	»	4 000	4 000	
Étuis-musettes	—	»	1 000	1 000	
Sacs de petite monture garnis. . . .	—	»	100	100	
Collections d'effets de petite monture.	—	»	500	500	
Trousses garnies	—	»	100	100	
Bretélles de pantalon (paires)	—	»	500	500	
Courroies de capote.	—	»	200	200	
Cuillers	—	»	1 800	1 800	
Fourchettes.	—	»	1 800	1 800	
Quarts	—	»	4 000	4 000	
Gamelles individuelles	—	»	4 000	4 000	
Bidons complets	—	»	3 000	3 000	
Gamelles à 4 hommes.	—	»	1 000	1 000	
Marmites à 4 hommes.	—	»	1 000	1 000	
Petites couvertures pour coolies . . .	—	4 000	1 000	5 000	
Vieilles couvertures pour coolies. . .	—	4 000	»	4 000	Demandées directement au ministr par l'état-major à la date du 8 aoû (lettre de rappel du 17).
Sacs à distribution	—	»	1 000	1 000	
Sacs tentes-abris complets.	—	»	1 000	1 000	
Moulins à café	—	»	200	200	
Seaux en toile	—	»	2 000	2 000	
Sachets à vivres	—	»	10 000	10 000	
Petits bidons pour coolies	—	4 000	500	4 500	
Courroies de petits bidons.	—	4 000	500	4 500	
Grandes couvertures	—	15 000	3 000	18 000	En plus des 18 000 couvertures d laine portées sur l'état de demande la Marine.
Petites couvertures	—	»	2 000	2 000	
Enveloppes de paillasses	—	»	3 000	3 000	
— de traversins	—	»	3 000	3 000	

NATURE DES EFFETS.	UNITÉ RÉGLEMENTAIRE.	QUANTITÉS NÉCESSAIRES au débarquement.	QUANTITÉS NÉCESSAIRES pour le magasin de réserve.	QUANTITÉS NÉCESSAIRES TOTAL.	OBSERVATIONS.
cs de couchage	nombre	»	3 000	3 000	
chettes emmanchées	—	»	500	500	
ntes de marche d'officiers	—	»	20	20	
illets	—	»	100	100	
Accessoires de ntes coniques. piquets grands	—	»	2 000	2 000	
Accessoires de ntes coniques. piquets petits	—	»	2 000	2 000	
Accessoires pour sacs-abris. supports brisés	—	»	1 000	1 000	
Accessoires pour sacs-abris. piquets petits	—	»	3 000	3 000	
Accessoires pour sacs-abris. cordeaux de tirage	—	»	1 000	1 000	
Accessoires pour sacs-abris. — de piquet	—	»	2 000	2 000	
jets	—	»	4 000	4 000	
llections d'effets de pansage	—	»	4 000	4 000	
ce de drap bleu foncé	—	»	1	1	
— gris bleuté	—	»	1	1	
— garance	—	»	1	1	
— bleu ciel	—	»	1	1	
RÉDIENTS NÉCESSAIRES POUR L'ENTRETIEN DES EFFETS, CHAUSSURES ET AMPEMENT.					
phtaline	kilos	»	200	200	
isse Thomas	—	»	100	100	
ile de paraffine	—	»	100	100	
sses à habits	nombre	»	50	50	
sses à laver en chiendent	—	»	50	50	
sses pour armes pour le graissage	—	»	50	50	

Règles de comptabilité. — Peut-être eût-il été désirable de profiter de l'expédition de Chine pour appliquer l'instruction sur la comptabilité du service des subsistances en campagne du 22 août 1899. Cette instruction, qui a réduit presque au minimum les écritures à tenir par les comptables des subsistances de formations actives, aurait ainsi reçu la sanction d'une expérience sérieuse.

La tenue d'une comptabilité identique à celle du service des subsistances en temps de paix exige la possession d'archives et de formules multiples, elle nécessite également un nombre relativement important d'employés de bureaux. Ce sont là des éléments indispensables auxquels la meilleure volonté ne peut suppléer. Dans la partie active du service, l'esprit, tenu en éveil par des incidents sans cesse renaissants, arrive à surmonter les difficultés avec une rapidité que l'on n'oserait pas toujours espérer ; dans la partie « comptabilité » il n'en est pas ainsi ; pour tenir des écritures exactes il faut du temps et du calme. Il est donc nécessaire de simplifier autant que possible la comptabilité d'un service en campagne.

Mais, il importe de remarquer qu'en ce qui concerne l'expédition de Chine, il n'était pas possible d'appliquer la comptabilité de 1899. La mise en pratique de cette comptabilité implique, en effet, l'existence, en France, de bureaux de liquidation ; or, aux termes de la dépêche (Guerre) du 30 juillet 1900, « le Département de la Guerre devant rester étranger à la reddition du compte spécial de l'expédition de Chine, tous les documents ou pièces relatifs à ce compte doivent être envoyés au Ministère de la Marine ». On conçoit dès lors que l'on ne pouvait confier aux bureaux de liquidation de la Guerre le soin de centraliser les comptabilités « vivres » du Corps expéditionnaire de Chine, lequel comprenait à la fois des troupes de la Guerre et des troupes de la Marine.

Nous avons donc dû constituer, à Tien-Tsin, un bureau de comptabilité (subsistances), ainsi qu'il sera expliqué plus loin, au chapitre VIII (comptabilité du matériel) de la deuxième partie du présent rapport.

Les comptables mis à notre disposition appartenant au Département de la Guerre, il était indispensable d'adopter les règles des comptabilités « vivres » et « matériel » de ce Département. Les principales difficultés rencontrées dans l'établissement des comptes de gestion résident dans la régularisation des bons partiels des corps et la formation des bons totaux.

Les bons de vivres, particulièrement ceux des perceptions faites dans les annexes par des détachements de passage, ont été, surtout avant la période d'occupation, établis de la façon la plus défectueuse par les chefs de détachements. Les unités d'affectation des militaires qui en faisaient partie n'ont pas toujours été indiquées d'une façon régulière, et, bien entendu, à plus forte raison, aucune mention de compagnie n'y figurait. Au moment de la présentation des bons totaux, ou bien les corps refusent de les accepter, ne reconnaissant pas les signatures des intéressés, ou bien ils effectuent des recherches fort longues pour retrouver les compagnies d'affectation des militaires.

Il est de toute nécessité de trouver un procédé qui donne satisfaction aux exigences du service en temps d'expédition.

Dans ce but, il semble que l'on pourrait, soit appliquer purement et simplement l'instruction du 22 août 1899 sur le service des subsistances militaires en campagne, avec un bureau de comptabilité fonctionnant à la base d'opérations, soit employer des tickets, conformément aux indications de l'annexe XII du règlement du 22 août 1890, soit obliger les corps à se servir, pour l'établissement des bons, de papier timbré à leur marque et rendant impossible dans la suite toute difficulté au sujet de l'acceptation et la signature des bons, enfin renoncer à la formalité de la signature des bons totaux et remplacer ces derniers par des bordereaux de totalisation signés par le fonctionnaire de l'Intendance ou le commissaire du service intéressé et appuyés de bons partiels.

b) Envois de France, comment effectués, comment reçus, déchets. — Observations et propositions au sujet des envois et suivant leur nature, poids des colis, emballage, arrimage, etc.

1° ***Envois.*** — La concentration à Marseille de l'énorme quantité de vivres et de matériel expédiée de France, l'affrètement des navires, leur chargement pendant une période de grève très aiguë, le déchargement à Takou, sur une rade foraine, à 10 milles de l'entrée d'une rivière dont la barre n'est accessible qu'à certaines heures de la journée, le débarquement à Tong-Kou, dépourvu de warfs, de quais, de magasins, au milieu de l'entassement du matériel de toutes les nations sur un espace très restreint, la réexpédition, par jonques et par voie ferrée, à Tien-Tsin, toutes ces opérations constituent un effort considérable qui n'a pu être réalisé que grâce au concours dévoué et intelligent de tous les services tant en France qu'en Chine.

Le personnel, les vivres et le matériel expédiés de France ont été chargés sur les transports de l'État *Nive* et *Vinh-Long* et sur les affrétés suivants : *Notre-Dame-du-Salut, Melbourne, Alexandre III, Calédonien, Andes, Massilia, Uruguay, Britannia, Matapan, Rio-Negro, Bithynie, Ville-de-Tamatave, Peï-Ho, Amiral-Baudin, Macina, Bordeaux, Marseille.*

Tous sont arrivés, sauf le *Marseille* (armé dans de déplorables conditions, à Marseille, pendant la grève), après une traversée de

45 jours en moyenne. Évitant une erreur commise en 1860, pendant l'expédition de Chine, et pour atténuer, dans la mesure du possible, les accidents de mer toujours à prévoir dans un aussi long voyage, on avait eu soin de répartir, entre tous les affrétés, les vivres de même nature, l'habillement, le tabac, le matériel, de façon que le naufrage d'un bâtiment ne pût entraîner la perte de l'approvisionnement total d'une denrée ou du matériel d'un Service.

2° **Débarquement.** — Si l'embarquement et le transport ont été effectués dans de bonnes conditions, il n'en a pas été de même du déchargement en rade de Takou, et à Tong-Kou, en raison de la distance du mouillage à l'entrée de la rivière (10 milles environ), des difficultés de la barre, du petit nombre des remorqueurs, chalands et jonques de mer dont disposait la division navale ainsi que de l'espace restreint occupé par la France, à Tong-Kou.

Au début, la présence simultanée, sur rade, de plusieurs affrétés chargés de troupes, de vivres et de matériel, au milieu d'un mouvement inouï de navires de toutes nations, mettait la Marine dans l'obligation de décharger ces bâtiments le plus rapidement possible, pour satisfaire aux besoins urgents, par crainte du mauvais temps et aussi pour éviter le paiement des surestaries prévues dans les contrats d'affrètement. Tous les moyens d'action, très restreints d'ailleurs, avisos, chalands, jonques, remorqueurs, étaient mis en œuvre. Le même chaland prenait du matériel ou des vivres à bord de plusieurs affrétés ; dès qu'il était chargé, il passait la barre, entrait en rivière, déchargeait rapidement à Tong-Kou et repartait aussitôt que la barre était franchissable. Aucune pièce indiquant la nature, la quantité, la provenance des denrées ou matières n'accompagnait le chargement. A Tong-Kou, le personnel était trop peu nombreux, l'espace trop limité et encombré par les troupes et le matériel de toutes les nations, les coolies insuffisants.

A Tien-Tsin, point de concentration des approvisionnements, faute de coolies en nombre suffisant et d'un pont praticable, les vivres qui ne pouvaient être enlevés de la gare le jour de leur arrivée étaient l'objet de nombreuses déprédations malgré les sentinelles.

Dès que la situation permit de constituer un commandement d'étapes à Tong-Kou, d'y placer une garnison suffisante et surtout de faire convoyer tous les envois, les pertes devinrent moins importantes et les vols plus rares.

Plus tard, après la débâcle des glaces, l'escadre de Chine ayant demandé à être déchargée du soin de la réception des colis en rade, la nécessité s'est imposée de faire assurer ce service par un représentant du Corps expéditionnaire. Le système suivi a été tracé, dans ses grandes lignes, par une note du 29 avril 1901, approuvée par le général en chef; les prescriptions que contenait cette note ont été aisément appliquées. Dès l'arrivée du *Tanaïs,* en rade, un agent du magasin, M. l'officier d'administration des subsistances Boudal, se rend à bord sur un vapeur du service fluvial, avec un chaland à la remorque. Le matériel, tout au moins l'état extérieur des colis, est reconnu à bord du *Tanaïs,* en quantité et en qualité, au vu des pièces du bord ; la décharge est donnée sur le connaissement. Le récolement terminé, le matériel est embarqué sur le chaland. L'agent du magasin a toute qualité pour faire, sur les connaissements, les réserves d'usage à l'égard des colis destinés au Service administratif. Si des colis appartenant à un autre groupe sont reconnus en mauvais état, le représentant, à la base maritime, du service intéressé, est informé, et il se rend à bord pour procéder lui-même à un examen des colis et formuler, sur les connaissements, les réserves de droit.

Ce régime a fonctionné depuis le 1er mai sans donner lieu à la moindre difficulté ; il a constitué un réel progrès, en permettant de mettre en cause, au lieu même de livraison, la responsabilité de l'agent de transport.

3° ***Entrée en magasin. Déchets.*** — Le rapport (annexe n° 2) de M. le commissaire Cablat, chargé de la comptabilité du matériel, et particulièrement le tableau annexé à ce rapport fournissent des renseignements très précis sur les entrées en magasin et sur la nature des déchets.

Le travail de comparaison des quantités de denrées expédiées de la Métropole et des ports d'Asie au Corps expéditionnaire, avec celles prises en recette, c'est-à-dire l'établissement du pourcentage des pertes de route a donné les résultats ci-après :

	DÉCHET.		DÉCHET.
Vin	12 p. 100	Riz	29 p. 100
Tafia	12 —	Café	2 —
Tabac	16 —	Sucre	5 —
Farine	8 —	Graisse	19 —
Conserves de bœuf	8 —	Grains	3 —

Le riz a été envoyé de Cochinchine ; peut-être des erreurs ont-elles été commises au départ ; il faut remarquer également que c'était la denrée qui devait le plus tenter les indigènes. Le tabac, expédié dans des fûts d'une solidité absolument insuffisante (il a été écrit à ce sujet au Ministre) et qui se brisaient lors des manutentions, a été l'objet de déprédations. J'ai dit que les fûts contenant la graisse n'étaient pas assez résistants et sont souvent parvenus défoncés dans nos magasins. Le taux du déchet pour les autres denrées n'est pas exagéré *si l'on tient compte des circonstances exceptionnelles du déchargement à Tong-Kou et du transport à Tien-Tsin.*

Sans qu'il soit possible au surplus d'évaluer avec précision la part afférente à chacune d'elles, on peut attribuer les pertes subies à quatre causes principales :

1° Nombre des manipulations et transbordements ;

2° Défectuosités de certains emballages. Les défauts d'emballage sont étudiés dans la deuxième partie de ce travail ;

3° Maladresse des coolies indigènes ;

4° Vols et détournements. Ils pourraient être atténués, dans une très large mesure, si toute expédition de matériel du bord à terre, de la base maritime au point de concentration et sur les lignes d'étapes, était accompagnée d'un convoyeur responsable, muni d'un bulletin indiquant la nature, la quantité et la provenance du matériel transporté. Cette mesure est rigoureusement appliquée à partir du port de débarquement pour tous les envois.

Poids des colis. Emballages. Arrimages. — Le rapport sur les pertes de matériel subies dans les envois de France et de Saïgon, rapport établi pour M. le commissaire de 1re classe Carrière le 17 décembre 1900 et que j'ai adressé à M. le général, commandant en chef, par lettre du 18 du même mois, contient à ce sujet des indications utiles.

On trouvera en outre plus loin (2e partie, détails du service : II. Vivres) des renseignements se rapportant aux récipients et aux emballages de chaque denrée envisagée isolément.

Cette question se trouve également visée à la 4e partie (observations et propositions).

D'une manière générale, il est indispensable que, pour une expédition telle que la campagne de Chine, les colis contenant les approvisionnements soient solidement emballés, la farine, le biscuit et le pain de guerre dans des récipients en métal, protégés par une armature en bois, et pesant au plus, tout compris, 50 à 60 kilogr., ou mieux encore *30 kilogr.*, les légumes secs, le sucre, le café et le sel dans de petits barils du même poids.

Les conserves de bœuf doivent être logées dans des récipients d'un poids ne dépassant pas 2 kilogr. avec une proportion de petites boîtes de 1 kilogr. suffisante pour assurer les délivrances de vivres de réserve aux troupes en opérations. Les caisses de boîtes de conserves ne devraient pas non plus excéder le poids de 30 kilogr.

Il convient d'enfermer la graisse dans de doubles caisses en fer-blanc et en bois, d'un poids peu élevé. L'usage des barils, qui se décerclent très facilement sous l'influence de la chaleur, doit être absolument abandonné.

Le vin et le tafia ne peuvent supporter les voyages qu'autant qu'ils sont logés dans des barriques bien conditionnées. Il importe d'être très sévère à cet égard au départ ; il est en outre indispensable que les magasins aient à leur disposition un nombre de tonnelets suffisants pour pouvoir préparer les convois portés par des coolies ou des animaux de bât.

Je ne puis, en ce qui concerne l'arrimage des colis, fournir des indications utiles n'ayant assisté ni au chargement du matériel à Marseille, ni à son déchargement sur rade de Takou. Si je suis bien informé, d'ailleurs, cette question a été traitée par le commandant en chef dans le rapport spécial qu'il a adressé au ministre, dans le courant du mois de janvier 1901, au sujet des transports par mer. Aussi bien, les dispositions à prendre pour assurer le bon arrimage du matériel à bord sont connues des maîtres arrimeurs des ports de commerce, lesquels ont, à ce point de vue, une compétence que l'on aurait mauvaise grâce à discuter.

Ce sera surtout au retour que l'arrimage devra être surveillé, car les chargements seront effectués en rade, quel que soit l'état de la mer, par des gens peu expérimentés, et dans des conditions de presse peu favorables.

c) Envois d'Indo-Chine.

La contribution de l'Indo-Chine, à part les vivres expédiés d'urgence avec les premiers bataillons et quelques prélèvements sur les stocks de la colonie au passage des transports, a été réduite à la fourniture du riz, du paddy et du thé.

Les quantités livrées ont été les suivantes :

Paddy.	2 160 tonnes.
Riz.	350 —
Thé.	15 —

Ces denrées n'ont rien laissé à désirer au point de vue de la qualité. L'emballage seul a été défectueux. Le paddy et le riz étaient logés dans des sacs-balles, en toile grossière et peu résistante, qui, presque tous, arrivaient décousus ou déchirés.

Le thé, expédié en caisses de 3 kilogr., en fer-blanc, a beaucoup souffert. Le couvercle n'étant pas soudé, la denrée s'échappait du récipient ou était avariée par le contact de l'air et de l'eau. Pour le thé du Tonkin, marque « Lombard », renfermé dans des caisses de fer-blanc de 25 kilogr., revêtues en bois, les pertes sont insignifiantes ; cet emballage est à recommander.

Les caisses de thé japonais sont contenues dans des emballages en nattes, très supérieurs à nos enveloppes en toile dite d'emballage ; ces emballages paraissent résister facilement aux chocs et à la pression de l'élinguage.

Ces nattes sont, pour le thé du Yang-Tsé, maintenues par des lattes en bois fixées sur le bois des caisses.

Le tableau ci-après fait ressortir les prix des produits achetés en Cochinchine, comparés à ceux des denrées de même espèce que l'on a pu se procurer sur place.

Le matériel spécial aux coolies annamites (marmites, coupe-coupe, sachets à riz..., etc.) ainsi que le poisson salé et le nuoc-man qui entrent dans la composition de leur ration, proviennent également d'Indo-Chine. Le matériel n'a été utilisé qu'en faible partie par suite du renvoi des coolies au commencement de l'hiver. Le poisson salé a été délivré aux coolies chinois par substitution à une partie de la ration de riz.

d) Achats en Extrême-Orient.

Shanghaï et Nagasaki sont les deux principaux centres de ravitaillement dans le nord de l'Extrême-Orient. Le premier de ces ports est, sans contredit, le plus important. Le mouvement commercial y est beaucoup plus considérable ; des maisons françaises y sont installées depuis longtemps. La division navale a conclu, le 6 août 1900, avec M. Gaillard jeune, de Shanghaï, un marché de gré à gré pour la fourniture, pendant un an, aux bâtiments de guerre et au Corps expéditionnaire, des principales denrées entrant dans la composition de la ration (farine, biscuit, conserves de bœuf, café, sucre, haricots, vin, eau-de-vie, saindoux). Le marché de Nagasaki est spécial à l'escadre ; aussi est-ce par versement de cette force navale que les vivres provenant de Nagasaki ont été fournis au Corps expéditionnaire.

Les prix de ces marchés ne sont pas, en principe, supérieurs aux prix de France, si l'on tient compte des frais de transport. La farine, qui est d'origine américaine, coûte moins cher.

Ainsi qu'il a été dit au début de ce chapitre, on peut évaluer à 600 000 rations complètes la contribution de Shanghaï et de Nagasaki au ravitaillement des troupes pendant les mois de juillet, août, septembre et octobre.

Shanghaï a, en outre, fourni 400 tonnes de riz (marché du 21 novembre passé à Tien-Tsin avec un représentant de la maison Gaillard).

Les denrées achetées en Extrême-Orient étaient de bonne qualité. Une fourniture de tafia de Nagasaki a, seule, laissé à désirer ; quelques fûts contenaient de l'alcool de riz mélangé au tafia.

Ainsi qu'on le verra plus loin, le bétail fourni par Shanghaï a donné lieu à de sérieux mécomptes. La peste bovine a sévi avec intensité sur les bœufs de cette provenance qui arrivaient à Tien-Tsin épuisés par le voyage et leur séjour forcé à Tong-Kou.

L'emballage est étudié dans la deuxième partie de ce travail.

e) Ressources locales.

Pendant les mois de juillet, août et septembre 1900 le pays n'offrait aucune ressource. Dès que la tranquillité a été assurée, la confiance est revenue peu à peu et il a été possible de se procurer auprès des commerçants chinois de la paille de riz, du maïs, du sorgho et du foin de deuxième qualité, ainsi que du bois à brûler.

On verra plus loin, au chapitre « Vivres » (chapitre 2 de la 2e partie), que, dans les localités autres que Tien-Tsin, on a dû, au début, consommer certains vivres de qualité inférieure que l'on pouvait se procurer dans le pays, notamment de la farine mal blutée, du riz, du sucre chinois (sorte de cassonade) et du sel.

De même, il sera rendu compte dans ce même chapitre des ressources relativement considérables du pays en bœufs et en moutons, de bel aspect et dont la viande est incontestablement de bonne qualité. Ces ressources nous faisaient défaut au début, et nous ont fait craindre, un moment, en raison de l'épidémie qui sévissait sur les animaux importés, de nous trouver dans l'impossibilité d'entretenir le troupeau de Tien-Tsin en hiver. Dès la fin de décembre 1900, les offres étaient supérieures aux consommations.

Les approvisionnements de pétrole et de coke ont pu être constitués sur place.

Les pommes de terre achetées à Tien-Tsin viennent de Pékin.

Dans cette dernière ville et à Pao-Ting-Fou, on a trouvé assez facilement du charbon qui, agglutiné en boulettes avec de la terre, suivant l'usage du pays, a assuré le service du chauffage concurremment avec le bois de démolition.

L'état ci-après fait connaître le prix des diverses denrées à Shanghaï, Nagasaki, Saïgon et Tien-Tsin au 15 février 1901.

eau du prix de revient des denrées, fourrages, combustibles, etc., en Extrême-Orient, au 15 février 1901.

ESPÈCES des DENRÉES.	ESPÈCES des unités.	A NAGASAKI. Transport présumé effectué par un bâtiment de l'État.	A SHANGHAI. Transport à Tong-Kou gratuit en vertu du marché.	A SAIGON. Transport par la Compagnie des Messageries à un prix inconnu.	A TIEN-TSIN. ACHATS locaux.	OBSERVATIONS.
		fr. c.	fr. c.	fr. c.	fr. c.	
ne	kilo	0 38	0 31	0 425	»	
uit.	—	0 36	0 36	»	»	
. . . .	—	»	»	»	»	Existe en grande quantité à Tien-Tsin.
re	—	0 50	0 50	0 455	»	
é.	—	2 00	1 94	1 98	3 00	
. . . .	—	0 35	0 20	0 174	0 238	
icots	—	0 35	0 56	0 75	»	
enne	...	»	»	»	»	
mes de terre. .	—	»	0 104	»	0 26	
iserves de bœuf.	—	1 40	1 53	1 42	»	
. . . .	litre	0 56	0 57	0 375 [b]	»	(b) Prix du marché.
la..	—	0 70	0 87	0 80	»	
. . . .	kilo	2 00	»	1 85	2 22	
isse de saindoux.	—	1 00	1 53	»	»	
ages condensés.	—	»	»	»	»	
n.	—	»	0 079 [a]	»	0 049 [c]	(a) A Tope-Fou. (c) Cession du corps expéditionnaire russe.
lle de riz	—	»	0 08	»	0 024	
je.	—	»	0 143	»	0 145	
ine.	—	»	»	»	0 145	
ldy	—	»	0 137	0 115	»	
. . . .	—	»	»	»	0 16	
bac de troupe . .	—	3 87	»	»	5 30	
on	—	»	0 57	»	»	
arbon de terre. .	tonne	»	57 20	»	»	
ke.	—	»	»	»	29 15	
s à brûler. . . .	—	»	79 50 [a]	»	75 70	
role.	litre	»	»	»	0 244	
agies	kilo	»	»	»	1 30	

f) Règles suivies pour l'entretien et le renouvellement des approvisionnements.

Avant la fermeture du Peï-Ho, les approvisionnements nécessaires au Corps expéditionnaire jusqu'au 15 avril 1901 avaient été constitués par les commandes de l'escadre, les achats sur place et surtout par les envois de France. En exécution d'un télégramme du ministre en date du 19 décembre 1900, deux mois de vivres ont été commandés à Shanghaï sur le marché Gaillard du 6 août 1900. Afin d'obtenir la totalité de la fourniture, M. Gaillard s'est engagé à livrer les denrées à Tien-Tsin dans les magasins du Service administratif. Par cette clause supplémentaire, l'État réalise une économie notable de transport. De plus, les pertes en cours de route qui ont été très considérables en 1900 restent à la charge du fournisseur, l'Administration n'ayant à payer que les marchandises réellement entrées dans ses magasins. L'approvisionnement a été ainsi assuré jusqu'au 15 juin 1901. Des mesures analogues ont été prises dans la suite, ainsi qu'il résulte des indications du paragraphe ci-après « reconstitution des stocks ».

Il est assez difficile de définir les règles suivies pour l'entretien et le renouvellement des approvisionnements. Le service central de Tien-Tsin s'est tenu au courant de l'importance des stocks dans les différentes places; les chefs du Service administratif intéressés ont signalé leurs besoins et nous y avons pourvu, en autorisant l'achat local de toutes les matières ou denrées (charbon, fourrages, animaux de boucherie, etc.) qui pouvaient être fournies par le pays et en assurant l'envoi, par les moyens les plus avantageux, des denrées que nous avions fait venir de l'extérieur. Aucune règle ne pouvait nous guider et nous n'en pouvions suivre aucune. Nous nous sommes efforcés de constituer, avant la clôture des transports par eau, à Tien-Tsin, et dans les différentes places, particulièrement à Hien-Hien, des stocks représentant les besoins jusqu'au 1er avril 1901. Lorsque les effectifs de places les plus importantes ont été modifiés (fin décembre 1900), nous avons dû renforcer les stocks de la place la plus difficile à approvisionner (Pao-Ting-Fou). Tout cela s'est fait, non pas sans préoccupation, mais sans aucune défaillance de la part d'un personnel décidé à faire réussir la partie du travail commun qui nous était confiée. De cette règle-là nous ne nous sommes jamais écartés.

Reconstitution des stocks. — En dehors des 6 mois de vivres expédiés de France et reçus avant la fermeture du Peï-Ho, le ravitaillement du corps expéditionnaire a été effectué par trois commandes sur le marché J. Gaillard jeune, du 6 août 1900, à Shanghaï et par des achats sur place.

Les trois commandes ont été ainsi échelonnées :

1° Commande du 29 décembre 1900.

Farine	600 000 kilos.
Biscuit	100 000 —

Café.	40 000 kilos.
Sucre	20 000 —
Fayols	80 000 —
Vin	400 000 litres.
Tafia.	15 000 —
Saindoux.	50 000 kilos.

2° Commande du 17 avril 1901.

Vin	300 000 litres.
Tafia.	8 000 —

3° Commande du 24 mai 1901.

Farine	180 000 kilos.
Biscuit.	50 000 —
Café.	6 000 —
Sucre	36 000 —
Vin	250 000 litres.
Tafia.	14 000 —

Les deux premières commandes ont été livrées en temps utile ; les denrées étaient de très bonne qualité.

La troisième commande est livrable avant le 25 juillet 1901.

Des marchés ont été passés à Tien-Tsin pour la fourniture de l'orge et de l'avoine.

1° 14 janvier 1901. — J. GAILLARD, JEUNE.

150 tonnes d'avoine à	85 $ la tonne.
100 tonnes d'orge à	55 —

2° 25 avril 1901. — CANNING.

200 tonnes d'avoine à	88 $ la tonne.

Il n'a rien été demandé à l'Indo-Chine.

Les ressources locales ont permis de se procurer par des achats sur facture, chez des commerçants chinois, la viande sur pied et diverses denrées aux prix moyens suivants :

Bœufs	122f 40 l'un.
Moutons	14 66 —
Pommes de terre.	11 70 le quintal.
Sorgho	12 » —
Paille.	3 » —
Son	7 65 —
Tourteaux.	2 97 —

Les commerçants européens ne pouvant fournir que par l'intermédiaire des indigènes, les Services administratifs ont dû s'adresser à ces derniers, dans un but d'économie.

Dès la réception des situations des vivres de tous les postes à la date du 1er juillet, des commandes sur les marchés en cours seront faites pour assurer le service jusqu'au 1er novembre, en exécution d'un câblogramme du ministre du 15 juin 1901.

L'envoi de France, par les affrétés, des denrées ci-après a été demandé au ministre par télégramme.

Potage aux haricots	6 000 kilos.	Ne se trouvent pas dans le commerce.
Julienne	10 000 —	
Cigarettes.	4 000 —	
Foin	400 tonnes.	De qualité inférieure dans le pays.
Avoine	150 —	

Les différentes places ont continué à s'approvisionner directement, en totalité ou en partie, en animaux vivants, en fourrages, en combustibles.

Transports intérieurs. — Comme moyen de transport on a dû abandonner, dès la fin de l'hiver, l'emploi des chameaux, et recourir de plus en plus au chemin de fer, à l'exclusion des convois par jonques et même par arabas. Pour Pékin, les transports par eau présentent, en effet, de très réelles difficultés et des chances de pertes sérieuses en raison de la nécessité de transborder dans le canal à Tong-Tchéou et de transporter sur voitures, depuis la gare du canal, à proximité de Pékin, jusqu'au palais Ly. Les grands mouvements sur Pao-Ting-Fou ont, au contraire, toujours été faits par eau, depuis la reprise de la navigation ; en outre, les convois du train des équipages militaires se succédaient de trois jours en trois jours et employaient six jours pour parcourir la ligne d'étapes entre Tien-Tsin et Pao-Ting-Fou. Ils étaient composés de 40 arabas ou voitures Lefebvre attelées à un mulet et ne transportaient en moyenne que dix tonnes de marchandises, soit la contenance d'un petit wagon. Ce mode de transport, très peu avantageux, a été supprimé depuis le 1er juin.

III. — FONCTIONNEMENT DU SERVICE

a) Organisation des magasins, des annexes. — Manutentions. Distributions.

Tien-Tsin. — Siège d'une garnison importante, est, en outre, la base de concentration de tous les approvisionnements du Corps expéditionnaire. Les vivres, l'habillement, le matériel, emmagasinés et pris en charge à Tien-Tsin, sont ensuite réexpédiés sur tous les points occupés par les troupes.

Grouper dans l'intérieur de la concession française, le plus près possible de la gare et des quais, tous les services, bureaux, magasins, manutention, logement du personnel, tel a été le but poursuivi. Il a été atteint en grande partie, et le mérite en revient à M. le commissaire principal Carrière, chef du service des approvisionnements et subsistances du Corps expéditionnaire.

L'établissement principal est situé quai de France n° 7. Abandonné par le locataire dès le début du siège, cet immeuble a été réquisitionné, puis loué au propriétaire, le R. P. du Cray, à raison de 200 $ par mois, soit 530 fr. environ. Il comprend trois corps de bâtiments séparés par une grande cour et une vaste étendue de terrain servant primitivement de dépôt de bois.

Dans le premier bâtiment ont été installés la Direction, les bureaux et le logement des officiers ; le second sert de casernement au personnel marin et au détachement de commis et ouvriers d'administration. Afin d'assurer la garde des approvisionnements, un certain nombre d'hommes ont été détachés au parc à bestiaux et à fourrages, ainsi que dans les magasins situés en dehors de l'établissement principal. Le troisième consiste dans un immense magasin à deux étages ; le rez-de-chaussée seul a été compris dans la location ; les étages supérieurs, fort endommagés par les obus, ne paraissaient pas offrir des garanties de solidité suffisantes pour y loger des denrées. Ils sont, d'ailleurs, restés inoccupés. C'est dans ce rez-de-chaussée qu'a été installé le magasin de distribution.

Le Service administratif a construit sur l'espace occupé par le dépôt de bois, à l'aide de la main-d'œuvre indigène, et des débris provenant des immeubles voisins :

1° Une boulangerie comprenant trois fours en maçonnerie, un fours Godelle un magasin à farine pour la consommation de trente jours environ, une paneterie à étagères et le logement du brigadier principal ;

2° Deux écuries pour les chevaux du service et des officiers ; chacune d'elles peut loger dix animaux ;

3° Un hangar pour la torréfaction du café ;

4° Des hangars en nattes et bambous ont été improvisés le long des murs d'enceinte et peuvent servir pour abriter des conserves de bœuf, des caisses de farine et du matériel.

Au centre, le service du génie a construit un magasin pour le pétrole et le matériel d'éclairage.

Les grains (avoine, orge, paddy et son) logés en sacs ont été emmeulés sur un terrain contigu appartenant à la « Mitsui Bussan Kaisha » et loué à raison de 72 $, soit 190 fr. 80, par mois. Les meules sont recouvertes en nattes cousues avec soin.

En face de la Direction, le long du fleuve, sur un terrain vague appartenant à la municipalité, a été installé un parc à fourrages entouré d'un mur du côté du fleuve et d'une palissade en bois sur les autres côtés. Il renferme, en outre, tout l'approvisionnement de charbon de terre et un stock de fourrages, grains et bois à brûler. C'est dans ce parc que se font les distributions de combustible et de fourrages.

Une partie de l'ancien parc à bœufs, séparée de la boulangerie par la rue Dillon, a été réservée au Service administratif. C'est sur ce terrain, loué pour la durée du séjour en Chine du Corps expéditionnaire, qu'ont été placées neuf baraques en bois démontables, système Maillard, envoyées de France. Ces baraques, d'une contenance de 475 mètres cubes environ chacune, servent de dépôt de vivres et de matériel de campement.

Les ateliers de menuiserie, serrurerie, tonnellerie, la forge ont été installés dans les communs d'une maison en ruines située quai de France, n° 9. Ce terrain comprend en outre un dépôt de bois à brûler.

Le coke et une partie de l'approvisionnement du bois à brûler ont été placés rue de France, en face de l'immeuble du Trésor, sur un terrain enclos de murs.

Le Service administratif avait loué pour le logement des vivres les trois magasins suivants, situés rue Dillon.

1° Magasin de MM. Buchheister et Cie.

60 $ par mois . . . . Liquides.

2° Magasin de MM. Blase et Cie.

85 $ par mois . . . . Liquides.

3° Magasin de MM. Sander, Wieler et Cie.

140 $ par mois. . . . Réserve de vivres et de matériel.

Le service du génie a construit en face de la gare neuf baraques en bois recouvertes en tôle. Ces baraques sont reliées à la voie ferrée principale par une voie accessoire permettant le chargement direct sur wagons. Elles renferment, en dépôt, un stock de farine et de denrées à expédier sur la ligne de Pékin et à Pao-Ting-Fou.

Le Service administratif dispose, pour l'habillement et le campement, d'un grand magasin avec premier étage situé rue du consulat n° 3. Le loyer de ce magasin est de 90 $ (238 fr. 50) par mois. Une partie du premier étage est affectée au logement de l'officier d'administration gestionnaire, des commis, et aux bureaux.

Une petite chambre, située dans le même immeuble, a été louée à raison de 10 $ par mois pour le service des colis postaux.

Le parc à bétail et l'abattoir ont été organisés à 2 kilomètres de la concession française environ, dans une sorte de cité chinoise détruite par le bombardement, mais dont le mur d'enceinte, assez élevé, est resté à peu près intact. Les petites maisons chinoises forment autant d'écuries distinctes. Les toitures absentes ont été remplacées par une triple rangée de nattes soutenues par des bambous.

Les détails d'installation sont donnés dans une autre partie de ce rapport.

Le parc à fourrages est placé devant le parc à bétail dans un terrain vague que le Service a entouré de palissades légères. Il contient la réserve de paille de la place et la réserve de foin pressé de tout le Corps expéditionnaire.

Une voie Decauville a relié, dans le courant de janvier, le parc, l'établissement principal et les casernements les plus importants.

Dès que les baraques, système Maillard, ont pu être utilisées à Tien-Tsin, le Service administratif a rendu à leurs propriétaires, qui les réclamaient d'ailleurs avec instance, les immeubles et terrains ci-après :

1° Magasin de MM. Buchheister et Cie, rue Dillon, affecté aux liquides, le 1er mars 1901 ;

2° Magasin Sander, Wieler et Cie affecté à la réserve des vivres et au matériel, le 1er mars ;

3° Magasin Blase, affecté aux liquides, le 1er avril ;

4° Le terrain contigu à la Municipalité et loué à la « Mitsui Bussan-Kaisha » pour les meules de grains, le 1er mai.

Le logement des denrées et liquides existant dans ces magasins a été effectué de la façon suivante :

1° Les liquides, dans le magasin à distribution de la manutention et dans un local nouveau sis rue de France, mis à la disposition du Service administratif pour servir de cave ;

2° Les diverses denrées, dans les baraques en bois de la rue Dillon et sous des tentes-baraques montées à cet effet dans le parc et à la manutention.

Les gros objets mobiliers de réserve (fours, tentes, cantines de comptabilité) ont été transportés dans les baraques de la gare, le petit matériel a été placé dans un sous-sol de la maison d'habitation des Services administratifs aménagé en magasin.

Manutention des denrées. — Les denrées arrimées en magasin n'ont pas donné lieu à des mesures spéciales de conservation.

Les barriques de vin et de tafia ont été ouillées avant l'arrimage ; il a été procédé à un nouvel ouillage avant la réexpédition.

Les questions de fabrication du pain, de torréfaction du café et des abats sont traitées dans d'autres parties de ce rapport.

Distributions. — Les distributions ont lieu comme suit :

Le pain et la viande sont distribués tous les jours; les autres denrées doivent être perçues pour quatre jours au moins; les liquides peuvent être touchés chaque jour.

Annexes. — La comptabilité des vivres des postes ci-après est rattachée à la gestion de Tien-Tsin :

Tong-Kou ;
Shanghaï ;
Sou-Kiao ;
Hien-Hien ;
Shan-Haï-Kouan ;
Chin-Van-Tao.

Les deux premiers postes sont placés sous la direction administrative de deux officiers du commissariat. Dans les autres, le service est assuré par des gérants d'annexe sous les ordres des chefs de poste.

La fabrication du pain est effectuée dans des fours en briques construits par les troupes. Le bétail, les fourrages et le bois sont achetés sur place.

Aux points de vue subsistances et approvisionnements, l'officier d'administration gestionnaire à Yang-Tsoum relève de Tien-Tsin.

Une nouvelle annexe de Tien-Tsin a été créée à la fin du mois de mai à Chin-Liang-Tcheng par suite du renforcement de l'effectif de ce poste ; cette annexe est gérée par un sous-lieutenant placé sous l'autorité du chef de poste.

La fabrication du pain est effectuée sur place, mais la plupart des denrées sont envoyées de Tien-Tsin.

Tong-Kou. — Base maritime ; là, tout, absolument tout, était à créer, l'emplacement sur lequel nous nous sommes installés était un amas de ruines, un enchevêtrement de chemins défoncés, de canaux obstrués. Nous possédons actuellement six magasins dont cinq utilisés, et un disponible pour les emmagasinements éventuels, deux fours pouvant fournir 1 200 rations par jour, un parc à bétail et à fourrages comprenant cinq corps de bâtiments et pouvant contenir 150 bœufs et 200 moutons.

Tous ces établissements sont clos de murs.

C'est à Tong-Kou qu'ont été débarquées et, en grande partie, réexpédiées, les 35 000 tonnes de matériel, cubant 70 000 mètres cubes, qui ont été envoyées au Corps expéditionnaire en 1900. Je n'insiste pas sur les difficultés d'une pareille opération, avec des ressources aussi médiocres que celles dont on disposait, et dans un espace de temps aussi bref. On peut se demander comment il a été possible de mener à bien une pareille entreprise.

Je n'hésite pas à dire qu'une grande partie du succès obtenu doit être attribuée à l'initiative et à l'activité de M. le commissaire de 1re classe Saint-Girons.

En vue de l'évacuation, on a organisé à Tong-Kou, au mois de mai 1901, un dépôt de 25 000 rations et on a monté deux fours Godelle. Pour cela on a dû déplacer les parcs à bétail et à fourrage.

En outre, les magasins du quai de Tong-Kou ont été mis en communication directe avec la voie ferrée ; le raccordement français aboutit aujourd'hui au grand appontement devant les magasins. La création de cette ligne ferrée, à traction animale, est une des plus sérieuses améliorations réalisées à la base maritime.

Pékin. — Le service des magasins est installé au palais Ly où il occupe une partie des pagodes et habitations non détruites.

Au début de l'organisation, ces locaux ont été utilisés pour l'emmagasinement des denrées de toute nature, mais, en raison de l'importance des quantités de vin et de tafia à recevoir de la base maritime, quatre des plus grandes pagodes ont été évacuées pour faire place à l'approvisionnement en liquides qu'on a pu ainsi mettre complètement à l'abri.

Les denrées en caisses ne craignant pas la gelée ont été placées dans les cours ; des réservoirs cylindriques en nattes, suivant l'usage du pays, ont été construits pour le logement des grains.

Une partie de l'approvisionnement en paille a été emmagasinée au palais Ly, l'autre partie a été mise en meule auprès des magasins impériaux du nouveau Petang.

La boulangerie était pourvue, au début, de deux fours construits par la main-d'œuvre chinoise et d'un troisième construit par le service du génie, ce dernier a dû être démoli, le fonctionnement en étant défectueux, et reconstruit. Un quatrième four, dit de construction, a été élevé par la main-d'œuvre militaire.

Trois fours peuvent suffire en temps normal aux besoins de la garnison ; mais, pour parer à toute éventualité, les quatre fours dont l'établissement doit disposer sont indispensables.

Les magasins annexes de la place de Pékin ont été constitués par l'autorité militaire, en dehors de l'action du Service administratif. Ces annexes sont les suivantes :

Lou-Kou-Kiao ;
Liou-Liou ;
Liang-Siang-Sien ;
Fang-Sang-Tse ;
Tcho-Tchéou ;
Mou-ling ;

Yang-Tsoum. — A Yang-Tsoum, où devaient, au début, être concentré le gros des troupes de la 2e brigade, et devenu, dans le courant de décembre, simple lieu de cantonnement de 1 900 hommes environ dépendant de ladite brigade, les magasins avaient été installés dans l'ancien mont-de-piété ; leur organisation, due à M. le sous-intendant Adam, était très satisfaisante ; la manutention proprement dite, c'est-à-dire la boulangerie, la boucherie et la salle de distribution étaient situées dans des bâtiments proches du mont-de-piété. La boulangerie comprenait 2 fours de construction, de 250 rations, et une paneterie avec étagères ; au commencement de la campagne, on avait installé 3 fours Godelle de 200 rations, mais ces fours n'ont servi que jusqu'au moment où les fours de construction ont été terminés.

Les distributions étaient effectuées pour deux jours, dans les mêmes conditions qu'en France ; le matériel de distribution était suffisant.

Pao-Ting-Fou. — A Pao-Ting-Fou, les établissements comprennent :

1° La manutention militaire, installée dans une partie des bâtiments d'une ex-école chinoise, dite école européenne, qui se trouve *extra muros* au sud-ouest de la ville, à 500 mètres environ de la gare ;

2° Le parc aux bestiaux organisé dans des maisons chinoises abandonnées par leurs propriétaires et situées à côté de la manutention;

3° Un ex-grenier d'abondance municipal, et une vaste pagode située *intra muros* dans la partie sud-ouest de la ville ; ces derniers bâtiments sont destinés à contenir un approvisionnement de réserve.

Tous ces établissements organisés par M. l'adjoint à l'intendance Rupp, puis par M. le sous-intendant Adam, réunissent les conditions nécessaires pour constituer une installation provisoire très convenable.

La gestion de Pao-Ting-Fou possède des annexes à :

Tung-Tchéou;

Sin-lo;

Tcheng-Ting;

Hom-lo.

Chin-Van-Tao. — Le Service administratif a employé à Chin-Van-Tao, point où étaient effectués les débarquements pendant la période d'hiver, une baraque Maillard, indépendamment de celle mise à la disposition des autres services, et du hangar de la Marine. La baraque où a été ainsi déposé le matériel des Services administratifs avant sa réexpédition était établie à 3k500 de Mafang, siège du commandant d'étapes, point qui se trouve lui-même à 4k500 de la gare de Tang-ho, où est effectué l'embarquement du matériel destiné aux divers points du Petchili. Après la débâcle des glaces, cette baraque a été démontée et réédifiée à Tien-Tsin.

Le directeur des étapes a dû fournir des renseignements détaillés sur l'organisation du service à Chin-Van-Tao ; j'ajouterai seulement qu'un officier d'administration des subsistances a été envoyé sur ce point, dans le courant du mois de janvier 1901, et pour la durée de la période d'hiver, à l'effet d'y assurer le fonctionnement du Service administratif, tant au point de vue de l'alimentation qu'en ce qui regarde le transit du matériel. La compagnie de zouaves détachée de Chan-Haï-Kouan à Chin-Van-Tao a confectionné le pain nécessaire à la garnison dans un petit four suffisant pour l'effectif du poste.

Service des étapes. — Le gestionnaire du service des étapes réside à Tien-Tsin ; ses annexes sont :

Sur la ligne de Pékin :
Hosiou ;
Matou (Makachouang) ;
Tong-Tchéou ;
Sur la ligne de Pao-Ting-Fou :
Si-Kou ;
Whang-Shing-To ;
Sheng-Fang ;
Sang-Yoane ;
Hiung-Shien ;
Ta-Schin-Tzuong.

b) Relations avec les autres services du Corps expéditionnaire, notamment avec ceux de la trésorerie et des étapes.

Ainsi que j'ai déjà eu l'occasion de le dire, c'est à l'entente qui n'a jamais cessé un instant d'exister entre l'Administration et les autres services du Corps expéditionnaire qu'il faut attribuer une grande partie des bons résultats obtenus. Partout, notamment à la direction du génie, au service de santé et chez MM. les commandants de place, nous avons trouvé le concours le plus dévoué. Dans aucune circonstance, nous n'avons eu à en référer à l'autorité supérieure pour statuer sur des désaccords ou même des divergences d'appréciation.

Nos consignes, en ce qui concerne les distributions de vivres, ont été acceptées et exécutées sans difficultés ; nous n'avons pas reçu une seule plainte sérieuse et nous n'avons eu à en formuler aucune.

Les relations des officiers du Commissariat et fonctionnaires de l'Intendance avec les corps de troupe ont été ce qu'elles devaient être ; on s'est efforcé de se conformer aux dispositions du titre XIV de l'ordonnance du 22 juin 1847, en ce qui concerne les troupes de la 1re brigade.

Aucune décision ayant trait au service des payeurs aux armées n'a été prise sans qu'un accord soit intervenu entre M. le Payeur général et la Direction des Services administratifs; nous nous sommes toujours, au surplus, trouvés en communauté de vues, sauf en ce qui concerne la situation des gérants des caisses de fonds d'avances (il ne s'agit pas ici, bien entendu, des gestionnaires auxquels sont constituées des avances par application de l'article 94 du décret du 31 mai 1862). La Direction a toujours considéré, et maintient, que ces gérants sont, et doivent être, dans l'exercice de leurs fonctions spéciales, des agents du Payeur général et non des délégués du Service administratif; elle pose en principe que l'établissement d'une caisse de fonds d'avances constitue un simple déplacement d'une partie des fonds du Payeur général.

Nous avons été pendant toute la durée de l'expédition en rapports journaliers et constants avec la direction des étapes, direction à laquelle était attaché un sous-intendant de 2e classe, M. Vilatte, qui, au point de vue technique, recevait les instructions du directeur des Services administratifs.

Le rôle de la direction des étapes a été, dans les circonstances actuelles, absolument différent de celui que lui assignent les règlements, puisque, au lieu d'opérer à l'arrière de l'armée, cette direction s'est trouvée, par la force même des choses, n'agir qu'au centre même de l'armée.

Au début, les attributions du service des étapes étaient peu définies; elles étaient ce que les circonstances voulaient qu'elles fussent; il est résulté de cet état de choses des frottements constants entre ledit service et l'Administration, et surtout des hésitations dans le départ des responsabilités; jamais, je m'empresse de le dire, ces hésitations n'ont eu pour conséquence des incidents de nature soit à compromettre l'harmonie qui a toujours existé entre les deux services en cause, soit à occasionner un préjudice quelconque aux intérêts de l'État.

L'ordre général n° 76, du 3 janvier 1901, a spécifié, d'une manière très nette, les attributions de la direction des étapes qui devient exclusivement un service *transporteur,* n'a plus à intervenir dans la réception du matériel arrivant par mer, à Tong-Kou, et ne conserve la charge du matériel à transporter que de magasin à magasin.

Du fait de cet ordre, les relations entre les deux services, ou plutôt les attributions des deux directions ont été mieux définies, et le service a fonctionné mieux encore que par le passé.

Colis postaux. — Incidemment, je dois faire remarquer que, comme cela s'était fait d'ailleurs à Madagascar, le service des colis postaux n'a été, en Chine, confié ni aux étapes ni au service du Trésor et de la poste, mais aux Services administratifs ; il en est résulté pour nous un surcroît de travail et de préoccupations, qui n'a pas été sans présenter des inconvénients à un moment où tous nos soins devaient être portés aux opérations de ravitaillement; je continue à penser que le service des étapes qui, indépendamment du directeur, du sous-intendant et de deux officiers d'administration, disposait de 15 officiers des différents corps, était mieux que la Direction des Services administratifs, désigné pour assurer le service des transports et des distributions de colis postaux.

Mais, comme il importe d'éviter dans une nouvelle expédition les hésitations auxquelles a donné lieu, en Chine, l'exécution du service des colis postaux, confié à des agents qui n'étaient aucunement préparés à ce travail spécial, j'estime que le service en question qui, en France, dépend du Département auquel est attachée la direction des postes, doit également être confié, dans une expédition coloniale, aux agents des postes faisant partie du personnel de la trésorerie et des postes aux armées.

Je reçois aujourd'hui des demandes d'indemnités, en raison des avaries éprouvées par certains colis postaux; or, ces indemnités, il appartient au ministre du commerce, des postes et des télégraphes, d'en apprécier le bien fondé, et d'en acquitter le montant, si elles sont effectivement dues. Je considère qu'un agent des postes est en meilleure posture que moi pour régler ces questions qui n'ont rien de militaire.

Je demande donc, avec instance, que, pour l'avenir, cette question des colis postaux soit réglée dans le sens que j'indique.

c) Relations avec les corps de troupe. — Surveillance administrative. Comptabilité des corps. — Caisses de fonds d'avances.

Toute cette matière est régie par la disposition édictée au § 19 de la décision du 4 août, portant que « les règles prévues par l'ordonnance du 22 juin 1847, resteront en vigueur pour les troupes de la Marine » et que « quant aux troupes de la Guerre, elles s'administreront d'après leurs règles propres ».

En ce qui concerne les troupes de la Guerre, les bureaux de comptabilité ont été institués en France, par la dépêche adressée par le ministre de la Guerre aux commandants de corps d'armée, le 30 juillet 1900. Le rôle de l'Administration locale est donc à leur égard assez restreint; toutes les pièces se rapportant à la comptabilité de la solde sont envoyées à ces bureaux de comptabilité chargés de les centraliser et d'établir les revues de liquidation.

La vérification de la comptabilité des corps de troupe donne lieu cependant à de nombreuses observations, cela tient surtout à ce que l'administration des régiments qui, théoriquement, doit se faire par régiment, se fait, en réalité, par bataillon, en raison de la dislocation des diverses unités. Dans ces conditions, les officiers de détails ont été choisis parmi les officiers des compagnies qui n'étaient nullement préparés à ce service.

Pour ce qui regarde les troupes de la Marine, au contraire, il convient de remarquer que les précédents de Madagascar, qui paraissent avoir inspiré la généralité des dispositions contenues dans la décision du 4 août 1900, n'ont pas été suivies à l'égard de la liquidation des comptes desdites troupes.

A Madagascar, en effet, les unités de la Marine, bien que demeurées sous le régime de l'ordonnance du 22 juin 1847 et des actes qui l'ont modifiée, avaient vu leur comptabilité tenue conformément aux règles posées par l'instruction du 19 février 1899 sur la comptabilité des troupes en campagne. Deux bureaux de comptabilité avaient été institués pour la reddition des comptes, l'un au 4e de Marine, à Toulon, l'autre au 2e régiment d'artillerie, à Cherbourg (circulaire du 21 février 1895, B. O. p. 307).

Le Corps expéditionnaire de Chine comprend ainsi deux administrations distinctes: celle de la Marine, astreinte à la reddition sur place des comptes définitifs, celle de la Guerre, purement provisoire, déchargée du soin de rendre les comptes, dont l'établissement est confié à des bureaux de liquidation en France.

Il appartient au commissaire principal, chef du Service administratif de la 1re brigade, de vérifier et d'apurer les comptes trimestriels des unités de la Marine attachées non seulement à la 1re brigade, mais également aux autres fractions du Corps expéditionnaire, 2e brigade, quartier général, service des étapes ; les fonctionnaires de l'Intendance, chargés d'administrer ces formations, se bornant à mandater les acomptes de solde des troupes de la Marine qui en font partie (Instruction du Directeur des Services administratifs du 26 décembre 1900).

Cette centralisation des comptes paraît motivée par la convenance de soumettre, tant dans l'intérêt des individus que dans celui d'une bonne et uniforme observation des règles comptables, les actes administratifs des corps de troupe de la Marine, placés sous le régime de l'ordonnance du 23 juin 1847, spéciale à ce Département, à l'appréciation exclusive d'un seul et même officier du commissariat de la Marine.

Une pareille procédure ne va pas, toutefois, sans imposer des obligations, une responsabilité et une tâche des plus étendues au service qui en a la charge, sous la haute direction d'un officier dont l'intelligence et le zèle sont au-dessous de tout éloge, M. le commissaire principal de la Marine Dubled.

Les troupes de la Marine comprennent 3 régiments, 7 batteries, la compagnie mixte de la direction des parcs n° 1, deux sections de munitions. Certaines de ces unités n'ont été que tardivement formées par la fusion d'éléments comportant, jusqu'au jour de leur réunion, des administrations distinctes : tels sont les cas du 17e régiment, dont les bataillons se sont administrés séparément jusqu'au 1er octobre, et celui du 16e régiment constitué à cette même date, par l'adjonction aux 2e et 3e bataillons de marche d'éléments provenant des portions détachées des 9e et 11e régiments d'infanterie de Marine (ordre général n° 31).

La compagnie mixte de la direction des parcs n° 1 provient également de 3 unités distinctes, compagnie d'ouvriers du parc, compagnie d'ouvriers du grand parc, détachement d'ouvriers du grand parc (ordre général n° 61). Certaines autres unités indépendantes ont fonctionné dans les débuts de l'organisation du Corps expéditionnaire, 12e et 13e batteries de l'Indo-Chine, chasseurs annamites, sections de circonstance d'ouvriers, de télégraphistes, du génie; ce fonctionnement a même généralement duré au delà du 1er octobre, ce qui entraîne l'obligation de rendre des comptes pour deux trimestres différents : quarante-quatre revues de liquidation sont appelées à résumer le travail de vérification auquel doivent être soumis, en 1900, les comptes trimestriels des diverses unités qui viennent d'être énumérées. Pour l'accomplissement de cette tâche, le commissaire de la 1re brigade dispose d'un commissaire de 1re classe, de 4 sous-officiers d'infanterie de Marine, secrétaires, d'un officier d'administration et de 3 commis de la Guerre, plus particulièrement affectés au service des nombreux états-majors présents à Pékin, des corps de troupe de la Guerre stationnés dans le rayon de la place, de la comptabilité financière, de l'ordonnancement pour les diverses branches du Service administratif (ordre général 76, tableau B).

Il suffit de se reporter au tableau n° 1 annexé à la circulaire du 21 février 1895, B. O. p. 307, pour se convaincre de la pauvreté de ces moyens d'action comparés à ceux que, pour des obligations autrement restreintes en raison du nombre d'unités présentes et du caractère simplement provisoire des opérations accomplies relativement au service de la solde, le Département de la Guerre avait cru devoir mettre à la disposition des services administratifs de la brigade Marine, lors de l'expédition de Madagascar.

Encore cette dernière expédition avait-elle été préparée longtemps à l'avance, des tarifs avaient été élaborés, qu'il suffisait d'appliquer dès le début.

Ici, rien de semblable, on s'est trouvé en présence de trois réglementations greffées l'une sur l'autre : l'ordonnance d'abord, puis les ordres de l'amiral Courrejolles et du général Frey, enfin les tarifs du 4 août. L'application de ces trois réglementations a naturellement donné lieu à bien des confusions et des erreurs, des trop-perçus notamment, dont le redressement se poursuit avec difficulté, nécessitant des recherches et vérifications multiples, obligeant à de volumineuses correspondances.

C'était précisément en vue d'augmenter le personnel affecté à ces opérations qu'il avait été demandé, en France, un certain nomdre de gradés et de secrétaires d'infanterie de Marine ; j'ai dit plus haut que ce personnel, effectivement envoyé en Chine, n'avait pas été attribué aux Services administratifs.

Je me hâte d'ajouter que, grâce à l'activité, à la grande facilité de travail de M. le commissaire de 1re classe de la Marine Duvigeant, chef du service de la solde de la 1re brigade, toutes les difficultés seront levées et les comptes seront rendus.

Le Service administratif de la 1re brigade n'avait encore reçu, à la date du 1er janvier 1901 qu'une partie des pièces d'imputation relatives aux payements effectués en France au moment du départ des troupes; or, les décomptes de libération ne pouvaient être établis qu'à l'aide de ces documents, qui, seuls, permettent de déterminer le débit total des corps intéressés.

Il convient de signaler, en outre, qu'un certain nombre de pièces d'imputation, reçues, n'indiquent pas les unités auxquelles se rapportent ces pièces. Il s'agit notamment des paiements d'avances faits à des militaires de l'artillerie.

Une autre gêne dans l'accomplissement des opérations de liquidation administrative, notamment en ce qui concerne l'application des pièces d'imputation venues de France, résulte de nombreux changements apportés au numérotage des batteries.

Ces inconvénients disparaîtraient en partie, en même temps que seraient diminuées les écritures et pièces comptables nécessitées par la coexistence de toutes ces unités aussi sujettes à variations, si, l'autonomie desdites unités étant supprimée, elles étaient réunies en groupes régis par des conseils d'administration, sur les points, du moins, où la concentration effective des batteries, rendrait pratique ce groupement administratif.

J'estime que les conditions du fonctionnement de l'organisation actuelle auraient pu comporter certaines améliorations, dont il y aura lieu de tenir compte dans l'avenir. Dans cet ordre d'idées, je pense que l'obligation imposée aux troupes d'un corps expéditionnaire de rendre des comptes définitifs n'est pas en rapport avec les nécessités du service en campagne, et qu'il convient de confier ce soin à des bureaux de liquidation spéciaux, sédentaires, établis soit en France, conformément aux règlements de la Guerre, soit à la base des opérations.

Les administrateurs et les comptables obligés de marcher avec les troupes sont absorbés par d'autres soucis que celui d'apurer des comptes. De plus, leur mobilité les place hors des conditions requises pour le sérieux accomplissement des travaux de vérification et de comptabilité. La distance qui sépare la Chine de la France ajoute encore à ces inconvénients. Le Corps expéditionnaire n'a pas reçu nombre de pièces d'imputation appelées à figurer dans les revues de liquidation, et relatives à des paiements ou des délivrances effectués, au départ de France, au titre du chapitre 61. Un bureau de liquidation en France aurait ces pièces et, avec celles reçues de Chine, posséderait, pour la reddition des comptes du 3e trimestre, les éléments qui nous ont fait longtemps défaut.

Il paraît, en conséquence, préférable d'adopter l'organisation des bureaux de comptabilité en usage dans la Guerre, ainsi qu'on l'a fait à Madagascar, et il serait à désirer que, dans l'avenir, on ne s'en départît pas.

Les avances faites à certains gestionnaires ne constituent pas à proprement parler des caisses de fonds d'avances. Cette question sera traitée à la 2e partie, Détails du service : I. Fonds.

DEUXIÈME PARTIE

DÉTAILS DU SERVICE

I. — FONDS

a) Approvisionnement en fonds. — Ordonnancement.

Les caisses du Trésor du Corps expéditionnaire ont été alimentées par les soins du ministère des finances. Les Services administratifs n'ont eu à intervenir que pour signaler d'avance les besoins au Payeur général.

Il a été encaissé 35 millions du 26 septembre 1900, date de l'installation du Payeur général, au 1er juillet 1901.

En caisse à l'arrivée du service du Trésor . . .	516 000 fr.
Envoi de France.	10 069 000
Envoi de l'Indo-Chine	16 918 000
Banque de l'Indo-Chine.	6 150 000
Acompte sur la vente des tas de sel	1 057 000
Transformation de lingots chinois	462 000
	35 172 000 fr.

Les fonds ont été répartis entre les payeurs suivant les besoins. Il a été installé des payeurs à Shanghaï, à Tong-Kou (ou Shan-haï-Kouan), à Tien-Tsin (bureau central de comptabilité, service du quartier général et service des étapes), à Pékin (1re brigade), à Pao-Ting-Fou (2e brigade). Auprès des payeurs se trouvent les ordonnateurs des différents services. Ces services ont été organisés de façon que leur fonctionnement ne soit jamais entravé, quels que soient les mouvements du Corps expéditionnaire.

Outre les ordonnateurs de l'artillerie du génie et du service de santé, qui, en cas d'opérations, suivraient le payeur du quartier général ou celui des étapes, les Services administratifs ont des ordonnateurs à Shanghaï, à Tong-Kou ou Shan-haï-Kouan, à la place de Tien-Tsin (revues et magasins), aux étapes, à la Direction, au quartier général, à Pékin (1re brigade), et à Pao-Ting-Fou (2e brigade).

Chaque ordonnateur assure son service, indépendamment des autres. Le chef du service de la comptabilité, qui est l'ordonnateur de la Direction, centralise les comptes financiers de tous les autres ordonnateurs. C'est lui qui prépare les demandes de fonds à adresser au ministre, et la répartition des crédits à sous-déléguer aux différents services.

Dans les localités d'une certaine importance, où le Trésor n'a pu installer un payeur, comme à Hien-Hien, il a été créé des caisses de fonds d'avance. Les titulaires de ces fonds en sont simplement dépositaires pour le compte du Payeur général.

Ils ne peuvent, en principe, qu'échanger leur numéraire contre des mandats de trésorerie ou contre des mandats de paiement visés au Trésor, et, exceptionnellement, contre des pièces de dépenses urgentes à faire ordonnancer au plus tôt par l'autorité compétente.

Dans les petits postes de moindre importance, l'officier qui y remplit les fonctions de gérant d'annexe des subsistances a toujours à sa disposition une certaine somme prélevée sur les avances de frais d'exploitation du comptable dont il relève. Cette somme est destinée à couvrir les dépenses courantes du services des vivres, mais elle peut également servir à régler toute autre dépense urgente. Les justifications de ces dépenses sont adressées au gestionnaire qui se les fait rembourser par qui de droit et qui complète, au fur et à mesure des besoins, les sommes à la dispotion de ses annexes.

L'approvisionnement en fonds n'a jamais rien laissé à désirer; les piastres de commerce de l'Indo-Chine, refusées dans la plupart des banques, sont acceptées à Tien-Tsin et à Pékin, dans le commerce chinois, aussi bien que les piastres mexicaines.

Les traites sont bien appréciées ; elles permettent aux officiers et à la troupe d'effectuer facilement des envois en France.

Au début de l'occupation de Pékin, l'argent était rare, celui que l'on est parvenu à y faire arriver a été employé au paiement des coolies et des premiers fournisseurs ; à partir du 21 octobre 1900 le service des payeurs aux armées a été installé et les fonds n'ont plus manqué.

Aucune crise de cette nature ne s'est produite à Tien-Tsin.

b) Tarifs de solde des officiers, de la troupe, indemnités.

L'application des tarifs de solde des officiers (tarifs du 4 août 1900) n'a pour ainsi dire soulevé aucune difficulté, le principe de l'unification des soldes et de la solde progressive pour les capitaines appliqué au troupes de la Guerre, par décret du 5 janvier 1889, et aux troupes de la Marine, par décision présidentielle du 25 janvier suivant, consacré par le décret du 24 septembre 1896 pour les officiers de Marine, du Commissariat et du Corps de santé de la Marine, ayant traité sur un pied d'égalité les officiers du même grade ou de même correspondance de grade.

L'indemnité d'entrée en campagne a été fixée par la décision présidentielle du 27 juillet 1900, pour le personnel Marine, par la décision présidentielle du 22 août 1900, pour le personnel Guerre, d'après les tarifs ordinaires augmentés d'un tiers.

Les officiers venus d'Indo-Chine ont perçu ce tiers sur le pied colonial (circulaire ministérielle du 12 décembre 1900, solde).

En outre, les capitaines d'infanterie de Marine, commandant des compagnies, ont été autorisés à se faire rappeler de la différence entre l'entrée en campagne des capitaines montés de la Guerre et celle des capitaines non montés de la Marine (ordre général n° 52 du 30 novembre).

La solde et les accessoires de solde, autres que l'indemnité d'entrée en campagne, ont fait l'objet de la décision présidentielle du 4 août 1900.

Les tarifs du 4 août accordent : 1° aux officiers, sous des dénominations diverses (solde d'Europe, indemnité de monture, indemnité de séjour) et à l'exemple des tarifs de Madagascar sur lesquels ils ont été en partie copiés, un traitement équivalent à celui qui résulterait de l'allocation de la solde coloniale ordinaire ; à ce traitement est ajoutée une indemnité de marche ; 2° aux sous-officiers et hommes de troupes, des allocations tendant à se rapprocher également de la solde coloniale, plus une indemnité de marche uniformément fixée à 0 fr. 05 par jour.

Mais, divers corps avaient quitté la France ou l'Indo-Chine avant d'avoir été atteints par la promulgation de la décision du 4 août. Jusqu'au 1er septembre 1900, ces corps ont été régis par les tarifs annexés à l'ordonnance du 22 juin 1847 modifiée. La solde coloniale leur a été attribuée à compter de leur débarquement en Indo-Chine et pendant la durée des traversées effectuées d'Indo-Chine à Takou, en exécution des ordres généraux nos 18 et 33, des 29 août et 5 septembre 1900, et de la décision parue le 10 septembre 1900 au rapport de la place de Pékin. Ces corps avaient droit, en outre, du jour de leur débarquement en Chine, à une indemnité de cherté de vivres fixée par l'ordre général n° 3 du 7 juillet 1900.

A partir du 1er septembre 1900 et conformément à l'ordre télégraphique du ministre en date du 3, les tarifs du 4 août ont été appliqués à tout le Corps expéditionnaire, sauf aux troupes du détachement de Shanghaï qui ont été traitées sur le pied colonial jusqu'au 1er octobre 1900 (circulaire ministérielle du 14 décembre 1900, solde).

Depuis, ces tarifs ont dû être complétés ou modifiés.

Textes appliqués. — Les textes appliqués au 1er juillet 1901, sont les suivants :

I. Entrée en campagne :

Décision présidentielle 27 juillet 1900, troupes coloniales ;

Décision présidentielle 22 août 1900, troupes de la Guerre ;

Dép. 12 décembre 1900, application du taux colonial ;

Dép. 12 février 1901, application aux capitaines montés des troupes coloniales du tarif de la Guerre.

II. Solde et accessoires de solde proprement dits :

Le décret du 4 août 1900, est modifié ou complété ;

1° Solde coloniale des sous-officiers (déc. prés. du 9 août 1900) ;

2° Masses de harnachement (circulaire n° 46 du 17 déc. 1900) ;

3° Solde des interprètes chinois (ordre général n° 44 du 11 nov. 1900) ;

4° Solde des gardes stagiaires de l'artillerie (déc. prés. du 22 janv. 1901) ;

5° Indemnité mensuelle de logement des sous-officiers rengagés nariés (ordre général n° 81 du 8 janv. 1901);

6° Frais de service en Chine :

Chef d'état-major de la 2e brigade ;
Comm^{t} de l'artillerie de la 2e brigade ;
Chef du service des renseignements ;
} dép. 25 octobre 1900 ;

Chef d'état-major de la 1re brigade (dép. 12 décembre 1900);

Commandant du demi-régiment de chasseurs d'Afrique (dép. décembre 1900) ;

Chef d'état-major des étapes (Ordre particulier 125 du 20 dé-embre 1900);

Médecins-chefs du service de santé de la 1re et de la 2e brigade décision présidentielle du 22 janvier 1901);

7° Frais de service de traversée :

Chef d'état-major de la 2e brigade ;
Comm^{t} de l'artillerie de la 2e brigade ;
} dép. 25 octobre 1900 ;

8° Frais de bureau :

Chef du service géographique (Note de service du 20 nov. 1900);

Médecins chefs des infirmeries-ambulances (décision présiden-elle, 22 janvier 1901) ;

Pharmacien gestionnaire de la pharmacie de réapprovisionne-ent (Ordre particulier 82 du 9 déc. 1900);

Chef de bataillon, commandant le bataillon de Shanghaï (dép. 2 janvier 1901);

Allocation supplémentaire à la compagnie du train chargée es soldats ordonnances de la ligne (dép. 23 janvier 1901) ;

Gendarmes chefs de poste ;
Gardien-chef de la prison militaire ;
} dép. 14 mars 1901 ;

Commandants de place et commissaires de gare (dép. 27 avril 901);

9° Service de la trésorerie :

Courriers conducteurs de la poste (Ordre particulier 66 du ^{er} décembre 1900);

Sous-officier chargé du service postal entre les légations et la lace de Pékin (ordre particulier 177 du 6 mars 1901);

10° Augmentation de solde des capitaines (circ. 124 du 24 juin 901).

III. Tarifs de l'ordonnance de 1847, spécialement appliqués aux troupes de la Marine :

Première mise de frais de bureau;

Indemnité aux vaguemestres ;

Indemnité du 14 juillet (appliquée également à la Guerre, ordre général 149 du 27 juin 1901) ;

Masses générale et individuelle.

Il y a été ajouté :

Vaguemestres du quartier général et des étapes (Ordre particulier 39 du 30 octobre 1900) ;

Vaguemestres des Services administratifs (Ordre particulier 41 du 2 novembre 1900).

IV. Autres allocations de solde :

1° Indemnité au sous-officier archiviste à l'état-major (Ordre particulier 35 du 29 octobre 1900);

2° Indemnité de fonction aux secrétaires de l'état-major et de la direction des étapes (dép. 23 octobre 1900);

3° Indemnité de fonction au cadre des sections de discipline (Ordre général 75 du 31 décembre 1900);

4° Supplément aux 5 sous-officiers d'infanterie de Marine venus par le *Vinh-Long*, pour servir aux revues de la 1re brigade (Ordre du général Frey du 25 août 1900);

5° Supplément aux militaires détachés à la police internationale de Shanghaï (Notes de service des 2 mars et 8 mai 1901).

V. Allocations autres que celles de la solde :

1° Allocation pour améliorer l'ordinaire des hommes en traitement dans les infirmeries-ambulances (circ. n° 4 et 50);

2° Gratifications au personnel des Services administratifs, vivres, habillement et transports (Ordre général n° 58 du 5 décembre 1900);

3° Supplément aux convoyeurs des étapes (Ordre particulier n° 34 du 31 décembre 1900);

4° Supplément aux convoyeurs du train des équipages (dép. 7 mars 1901);

5° Solde de travail des militaires des directions d'artillerie (Règl. 16 mars 1877, *B. O.* 2e semestre 1879, p. 778) et complément de solde des armuriers (circ. 8 novembre 1881, 3 décembre 1889 et 28 avril 1890);

6° Indemnités de voyage à l'étranger (Ordres généraux n° 4 du 21 septembre 1900 et 116 du 31 mars 1901);

7° Indemnités de travail des militaires du génie et des chefs des postes télégraphiques détachés (Notes de service n° 525 du 26 septembre 1900 et 571 du 28 septembre 1900).

D'autre part, il y a lieu de faire remarquer que la solution de diverses questions posées dans un rapport du commissaire de la 1re brigade a été ajournée, en attendant la réponse du ministre à une demande de relèvement de l'indemnité de marche formulée par le commandement.

Ces questions avaient trait à la solde des lieutenants et des sous-lieutenants, à celle des soldats de 1re classe, à l'indemnité journalière en marche des sous-officiers, caporaux et soldats, aux hautes payes d'ancienneté des sous-officiers. Le 5 décembre, j'ai eu l'honneur d'adresser à M. le général, commandant en chef, une note relative à la question de l'attribution aux héritiers des militaires décédés des arriérés de solde qui n'auraient pu être payés, en temps normal, aux ayants droit; cette étude a été transmise au ministre.

La décision présidentielle du 22 janvier 1901, ayant accordé aux gardes stagiaires d'artillerie la solde et l'indemnité de logement prévus au tarif annexé au décret du 25 décembre 1897, il semblerait rationnel d'attribuer les mêmes allocations aux ouvriers d'état, afin de rester dans l'esprit du décret du 25 décembre 1897.

Il a été, en outre, donné de constater que la solde allouée par les tarifs du 4 août à certains militaires de l'artillerie de Marine, était inférieure à la solde normale que le tarif n° 6 du 26 mars 1879 leur accorde aux colonies. Les différences relevées sont indiquées dans le tableau ci-après; elles pourraient être prises en considération en vue d'un relèvement de la solde des intéressés, les militaires qui servent sur le pied de guerre, en Chine, ne paraissant pas, en toute équité, pouvoir être traités plus défavorablement que leurs camarades qui tiennent, en temps de paix, garnison dans une colonie.

TABLEAU.

GRADES.	SOLDE COLONIALE. (Pages 340, 341, 342 de l'ordonnance du 22 juin 1847. Lavauzelle. Édition de 1897.)	SOLDE DES DÉCRETS des 4 ET 9 AOUT 1900,		DIFFÉRENCE en MOINS,	
		à pied.	à cheval.	à pied.	à cheval.
	fr. c.	fr. c.	fr. c.	fr. c.	fr. c.
Maréchal des logis chef (compagnie d'ouvriers)	2 30	»	2 05	»	0 25
Sous-chef artificier	1 50	»	1 40	»	0 10
Brigadier-fourrier	1 25	»	1 10	»	0 15
Brigadier-trompette	1 25	»	0 75	»	0 50
Brigadier	1 00	»	0 75	»	0 25
Maître artificier	0 88	0 63	»	0 25	»
Maître ouvrier	0 88	0 63	»	0 25	»
Trompette	0 88	0 63	0 68	0 25	0 20
Canonniers conducteurs de 1re cl.	0 74	»	0 50	»	0 24
— de 2e cl.	0 65	»	0 50	»	0 15
Canonnier servant de 1re cl.	0 64	0 48	0 50	0 16	0 14
— de 2e cl.	0 55	0 48	0 50	0 07	0 05
Ouvrier des batteries	0 55	0 48	0 50	0 07	0 05
Ouvriers des Cies d'ouvriers. 1re cl.	0 80	0 48	»	0 32	»
Ouvriers des Cies d'ouvriers. 2e cl.	0 72	0 48	»	0 24	»
Ouvriers des Cies d'ouvriers. 3e cl.	0 63	0 48	»	0 15	»
Artificiers des Cies d'artificiers. 1re cl.	0 72	0 48	»	0 24	»
Artificiers des Cies d'artificiers. 2e cl.	0 63	0 48	»	0 15	»
Artificiers des batteries	0 88	0 63	0 68	0 25	0 20

c) Délégations, Règles suivies, avantages, inconvénients.

Règles suivies. — Aux termes du paragraphe 20 du décret du 4 août 1900, les délégations consenties par les officiers devaient être payées par les soins de la Marine, suivant les règles ordinaires. Ces règles paraissaient devoir être celles déterminées par le décret du 29 octobre 1898, qui a abrogé les dispositions des articles 121 à 127 de l'ordonnance du 22 juin 1847.

La réglementation suivie, en vertu du décret du 29 octobre 1898, consiste principalement dans la conservation à la fin de chaque mois, par le service de la trésorerie coloniale, du montant des délégations souscrites par les officiers, *et dans l'émission, dans la colonie, en fin de trimestre, de mandats de trésorerie au nom des délégataires, mandats transmis au ministère des colonies qui les fait parvenir ensuite aux ayants droit.*

Par dépêche du 20 septembre 1900, le ministre de la Marine a arrêté les nouvelles dispositions indiquées ci-après :

1° En ce qui concerne le personnel de la Guerre : réglementation prescrite par le décret du 29 mai 1890, aux termes duquel *le montant des délégations est ordonnancé mensuellement et à terme échu par les fonctionnaires de l'Intendance, en France, au profit de la femme, des ascendants et des descendants*. Seules, les délégations au profit d'un tiers ou d'un parent, autre que ceux précités, ne sont ordonnancées qu'après réception du certificat de retenue ;

2° En ce qui touche le personnel de la Marine : réglementation de l'ordonnance du 22 juin 1847, pour les troupes et du décret du 24 septembre 1896, pour les officiers de la Marine proprement dite, réglementation aux termes de laquelle *le paiement des délégations est effectué trimestriellement à la femme, aux ascendants et descendants, sans constatation du montant de la retenue correspondante sur la solde du déléguant*. Cette constatation n'est exigée que pour les tiers.

Avantages. — La réglementation admise par la dépêche ministérielle du 20 septembre 1900, sans exiger un surcroît d'écritures sur le système adopté pour les colonies par le décret du 29 octobre 1898, présente l'avantage de centraliser entre les mains des Départements militaires l'ordonnancement des délégations qui devient ainsi des plus simples, et ne peut donner lieu à contestation, attendu qu'il repose uniquement sur la réception, par l'ordonnateur, des déclarations ou des révocations de délégations. Au point de vue des familles, cette manière de procéder ne présente également que des avantages, aucun événement ne pouvant retarder le paiement des délégations qui est toujours ainsi effectué à échéance normale.

Inconvénients. — L'application du décret du 29 octobre 1898 qui peut être très pratique dans une colonie, où les services fonctionnent normalement, et sans à-coup, où les déplacements sont réguliers et peu nombreux, n'est pas sans présenter des inconvénients assez sérieux dans un corps expéditionnaire.

Indépendamment des complications d'écritures entraînées par l'application de la circulaire du 30 octobre 1898, du ministre des colonies, il y aura forcément un retard, dans la centralisation, par le payeur du corps expéditionnaire, des comptes de chaque déléguant à cause de la dissémination des caisses et des difficultés des communications les reliant au bureau central ; par suite, les mandats de trésorerie à délivrer au nom des délégataires ne seront pas établis au dernier jour de chaque trimestre, ainsi que le prescrit le décret du 29 octobre 1898, ou bien alors, la solde d'un officier ayant pu être payée par plusieurs caisses dans un même trimestre, il faudra multiplier les mandats, ou recourir à des mandats complémentaires.

Outre ces retards, qui se produiront en règle générale, l'éloignement de la métropole viendra encore ajourner le paiement, aux familles, du montant des délégations souscrites par leur chef; il en résultera que la délégation payée actuellement tous les mois aux délégataires de la Guerre, subira souvent 4 et 5 mois de retard pour le premier mois d'un trimestre, 3 et 4 mois pour le 2e et ainsi de suite. Un tel retard pourrait être très préjudiciable aux familles.

La limitation de l'importance de la délégation a été critiquée.

Si l'on veut éviter aux déléguants l'obligation de recourir à des envois d'argent pour compléter leur délégation, le maximum de celle-ci devrait être porté uniformément aux deux tiers ou aux trois quarts de la solde pour tous les délégataires, sans distinction de qualité, étant entendu que par « solde » il faut comprendre, en vue d'éviter toute fausse interprétation, la somme touchée par le déléguant comme solde et complément de solde proprement dit, augmentée des indemnités de séjour et de marche qui sont des allocations sans affectation spéciale, ce qui n'est pas le cas des indemnités de frais de service, de frais de bureau, etc.

II. — VIVRES

---

a) **Vivres-pain, Farine (qualité suivant provenance), récipients, fabrication du pain, biscuit, pain de guerre, comparaison, conservation, récipients.**

Farine. — Une grande partie de la farine consommée a été envoyée de France. La farine livrée en exécution des marchés passés par l'escadre à Nagasaki et à Shanghaï provenait d'Amérique.

La qualité est sensiblement la même quelle que soit la provenance et représente le type d'une bonne farine seconde du commerce, blutée à 30 p. 100.

Certains lots de farine américaine ont donné, cependant, à la panification, de moins bons résultats que l'ensemble des fournitures précédentes. Si la qualité du pain ne s'en est pas ressentie, cela tient à ce qu'il a été fait un mélange judicieux de la farine de la Marine (caisses de 25 k.) avec les produits d'Amérique laissant à désirer. Afin d'éviter tout mécompte, la commande du 25 mai a imposé au fournisseur l'obligation de ne livrer que des farines portant la marque « Wold Brand » qui a été reconnue supérieure aux autres marques relevées dans les livraisons antérieures.

Le rendement pendant le 4e trimestre 1900 a été, à Tien-Tsin, de 133, 52 p. 100, inférieur par conséquent au taux normal de France qui est de 138 p. 100 environ.

Cette infériorité doit être attribuée à deux causes : 1° 80 000 kilos de farine provenant d'un chaland coulé sur la barre n'ont pu être utilisés qu'après avoir été tamisés ; 2° emploi de farine à défaut de fleurage.

Depuis le 1er janvier 1901 le rendement a été très satisfaisant et s'est maintenu, à Tien-Tsin, au taux normal de France, c'est-à-dire à 138 p. 100.

Dans certaines localités, à Pékin notamment, on a pu se procurer, sur place, de la farine d'assez bonne qualité ; mais les appareils de bluterie du pays, fort primitifs, donnent un produit grisâtre, imparfaitement dégagé des issues de mouture ; la farine est assez fortement piquée.

Jusqu'au 1er juin 1901 le mélange employé à Pékin, pour la fabrication du pain (deux tiers de farine française ou d'origine étrangère et un tiers de farine chinoise) avait donné de bons résultats. Deux réclamations s'étant produites à cette époque et ayant donné lieu de penser que la farine chinoise récemment livrée était de qualité inférieure, des ordres ont été donnés pour la suppression, au moins momentanée, de l'emploi de la farine chinoise.

Récipients. — La farine provenant de France est logée dans quatre sortes de récipients.

1° Caisses cylindriques en zinc.

Plusieurs dimensions. La denrée est très bien logée, mais les manipulations de ces caisses sont très difficiles à cause de leur poids et de leur forme. Très commodes pour le service à bord, inutilisables en colonne ;

2° Caisses rectangulaires en fer-blanc de 25 kilos avec revêtement partiel en bois.

Ces caisses ont beaucoup souffert. Dès l'arrivée, celles qui laissaient échapper la farine ont été mises à part et employées à la fabrication du pain nécessaire à la place de Tien-Tsin. Réparées, elles ont rendu de grands services pour les colonnes qui ont dû employer des coolies comme moyen de transport ;

3° Caisses rectangulaires en fer-blanc de 50 kilos avec revêtement partiel en bois ; mêmes observations que pour le modèle précédent. Toutefois, il n'est parvenu qu'un petit nombre de ces caisses et elles n'ont pas été employées dans les colonnes ;

4° Caisses rectangulaires en fer-blanc de 50 kilos renfermées dans des caisses en bois à plein, avec poignées. Emballage parfait. Pas de perte. Arrimage très facile.

La farine achetée à Nagasaki ou à Shanghaï est contenue dans trois sortes de récipients.

1° Sacs de 25 kilos en toile de coton légère, renfermés deux par deux dans une caisse rectangulaire en fer-blanc. Bien que la plupart de ces enveloppes métalliques aient été brisées et bosselées, les sacs ont été suffisamment protégés et la farine est arrivée à Tien-Tsin en assez bon état. Cet emballage n'est pas pratique pour les colonnes ;

2° Sacs de 50 kilos, en toile solide, sans autre enveloppe extérieure. La farine a été consommée à Tien-Tsin. Emballage pratique ;

3° Sacs de 100 kilos en toile doublée. Colis généralement bien conditionnés, mais trop lourds pour les colonnes.

Fabrication du pain. — A Tien-Tsin, la fabrication du pain est effectuée dans les fours en briques. L'annexe de la cité a monté un four Godelle.

Les produits de la panification (pain long pour les officiers, pain ordinaire pour la troupe) sont très satisfaisants. Le pain est blanc, bien développé et appétissant. Il est supérieur, comme qualité, au pain de munition des manutentions de France, et tient notamment cette supériorité de l'emploi exclusif de farine blutée à 30 p. 100.

Dans les annexes et petits postes la fabrication du pain est effectuée dans des fours de construction, en briques.

A Pékin, jusqu'aux premiers jours du mois de novembre, le pain a été fabriqué exclusivement avec de la farine chinoise qui donnait un pain gris noir, quelques rations de pain blanc étaient délivrées, sur la demande du médecin traitant, pour les malades de l'ambulance du palais Ting. Presque toute la farine blanche, en caisses, venue de l'arrière, était expédiée aux troupes opérant dans la direction de Pao-Ting-Fou, mais, lorsque des arrivages plus fréquents ont augmenté l'approvisionnement de cette denrée, il a été possible d'améliorer la qualité du pain de la garnison de Pékin, en employant concurremment la farine des deux provenances dans la proportion de un tiers de farine française pour deux tiers de farine chinoise, ainsi d'ailleurs qu'il a été dit plus haut.

Le pain blanc, fabriqué exclusivement avec de la farine de France, a été délivré aux malades de l'hôpital et aux officiers de la garnison.

Biscuit. Pain de guerre. — Le biscuit provient pour la majeure partie des envois de la Marine; une petite quantité a été achetée dans le commerce. Il est de bonne qualité.

Le pain de guerre a été exclusivement fourni par les subsistances militaires, il était de bonne qualité. Il a été distribué, concurremment avec le biscuit, dans la ration de 550 grammes de ces produits délivrée tous les cinq jours aux hommes de troupe.

Au point de vue de leur valeur nutritive et de leur conservation, on ne peut établir de comparaison absolue entre les deux produits. Il est reconnu, cependant, que le pain de guerre est meilleur dans la soupe que le biscuit, mais, d'autre part, le soldat préfère ce dernier produit qui se conserve mieux.

Récipients. Biscuit. — 1° Caisses rectangulaires en zinc de 50 à 90 kilos. Malgré leur solidité, beaucoup de ces récipients n'ont pu résister aux nombreux chocs reçus et ont été crevés ou dessoudés. Ils sont d'une manutention et d'un transport difficiles;

2° Caisses en fer-blanc de 18 à 30 kilos. Fournies par le commerce. Soudure insuffisante.

Récipients. Pain de guerre. — Caisses en bois de 40 à 50 kilos nets. Un grand nombre de ces caisses ont été brisées par suite du peu d'épaisseur du bois. Les pointes ont peu de prise sur des voliges aussi minces, les caisses se déclouent en grand nombre; les galettes se désarriment et il devient impossible de reclouer la caisse à moins de réarrimer tout son contenu.

Il y aurait avantage, pour le transport et la conservation du biscuit et du pain de guerre, à loger ces denrées dans des récipients plus solides. On pourrait obtenir un résultat satisfaisant au moyen de caisses en bois d'une épaisseur de planche de 0m,018.

b) **Vivres-viande.**

1° Viande sur pied, bœufs achetés en Extrême-Orient, au Petchili. Constitution et entretien des troupeaux. Parc a bétail. Qualités de la viande, rendement, maladies contagieuses, déchets, moutons, porcs.

L'alimentation des troupes a consisté en viande de bœuf et de mouton, le porc ayant été écarté par mesure d'hygiène.

Au début des hostilités et pendant les mois de juillet et d'août 1900, il était impossible de se procurer du bétail sur place. Les Chinois avaient fui entraînant avec eux leurs troupeaux en dehors des points occupés par les troupes. Ceux d'entre eux qui auraient voulu se livrer au commerce du bétail n'osaient pas s'approcher de Tien-Tsin par crainte des Boxers et aussi des maraudeurs de toutes les nations. Dans les derniers jours de septembre, un Chinois qui amenait, de temps en temps, quelques bœufs au service des subsistances a été, après avoir touché le prix de sa fourniture, arrêté par des Sicks, aux portes de Tien-Tsin, et complètement dépouillé. Ce n'est qu'à la suite d'une démarche faite auprès de l'autorité militaire anglaise que ce Chinois a pu recouvrer une partie de ses fonds. Dans ces conditions et afin d'assurer le service de la place et des postes de la ligne d'étapes entre Tien-Tsin et Pékin, il a fallu recourir au commerce de Shanghaï pour constituer un troupeau à Tien-Tsin, base d'opérations. Par traité de gré à gré du 6 août 1900, M. Gaillard a livré à Takou 1 000 bœufs à raison de 80 $ par tête, soit 208 fr. au taux de 2 fr.60 c. Un second marché a été conclu le 11 septembre suivant avec M. Mondon pour la fourniture de 2 500 bœufs, rendus à Takou, au prix de 68 $, soit 176 fr. 80 c. Les livraisons ont eu lieu du 25 septembre au 9 octobre. Il n'a été admis en recette que 1 832 bœufs. Cette fourniture a laissé beaucoup à désirer; les animaux avaient été très fatigués par la traversée, le séjour à Takou sans abri et le transport en chemin de fer; aussi les germes de la peste bovine que possèdent, à mon avis, tous les bœufs de Shanghaï, ne tardèrent pas à se développer et à faire de grands ravages, dans le troupeau.

En dehors des fournitures faites sur ces marchés, il a été procédé, en septembre et en octobre 1900, au plus grand nombre possible d'achats sur place, en raison des avantages de prix qu'ils offraient.

A partir du 1er novembre 1900, la fourniture des bœufs nécessaires à Tien-Tsin et à Yang-Tsoum a été assurée par un marché conclu le 5 octobre avec M. Chazalon, négociant à Tien-Tsin, ce commerçant s'engageant à livrer, par semaine et pendant 6 mois, à Tien-Tsin, 60 bœufs au minimum, et 100 au maximum, au prix de 75 $ par bête, à Yang-Tsoum, 50 bœufs au minimum, et 90 au maximum, au prix de 77 $ par bête.

La garnison de Yang-Tsoum ayant été diminuée, les quantités à livrer dans cette place ont été réduites d'un commun accord, par acte additionnel du 18 décembre 1900.

En prévision de défaillances possibles de la part du fournisseur et pour assurer les besoins imprévus, un troupeau de 500 bœufs avait été constitué par le reliquat de livraisons du marché Mondon et les achats sur place.

Les épizooties de peste bovine et de fièvre aphteuse qui décimaient les troupeaux de toutes les nations ont amené à réduire l'importance du nôtre à 250 bêtes au maximum.

Nos efforts ont tendu, d'ailleurs, à diminuer le nombre des animaux entretenus dans nos parcs, dès que les ressources locales l'ont permis. De 233 bœufs au 1er janvier (il s'agit toujours de la place de Tien-Tsin exclusivement) le troupeau a été porté à 200 bêtes le 15 janvier, puis à 100 le 1er mai et à 50 le 1er juillet 1901.

L'approvisionnement du parc de Tien-Tsin a été assuré jusqu'au 1er mai 1901 par M. Chazalon, en exécution du marché du 1er novembre 1900, au prix de 75 $ par bœuf. Ce marché n'a pas été renouvelé; il a été jugé plus économique de faire appel à des marchands chinois.

2° Parc a bétail de Tien-Tsin.

Pendant les mois de juillet, août et septembre 1900, les bœufs ont été placés dans des parcs à air libre, situés dans la concession française. Il eût été dangereux de les parquer hors de la ville européenne, d'ailleurs le personnel du service n'était pas assez nombreux pour en assurer la garde et l'entretien.

En prévision des froids rigoureux de l'hiver, il était nécessaire de construire des écuries couvertes. Dans ce but, il a été fait choix d'un pâté de maisons, entouré d'un mur élevé et situé dans une vaste plaine, à 2 kilomètres environ de la concession française. L'intérieur des maisons n'était plus qu'un amas de décombres au moment où le Service administratif en prit possession; les murs, seuls, étaient en bon état. Les toitures absentes ont été remplacées par une triple couverture en nattes soutenues par des bambous. On a ainsi obtenu une dizaine d'écuries distinctes, permettant de loger un troupeau de 800 bêtes et d'isoler celles qui paraîtraient suspectes. Un abattoir, des meules à broyer le paddy, ont été également aménagés. Tous ces travaux ont été effectués sous la direction du Service administratif, par la main-d'œuvre indigène. Le génie a installé un corps de garde ainsi que le logement des bouchers et bouviers.

Le parc, commencé le 1er octobre 1900, pouvait recevoir une partie du troupeau le 18 du même mois, la totalité le 26.

Les écuries recouvertes d'une triple rangée de nattes, construites, comme il est dit ci-dessus, en octobre 1900, ont très bien résisté pendant la saison des froids. La température a pu être réglée selon l'intensité du froid à l'aide de cheminées d'appel pratiquées dans la toiture. Les nattes qui composaient le toit étant insuffisantes pour préserver les animaux des pluies torrentielles de l'été, deux écuries recouvertes, à la mode du pays, de terre mélangée à de la paille, ont été construites en utilisant les murs existants.

3° Entretien du troupeau.

Faute de personnel et de moyens d'action suffisants il n'a été possible de donner aux bœufs tout les soins réclamés par l'hygiène qu'après l'évacuation des parcs de la concession. A partir du 18 octobre 1900, les mesures suivantes ont été prises et rigoureusement observées. Dès le matin, les bœufs sont conduits, par troupeaux de 50 à 60, dans la campagne, les écuries nettoyées, lavées avec soin et, de temps en temps, désinfectées à la chaux; les animaux y sont ramenés vers 4 heures du soir et trouvent une litière fraîche et abondante.

Leur nourriture se compose, en dehors du foin et de la paille donnés à l'écurie, d'un mélange de paddy broyé, de foin et de paille hachés, avec du son délayé dans de l'eau légèrement salée. Dans le courant de décembre, une sorte de tourteau employé en Chine a été ajouté à ce mélange. Ce tourteau provient de la fabrication de l'eau-de-vie de riz et dégage une forte odeur d'alcool. Les animaux en sont très friands. Ils mangent dans des auges en maçonnerie placées en dehors des écuries et attenantes au mur qui entoure le parc.

A partir du mois de juin, les bœufs nécessaires pour la semaine suivante étaient achetés, tous les samedis, après examen du vétérinaire. Afin d'éviter toute cause d'épizootie, les bœufs ainsi achetés étaient conservés dans une étable spéciale et n'avaient aucun contact avec le troupeau de réserve.

4° Maladies contagieuses. Déchet.

Peste bovine. — Elle a fait son apparition dans le troupeau vers le 25 septembre 1900, et ses ravages ont été d'autant plus intenses qu'elle agissait sur un bétail qui se trouvait placé dans de fâcheuses conditions d'hygiène. Les bœufs venus de Shanghaï étaient plus spécialement atteints; beaucoup boitaient par suite du décollement des onglons et des animaux bien portants, en chair, tombaient comme foudroyés. D'autres succombaient aux atteintes de la dysenterie.

Toutes les mesures prescrites en vue de l'alimentation, de la désinfection des parcs et du logement des animaux dans de meilleures conditions ont été prises à temps, malgré les nombreuses difficultés que présentait l'application de ces prescriptions à une époque où les travaux de toute sorte avaient un même caractère d'urgence.

Un vétérinaire civil, inspecteur des épizooties en Indo-Chine, envoyé en mission à Tien-Tsin, vaccina un troupeau de 93 bœufs. En un mois 28 bœufs vaccinés meurent, présentant tous les symptômes de l'empoisonnement. D'après les autopsies effectuées, ces pertes paraissent devoir être attribuées à une altération du sérum employé.

Fièvre aphteuse. — Le 22 novembre 1900, le service vétérinaire signalait l'apparition de la fièvre aphteuse, mais cette épizootie fit moins de ravages que la peste bovine; on put isoler les malades, les traiter et préserver les animaux sains. A partir de cette époque, la réduction du troupeau fut décidée afin de pouvoir mieux observer les animaux. Tous ceux qui présentaient quelques symptômes de maladie étaient immédiatement abattus et livrés à la consommation.

Du 1er septembre au 31 décembre 1900, les épizooties signalées ont amené la perte de 1 214 bœufs sur un effectif de 4 866, soit une perte de 25 p. 100. En janvier 1901 les pertes ont été insignifiantes.

A partir du mois de janvier 1901, les pertes ont été les suivantes: janvier 3, février 2, mars 17 (dont 5 dans une seule journée), ıvril 13, mai 1, juin néant, total 36; le nombre des animaux admis lu 1er janvier au 1er juillet 1901 ayant été de 960, les pertes ont ıtteint 4 p. 100.

Il est à remarquer que la recrudescence de la fièvre aphteuse :onstatée en mars et en avril a coïncidé avec la fin des grands 'roids de l'hiver.

Qualité de la viande. Rendement.

La chair du bœuf de Chine, quelle que soit sa provenance, :onstitue une excellente viande de boucherie ; les quelques vaches ļui ont été admises en livraison ont donné une très bonne chair, :ar ces bêtes n'avaient pas encore porté et elles se trouvaient en :tat d'embonpoint satisfaisant.

Pendant l'épidémie de peste bovine on a abattu les animaux qui ıffraient les symptômes de décubitus, de tristesse ou de diarrhée. Aais l'abat de ces bêtes était toujours soigné et la viande n'était amais emportée de l'abattoir sans examen préalable du vétériıaire. Toute viande présentant le moindre caractère de mauvaise ļualité (chair rouge pâle, livide ou noirâtre, flasque ou même naigre) était enfouie immédiatement. De ce chef, on a perdu une noyenne de 2 bœufs par jour, pendant l'épidémie de peste et de ièvre, soit environ 50 jours.

Le bœuf a toujours donné un rendement supérieur à 52 p. 100. Le poids moyen des bœufs abattus a été de 180 kilos.

Moutons.

Un troupeau de moutons a été constitué à Tien-Tsin par les deux narchés ci-après : 9 septembre 1900, traité de gré à gré Chazalon, 500 moutons à 15 \$; 22 septembre 1900, traité de gré à gré Chazalon, 123 moutons à 14 \$.

En dehors de ce troupeau et de divers achats sur place, le service a été assuré, à partir du 1er novembre 1900, et pour cinq nois, dans les places de Tien-Tsin et de Yang-Tsoum, par un narché à minimum et à maximum, conclu avec M. J. Blase et Cie, au prix de 7 \$ 30 par tête.

L'état sanitaire du troupeau a toujours été satisfaisant. Les moutons sont logés au parc dans des écuries voisines de celles des bœufs. Sur 2 144 moutons livrés avant le 1er janvier 1901, les pertes ont été de 126, soit 5,87 p. 100.

Au 1er janvier 1901, le troupeau de Tien-Tsin s'élevait à 787 bêtes. Il a varié entre 800 et 1 100 suivant les époques et les prix d'achat. Au 1er juillet 1901 il était de 750 moutons, dont 600 constituaient une réserve. La consommation était d'environ 150 par semaine. Depuis le 1er avril 1901, date d'expiration du marché J. Blase et Cie, les achats ont été effectués sur place, par appels à la concurrence. Les prix ont notablement diminué ; de 7 $, par tête, ils sont tombés à 5 $ 50. L'état sanitaire est très satisfaisant.

Le mouton du Petchili donne une viande supérieure, d'une saveur très agréable. Le rendement dépasse 48 p. 100, le poids moyen des moutons abattus atteint 21 kilos.

Tong-Kou. — Les bœufs consommés à Tong-Kou avaient, au début, la même origine qu'à Tien-Tsin (Shanghaï), plus tard on a pu se procurer, sur place, les bœufs et les moutons nécessaires pour assurer les délivrances.

Le rendement en viande nette a été de :

Bœufs, 50 p. 100 du poids brut ;

Vaches, 45 p. 100 du poids brut ;

Moutons, 48 p. 100 du poids brut.

L'état sanitaire du parc a laissé beaucoup à désirer en novembre. Cette situation était due à trois causes : 1° la mauvaise qualité de la livraison Mondon, déjà signalée plus haut ; 2° les installations défectueuses de l'ancien parc où les abris (simples nattes) étaient insuffisants ; 3° l'introduction du paddy, non réduit en farine, dans l'alimentation des bœufs.

Toutes ces causes ont disparu, le nouveau parc ne laisse rien à désirer, les bêtes y sont à l'abri de toutes les intempéries ; trois meules fonctionnent d'une manière permanente pour broyer le paddy. Les animaux sont très friands de cette nourriture.

Yang-Tsoum. — Les bœufs étaient fournis à Yang-Tsoum par le service des subsistances de Tien-Tsin. Ce n'a été qu'à partir du

1er novembre 1900 que la fourniture a été faite directement par M. Chazalon en vertu d'un marché, et au prix de 77 $ pièce.

Le troupeau ainsi constitué, était logé dans un parc à bétail comprenant des écuries fermées et une grande cour. Il y était soigné par des coolies chinois, sous la surveillance d'un ouvrier d'administration ; le rendement a été de 44 à 46 p. 100.

Pékin. — Un marché a été passé avec un fournisseur chinois pour la fourniture journalière de la viande abattue (bœuf et mouton) nécessaire aux troupes. Les animaux sont présentés chaque jour, avant l'abat, à l'officier d'administration gestionnaire, et abattus dans l'intérieur même du palais Ly ; la viande est ensuite examinée par un vétérinaire militaire. Ce système de fourniture a donné des résultats très satisfaisants.

Grâce aux appels à la concurrence, les prix ont subi, depuis le mois d'octobre 1900, une baisse progressive. Ainsi, un marché était passé le 20 octobre 1900 au prix de 38 $ 75 les 100 kilos de viande de bœuf; par marché du 17 novembre suivant, le prix était ramené à 32 $ 81 pour le bœuf, et fixé à 34 $ 37 pour la viande de mouton ; à partir du 1er janvier, les prix ont subi quelques variations consignées dans le tableau ci-après :

DÉSIGNATION des VIANDES.	PRIX DES MARCHÉS POUR LES PÉRIODES.			
	Du 1er janv. 1901 au 1er mars 1901.	Du 1er mars 1901 au 16 mai 1901.	Du 16 mai 1901 au 16 juin 1901.	Du 16 juin 1901 au 16 juill. 1901.
	100 kilos.	100 kilos.	100 kilos.	100 kilos.
Viande de bœuf abattue . . .	26 $ 50	31 $ 25	29 $ 69	28 $ 12
Viande de mouton abattue. .	28	31 25	29 69	28 12

L'entrepreneur est tenu d'entretenir constamment un troupeau de 200 bœufs et de 100 moutons ; son parc est installé hors des murs de la ville ; cependant, par mesure de précaution, la gestion directe a entretenu pendant longtemps, à l'intérieur de Pékin, un petit troupeau de réserve de 500 bœufs et 100 moutons représentant huit jours de viande.

Le troupeau du palais Ly a été atteint de la peste bovine, et, malgré un changement d'emplacement du parc, après le renouvellement des animaux, cette maladie continuait à sévir. Un nouveau déplacement s'imposait, et, le 1er janvier 1901, l'autorité militaire a autorisé l'installation du parc aux magasins impériaux du Pétang.

Cette réserve a été supprimée dans les premiers jours du mois de juin 1901, les bœufs, qui étaient restés indemnes de toute maladie pendant l'hiver, ayant été éprouvés par une nouvelle épidémie.

Pao-Ting-Fou. — Depuis l'arrivée de la colonne à Pao-Ting-Fou, le ravitaillement en viande a pu s'opérer sans difficulté. Les environs immédiats de cette ville présentent, il est vrai, peu de ressources en bœufs et aucune en moutons et il n'existe dans cette région que des bœufs de trait; mais, à quatre journées de marche dans les montagnes du nord-ouest de Pao-Ting-Fou, l'élevage du bœuf et du mouton est pratiqué par des indigènes musulmans. C'est de là que provient le bétail livré aux Services administratifs. Les animaux sont sains, bien conformés, en bon état d'embonpoint. Leur prix a varié de 30 à 40 piastres par bœuf et de 4 à 6 piastres par mouton.

Aucune maladie contagieuse n'a sévi à Pao-Ting-Fou depuis l'arrivée de la colonne.

Dans aucun des centres administratifs il n'a été acheté de porcs pour le service des troupes.

Conserves de viande de bœuf. Lard salé.

Les conserves de bœuf sont, pour la majeure partie, de fabrication française ou des colonies. La qualité est bonne et on n'a constaté aucune avarie du fait de la fabrication. Il en est de même des conserves dites « Corned beef » de fabrication étrangère.

Ces denrées sont logées dans quatre catégories de récipient :

1° Caisses de	48 kilos	contenant	48 boîtes	de	1 kilo.	
2° —	36 —	—	12	—	3 —	
3° —	36 —	—	12	—	3 —	(corned beef);
4° —	17, 50	—	25	—	0,700 —	

Les récipients sont généralement parvenus en mauvais état. Il est à remarquer que les caisses étaient presque toujours brisées aux endroits cloués. Il y aurait avantage à remplacer toutes les pointes de Paris par des vis pour la fermeture de ces récipients.

Les boîtes de 1 kilo ont été réservées pour les colonnes.

Des conserves de bœuf sont délivrées aux troupes tous les cinq jours.

Il n'a pas été délivré de lard salé.

c) Liquides.

VIN, QUALITÉ SUIVANT PROVENANCE, CONSERVATION, DÉCHET, DIMENSIONS DES RÉCIPIENTS POUR LA FACILITÉ DES TRANSPORTS, PROPORTION DES FUTS DE CONTENANCES DIVERSES, TONNELETS.

Le vin provenant des envois du Service des subsistances de la Marine a toujours paru de qualité supérieure à celui acheté directement dans le commerce. Dans cette première catégorie il convient de citer la fourniture de MM. Molinier, Ricord et Cie qui ont également livré les meilleurs récipients.

La conservation a toujours été facile ; toutefois, certaines pièces de vin léger du commerce se troublent sous l'action du froid et prennent mauvais goût.

Les barriques et barils ont les contenances suivantes : 240 litres, 220 litres, 60 litres, 45 et 40 litres, en proportions très différentes. Les petits fûts, ou tonnelets, représentent environ le 1/5 du chiffre total.

Pour le transport à dos de mulets ou de chameaux, les petits fûts de 40 litres au maximum sont indispensables. Pendant la période des premières colonnes, en juillet, août et septembre 1900, l'absence de tonnelets a rendu très difficiles les expéditions de vin et de tafia aux troupes en marche. Parmi les grands fûts ou barriques on peut indiquer la barrique de 220 litres comme étant la plus commode pour les transports à effectuer par arabas.

Le chameau peut porter, à la rigueur, 2 tonnelets de 70 litres, mais ces récipients constituent un mauvais chargement ; en raison de la convexité des fûts, tout le poids de la charge porte sur deux côtés seulement ; on épuise ainsi rapidement l'animal. Il est préférable de charger le chameau de 2 barils de 40 ou 50 litres et d'un sac de grains, en travers, sur le bât.

Le déchet de l'ouillage à l'arrivée s'est élevé à 7,61 p. 100; ce déchet s'explique par la longueur de la traversée, les fortes chaleurs de la Mer Rouge et les nombreux transbordements.

Le tafia envoyé par la Marine est de très bonne qualité. Les livraisons du commerce ont été satisfaisantes; seule, une fourniture de Nagasaki a laissé à désirer : de l'eau-de-vie de riz avait été mélangée au tafia. Le déchet de l'ouillage, à l'arrivée, s'est élevé à 2,07 p. 100. Le tafia a été livré dans des barriques de 240 et de 160 litres et des tonnelets de 90 et de 35 litres; le nombre de ces tonnelets représente la moitié environ de celui des autres récipients.

Il conviendrait, à l'avenir, d'éviter l'envoi de grosses barriques de 240 litres, très difficiles à manipuler.

A Tien-Tsin, le vin et le tafia ont été logés dans des magasins spéciaux. Les pièces ou futailles, bien ouillées, ont été recouvertes de paille et de nattes pour les préserver de la gelée. En outre, les magasins à liquides, hermétiquement clos, n'ont été ouverts que le plus rarement possible.

A Pékin, les liquides sont déposés dans des pagodes; pour les préserver des atteintes de la gelée, deux poêles chinois chauffent nuit et jour dans chacune d'elles. En cas de nécessité, le nombre de ces poêles pourrait être augmenté.

Les liquides envoyés à Pao-Ting-Fou ont été parfaitement conservés dans les locaux choisis comme celliers. Ces locaux sont d'anciennes poudrières, à murs épais et n'ayant d'autre ouverture que leur porte d'entrée qu'on a bouchée avec des paillassons.

d) Riz.

ACHETÉ DÉCORTIQUÉ OU SOUS FORME DE PADDY, ENSACHEMENT, CONSERVATION.

Le riz et le paddy ont été expédiés d'Indo-Chine et sont de bonne qualité; toutefois, l'ensachement laisse à désirer: les balles du commerce qui le contiennent sont confectionnées avec de la toile grossière et peu résistante. Environ les trois quarts des balles étaient déchirées ou décousues à l'arrivée. Les fonds des jonques étaient remplis de riz ou de paddy qui s'échappait des sacs. Le riz est conservé dans des magasins bien clos; le paddy est emmeulé en plein air; les meules sont recouvertes de nattes.

Les consommations de riz par les coolies ayant dépassé les prévisions, on a dû procéder, sur place, à Tien-Tsin, à la décortication de 400 tonnes de paddy, dont l'approvisionnement était beaucoup trop considérable. Ce service a été assuré par la maison Blase et Cie qui, suivant un traité de gré à gré du 19 octobre 1900, s'est engagée à fournir 60 kilogrammes de riz de deuxième qualité pour cent kilogrammes de paddy, au prix de 1 $ 50 par 100 kilos de paddy. Ce produit est bien accepté par les coolies. Les fournitures de riz faites par M. Chazalon, à Tien-Tsin, suivant traité du 21 novembre 1900 (400 tonnes à raison de 22 fr. 50 les 1 000 kilos), ont été de très bonne qualité.

A Pékin, la plus grande partie de l'approvisionnement a été constituée sur place. Presque tout le stock existant est renfermé dans des réservoirs cylindriques formés avec des nattes, il s'y conserve bien; ce stock est composé exclusivement de riz décortiqué.

e) Autres denrées.

Sucre. Café. Thé. Sel. Julienne. Potage aux haricots.
Qualité, conservation, récipients.

Sucre. — En principe, il n'a été délivré aux troupes que du sucre cristallisé, de bonne qualité, se conservant facilement.

Il a été employé trois sortes de récipients :

1° Boucauts de 120 kilos provenant des subsistances de la Marine. Ces récipients en bois de frêne sont très solides ;

2° Boucauts de 100 kilos, en usage dans le commerce. Bien moins résistants, quelques pertes à signaler ;

3° Caisses de 25 kilos en fer-blanc, avec revêtements parties en bois. Déchet normal. Bon emballage, très pratique pour les transports par terre.

A Pékin, cependant, on a acheté, à défaut de sucre blanc, du sucre chinois, sorte de cassonade mal préparée qui plaisait peu aux troupes. Au 1er janvier 1901, il n'en existait plus dans les approvisionnements, qui étaient composés de sucre blanc cristallisé.

Café. — Le café est de la qualité Rio ou Santos. Très bon produit, d'une conservation facile.

Il a été expédié :

1° En boucauts de 90 kilos ; même observation que pour les boucauts de sucre ;

2° En caisse en fer-blanc de 18 kilos ; très bon emballage.

Thé. — La plus grande partie du thé provient de l'Indo-Chine. Le reste a été acheté sur place, à Tien-Tsin. La qualité est bonne.

Le thé, placé en caisses de 3 kilos, en fer-blanc, a beaucoup souffert. Le couvercle n'étant pas soudé, la denrée a été souvent avariée par le contact de l'air et de l'eau.

Le thé, « marque Lombard », expédié du Tonkin en caisses de fer-blanc de 25 kilos, est arrivé en très bon état.

Sel. — En dehors des envois de France, le sel consommé est puisé dans l'approvisionnement que le gouvernement chinois avait concentré sur la rive gauche du Peï-Ho, à Tien-Tsin, et qui a été pris par nos troupes.

Haricots. — Très bonne qualité — logés en quarts de 100 kilos, emballage très convenable ; les quarts envoyés par la Marine sont les mieux conditionnés, le cerclage est plus fort (5 cercles au lieu de 2), les douvelles sont plus épaisses.

Graisse de Normandie. Saindoux. — La graisse de Normandie a été fournie, au début, par la Marine, le saindoux par la Guerre. Ces deux denrées étaient de bonne qualité. Le soldat préfère cependant le saindoux à la graisse de Normandie. La graisse de Normandie a été expédiée dans des barils de 40 à 60 kilos qui sont arrivés presque tous en mauvais état. Sous l'action de la chaleur, le bois se dessèche, les cercles tombent et la graisse se répand au dehors. Cet emballage est très défectueux et a occasionné un déchet assez élevé.

Le saindoux est logé dans des caisses de 10 kilos en fer-blanc placées, dix par dix, dans des caisses en bois. Bien que l'enveloppe en bois ait été souvent détériorée, les caisses en fer-blanc ont résisté et sont parvenues en bon état.

Potage aux haricots. — De fabrication française, ce produit est très apprécié par la troupe. L'emballage donne lieu aux mêmes observations que celui des conserves de viande.

Julienne. — De fabrication française, récipients en bon état. Les boucauts à légumes, sucre et café ne peuvent être chargés qu'à dos de chameaux, sur voitures ou sur jonques. Il en est de même des caisses de saindoux et des sacs de riz de 100 kilos.

f) Denrées ne faisant pas partie de la ration.

SAVON. TABAC. HUILE, ETC... PRIX DE CESSION.

En dehors des denrées entrant dans la composition de la ration, le Service administratif a délivré, soit à titre gratuit, soit contre remboursement, aux officiers et aux ordinaires, du savon, du tabac, des bougies, du pétrole, du coke, du bois à brûler, des conserves de poisson, de l'huile, du vinaigre et du poivre ; ces trois derniers articles en faible quantité.

Le savon a été, pour la plus grande partie, expédié de France.

Presque tout le tabac consommé provient de France. Les retards de certains envois ont obligé de recourir à un achat sur place peu important (1 925 kilos à 5 fr. 30 le kilo) et à deux commandes, l'une à Nagasaki de 2 250 kilos, l'autre à Shanghaï de 10 000 kilos.

Certains envois de France ont été effectués dans des fûts contenant 200 kilos de tabac. Ces fûts sont presque toujours parvenus avariés. L'emploi de caisses en bois cerclées en fer serait à désirer.

Le pétrole, les bougies, le coke, ont été achetés à Tien-Tsin à des prix peu élevés.

L'Administration ne pouvant se procurer que de très faibles quantités de bois à brûler à Tien-Tsin, pendant les mois de juillet, août, septembre et octobre 1900, on a dû s'approvisionner au Japon à un prix élevé (7 fr. 80 les 100 kilos); le complément nécessaire a été acheté, plus tard, à des prix bien inférieurs.

Le tableau suivant fait ressortir les prix de cession, au 1er janvier 1901, ainsi que les quantités de ces denrées représentant le maximum de ce qu'il est loisible de délivrer par partie prenante.

DÉSIGNATION des DENRÉES.	UNITÉ RÉGLEMENTAIRE.	PRIX.	QUANTITÉS PAR MOIS aux officiers.	QUANTITÉS PAR MOIS aux hommes de troupe.	OBSERVATIONS.
		fr. c.			
Conserves de poisson	kilo	2 00	3 kilos.	0k 300 [a]	a. Soit deux rations.
Huile à manger	litre	1 48	»	»	Vu le peu d'importance de l'approvisionnement, il n'a pas été fixé de quantité maximum de délivrance pour l'huile, le vinaigre et le poivre.
Vinaigre	—	0 25	»	»	
Poivre	kilo	1 60	»	»	
Pétrole	litre	0 34	15 litres.	2 litres.	
Bougies	kilo	1 71	2 kilos.	0k 200	
Coke	quintal	3 00	5 —	0 500	
Bois à brûler	—	7 00	5 —	0 500	
Savon	kilo	0 60	»	1 000 [b]	b. Par mois et par homme.
Tabac ordinaire	—	3 90	»	0 010 [c]	c. Par homme et par jour.
Tabac, scaferlati supérieur	—	7 75	»	»	Pour le tabac ordinaire, des distributions ont été faites au prix de 1 fr. 50, 2 fr. et 5 fr. 30. Ces prix ont été déterminés d'après les achats.
Cigarettes ordinaires	—	17 00	»	»	
Cigarettes élégantes	—	20 00	»	»	

g) Composition de la ration. — Substitutions.

Examen de la ration allouée aux troupes, valeur nutritive, si elle est suffisamment variée, est-il opportun de prévoir l'adjonction d'une certaine quantité de tabac et de savon?

Le tableau suivant donne la composition de la ration :

Pain ordinaire	0k 750	
ou		
Pain de guerre ou biscuit	0 600	
Sel	0 020	
Sucre	0 040	
Café vert	0 024	
ou		
Café torréfié	0 019	
Riz	0 040	soit 100 gr. de légumes, si l'approvisionnement le permet.
Haricots	0 030	
Julienne	0 030	
Riz	0 100	
Haricots	0 100	
ou		
Pommes de terre	0 750	

Viande fraîche	0^k500
ou	
Conserves de bœuf	0 250
avec	
Potage aux haricots. . . .	0^l 040
Vin.	0 500
Tafia	0 030
Thé.	0^k010
Graisse de saindoux. . . .	0 030

En raison des retards survenus dans les arrivages de liquides, le taux des rations a été pendant quelque temps réduit à :

Vin, 40 centilitres ;

Tafia, 2 centilitres.

Le nombre de rations de liquides attribuées à chaque officier a été également diminué.

Le 7 décembre 1900 (ordre n° 59), les officiers ont été autorisés à toucher le nombre de rations leur revenant. Le 24 janvier 1901, le taux des rations a été ramené aux chiffres réglementaires :

Vin, 50 centilitres ;

Tafia, 3 centilitres.

Afin de varier l'alimentation, il est fait deux distributions de pommes de terre par semaine, en remplacement de légumes secs, et deux distributions de viande de mouton.

La ration fixée par l'ordre n° 13 du général en chef pour les troupes du Corps expéditionnaire est aussi variée que possible en campagne, et d'une valeur nutritive très suffisante.

Il ne faut pas oublier d'ailleurs que les capitaines commandants peuvent, et doivent, acheter, sur les fonds de l'ordinaire, le complément nécessaire.

On a même exprimé l'avis que la ration fixée par l'ordre n° 13, suffisante pour les périodes de marche, était exagérée pour les périodes de stationnement ; on a demandé que, pendant les journées passées en station, on revienne à la ration normale de campagne. Je ne partage pas cette opinion et je considère que, pendant la période d'expédition, il convient de maintenir l'état de choses actuel.

Je crois cependant devoir exposer les desiderata suivants :

1° La ration de pommes de terre, fixée à 0^{kg},750, me paraît excessive, 0^{kg},600 par homme suffiraient ;

2° Pendant la saison d'hiver la ration de thé ($0^{kg},10$) pourrait être réduite à $0^{kg},05$. Il est certain que les hommes ne consomment pas la totalité de leur ration ;

3° Les difficultés très considérables du ravitaillement, en vin, des colonnes, avec les moyens de transport dont on dispose généralement, dans des pays sans voie ferrée, conduisent à envisager la suppression du vin pour les troupes en opérations ; je pense qu'une ration de café de $0^{kg},024$ réparerait davantage les forces épuisées par la marche. Si l'on considère qu'un bataillon consomme, par jour, le contenu de deux barriques de vin, on se rend compte des avantages qui résulteraient de cette mesure pour le ravitaillement ;

4° La ration serait complétée par $0^{kg},040$ de savon et $0^{kg},010$ de tabac, délivrés gratuitement aux troupes faisant partie d'un corps expéditionnaire.

Je n'ignore pas, cependant, que les hommes ne consommant pas tous du tabac, il y a des inconvénients à les encourager à en prendre l'habitude ; si je propose de comprendre le tabac dans la ration, c'est que cette matière nous a été demandée avec tellement d'instance par les chefs de corps, que la question du réapprovisionnement en tabac a pris, en fait, une importance anormale.

En ce qui concerne la ration des coolies, M. le sous-intendant Rupp, très compétent en pareille matière, et qui a dirigé avec distinction le service administratif de la colonne de Pao-Ting-Fou, a fait remarquer que la ration de 800 grammes de riz, et 10 grammes de sel, ne constituait pas une nourriture suffisante pour des coolies marchant avec une colonne.

Dans la pratique, on leur a fait, sur leurs salaires futurs, des avances destinées à assurer des provisions pour la route ; c'était leur prêter une prévoyance qu'ils n'avaient pas ; aussi, à l'heure des repas, se dispersaient-ils pour aller marauder de la viande et en profitaient-ils pour piller les villages.

M. Rupp propose d'ajouter à la ration 100 grammes par jour d'une salaison, poisson ou porc, en diminuant au besoin un peu le salaire des coolies.

III. — FOURRAGES

a) Grains. — Avoine, orge, paddy. — Transport. — Ensachement. Conservation. — Maïs, sorgho.

Avoine. — L'avoine est de bonne qualité et bien sèche. Au début elle provenait d'envois de France et n'avait d'ailleurs subi aucune altération, ni en cours de route, ni à Tien-Tsin. L'avoine livrée depuis par M. Gaillard, d'origines américaine et russe, était de qualité bien inférieure aux produits français. Nous avons adressé une nouvelle demande d'avoine en France. Cette avoine est attendue par un des affretés expédiés pour le rapatriement.

Orge. — En dehors d'un achat de 500 tonnes effectué à Shanghaï (marché Gaillard du 10 août 1900) au prix de 143 francs la tonne, l'orge consommée avant le 1er janvier 1901 a été expédiée de France et doit provenir d'Algérie.

Elle est bien supérieure, comme qualité, aux échantillons offerts par le commerce de Tien-Tsin et qui semblent représenter des produits italiens ou japonais.

Depuis nous avons délivré de l'orge récoltée dans le Petchili, de qualité satisfaisante.

L'emploi de sacs-balles pour les expéditions d'orge et d'avoine a donné lieu à des pertes élevées. Pour l'avoine, logée dans des sacs réglementaires des subsistances militaires, le déchet a été très faible. Il y aurait économie à employer ces sacs pour les envois de grains ; si cela n'est pas possible, le poids des sacs-balles ne devrait pas dépasser 50 kilos.

Paddy. — Le paddy provient d'Indo-Chine et est de bonne qualité : l'emballage, seul, qui consiste en sacs faits avec de la toile grossière et peu résistante, est très défectueux.

Après l'épuisement du paddy on a délivré du *sorgho* qui, d'après le service vétérinaire, possède des qualités nutritives supérieures.

Le sorgho pousse en abondance dans le pays et coûte moins cher que le paddy.

Tous ces grains (avoine, orge, paddy), placés dans un parc spécial, en meules recouvertes en nattes du pays, cousues avec soin, se sont conservés en bon état.

Il n'a pas été consommé de *maïs* à Tien-Tsin. Le son acheté sur place, à un prix peu élevé, a été employé principalement pour les bestiaux. Il en a été cependant délivré aux corps qui en faisaient la demande. A partir du 1er janvier 1901, cinq fois par mois, 1kg,500 de son sont substitués à 0kg,800 d'avoine.

Dans certaines localités, on a délivré des produits du pays, *maïs concassé, sorgho, fèves noires;* ces délivrances ont été faites aux bestiaux et aux chevaux du pays.

A Pao-Ting-Fou et ses annexes, on a consommé des *haricots* du pays en remplacement de paddy.

b) Foin et paille.

FOIN EN BALLES. TRANSPORT, CONSERVATION.
PAILLE ORDINAIRE, PAILLE HACHÉE.

Foin. — Le foin, expédié en bottes de 50 à 100 kilos, est arrivé en bon état. Un petit nombre de balles (5 °/₀ environ) étaient déliées, mais la qualité de la denrée, qui est très bonne, ne s'en est pas ressentie et les pertes ont été très minimes. Le foin pressé se conserve très bien. Il serait à désirer, pour la facilité des transports, que le poids des balles ne fût jamais supérieur à 50 kilos.

Le pays ne produit pas de foin. Les chevaux chinois et annamites ont cessé d'en recevoir le 1er juin 1901. Le foin de France a été réservé pour les chevaux et mulets européens. L'approvisionnement sera renouvelé par un des affrétés qui doivent rapatrier la 2e brigade.

Paille ordinaire. — La paille de riz achetée à Shanghaï était de qualité médiocre. Lorsqu'il a été possible de s'approvisionner sur place, le Service administratif s'est procuré, à des prix peu élevés, de la paille de riz et d'orge bien supérieure.

Paille de millet. Fanes de patates. — A Pékin, on a délivré presque exclusivement de la paille de millet, jusqu'au moment où on a pu faire venir du foin de l'arrière. La paille de millet est abondante dans le pays et de bonne qualité. Hachée, elle constitue une bonne nourriture pour les chevaux et les mulets. Les bœufs s'en accommodent très bien ; ils la mangent avec plaisir, soit longue, soit hachée, mélangée avec des grains ; elle leur a été distribuée, dans la région de Pékin, concurremment avec du sorgho, et, plus tard, mélangée, hachée, avec des fèves concassées et cuites.

A Pao-Ting-Fou, on a pu, sans difficulté, se procurer la paille de millet et parfois la paille de blé nécessaires à l'alimentation des chevaux et mulets ; on a acheté également, dans les annexes surtout, du maïs et des haricots destinés à être substitués au paddy.

Les fanes de patates que l'on trouve en grande abondance dans la région de Pao-Ting-Fou, constituent une bonne alimentation pour les bœufs et moutons. Il faut éviter de donner aux bestiaux des fanes de haricots ; les graines qui restent dans les cosses ont occasionné aux ruminants des indigestions dont plusieurs bœufs sont morts.

Paille hachée. — La paille hachée reçue de Shanghaï était bonne. Elle a été employée, à Tien-Tsin, à la nourriture des bestiaux. Depuis le mois de novembre 1900, le Service administratif fait hacher de la paille par des coolies pour les besoins des animaux du parc de Tien-Tsin. A cet effet, il a été acheté quelques coupe-paille en usage dans le pays. Ainsi qu'il est dit plus haut, dans presque toutes les localités, la paille de millet a été hachée par les soins des corps avant d'être délivrée.

c) Composition de la ration. — Substitutions.

Chevaux de diverses provenances. Mulets. Bœufs.
Observations, au point de vue de l'entretien.

Le tableau suivant donne le taux des rations de grains et fourrages fixé par l'ordre n° 13 du général en chef, le 27 septembre 1900.

Grands chevaux et mulets.	Orge, avoine, paddy ou son avec foin.	5^{k} de l'un ou l'autre ou mélangé. (maximum d'orge à délivrer, moitié) 3^{k} ou 6^{k} de paille de riz ou de maïs.
Petits chevaux.	Orge, avoine, paddy ou son avec foin.	3^{k} de l'un ou l'autre ou mélangé. (maximum d'orge à délivrer, moitié) 2^{k} ou 4^{k} de paille de riz ou de maïs.
Bœufs et vaches.	Foin ou exceptionnellement	7^{k} ou 15^{k} de paille de riz ou de mais ou de fourrage vert.
	orge, avoine ou paddy	5^{k}
	ou son.	4^{k}
	Sel avec foin, orge, avoine ou paddy.	$0^{k}050$
Moutons.	Foin ou exceptionnellement	2^{k} ou 4^{k} de paille de riz ou de maïs ou de fourrage vert.
	orge, avoine ou paddy.	1^{k}

Par décision du 21 novembre, la ration de grains (avoine, orge ou paddy) allouée aux chevaux coréens des convois, et aux chevaux chinois du service des postes, a été augmentée de $0^{kg},500$ pour les chevaux coréens et de 1 kilo pour les chevaux chinois, en raison du travail pénible que ces animaux doivent fournir.

La ration fixée par l'ordre général n° 13 a été modifiée pendant la saison d'hiver, du 1er janvier au 31 mars 1901, conformément au tableau ci-après (annexe à l'ordre général n° 13, du 29 décembre 1900).

DENRÉES.	GRANDS chevaux et mulets.	CHEVAUX chinois.	CHEVAUX coréens.	CHEVAUX annamites.	OBSERVATIONS.
Foin	$3^{k}500$	2^{k}	$1^{k}500$	$1^{k}500$	1° Suivant l'état des approvisionnements des différentes places, il pourra être substitué $1^{k}200$ de grains divers à $1^{k}200$ d'orge. 2° Il sera substitué cinq fois par mois aux dates choisies par les corps $1^{k}200$ de son à $0^{k}800$ d'avoine.
Paille.	3 500	2	1 500	1 500	
Avoine	0 800	»	»	»	
Orge	1 200	»	»	»	
Paddy	3 500	4	3 500	3	

Sous le régime de l'ordre n° 13, l'orge, l'avoine, le paddy ou le son pouvaient se substituer, poids pour poids, et la paille était délivrée en remplacement de foin, en doublant la quantité. L'ordre du 29 décembre n'admet plus les substitutions que pour l'orge, qui peut être remplacée par son poids d'autres grains, et pour le son, qui remplace l'avoine en majorant le poids de cette dernière de moitié.

Le tableau ci-après indique la composition des rations en vigueur à partir du 1er avril et du 1er juin 1901.

DÉSIGNATION.	GRANDS chevaux et mulets.	CHEVAUX chinois.	CHEVAUX annamites.	OBSERVATIONS.
Ration applicable à partir du 1er avril 1901.				
Foin	3^{k} 500	2^{k}	1^{k} 500	Suivant l'état des approvisionnements des différentes places il pourra être substitué 1^{k} 250 de grains divers à 1^{k} 250 de paddy. En outre, il sera substitué cinq fois par mois aux dates choisies par les corps 1^{k} 200 de son à 1^{k} de paddy.
Paille	3 500	2	1 500	
Avoine	1 200	»	»	
Orge	1 200	»	»	
Paddy	2 500	3 500	3	
Ration applicable à partir du 1er juin 1901.				
Foin	2^{k} 500	»	»	Suivant l'état des approvisionnements, il pourra être substitué 1^{k} 200 de grains divers à 1^{k} 250 de paddy. En outre, il sera substitué cinq fois par mois aux dates choisies par les corps 1^{k} 200 de son à 1^{k} de paddy.
Paille	3 500	6^{k}	4^{k} 500	
Avoine	1 200	»	»	
Orge	1 200	»	»	
Paddy	2 500	3 500	3	

A Pékin, et dans les postes annexes, en raison des difficultés d'approvisionnement, le sorgho a dû être souvent délivré en remplacement d'orge, d'avoine ou de paddy, poids pour poids. La paille de millet a aussi remplacé, la plupart du temps, le foin, en doublant la ration de ce fourrage.

IV. — CHAUFFAGE ET ÉCLAIRAGE

a) Comment assurés. — Rations.

Chauffage. — Le chauffage est assuré au moyen de rations individuelles de charbon et de bois, pour le chauffage des chambres et la cuisson des aliments, et de rations collectives de charbon pour le chauffage des bureaux et des postes.

La ration de chauffage a été ainsi fixée par l'ordre général n° 17 en date du 29 septembre 1900.

1° Cuisson des aliments en toute saison.	Charbon de terre 1^{k}.		
	Bois d'allumage		0 050.
2° Chauffage.	du 15 octobre au 15 novembre,	charbon	1^{k}
	du 15 novembre au 15 février	—	1 500
	du 15 février au 15 mars	—	1

Le nombre des rations de chauffage à allouer au personnel du Corps expéditionnaire, pour la cuisson des aliments, a été déterminé par le tarif n° 5 annexé à la décision présidentielle du 4 août 1900. Mais ce tarif étant muet sur le nombre de rations de chauffage d'hiver, le général en chef a dû, par son ordre n° 35 du 24 octobre 1900, approuvé par dépêche ministérielle du 18 décembre (T. H.), suppléer à cette omission, et a adopté les fixations de l'instruction du 14 juin 1900 sur l'alimentation des troupes en campagne, savoir :

Général, commandant en chef.	8
Généraux de brigade et assimilés.	8
Officiers supérieurs et assimilés	6
Capitaines et assimilés.	4
Lieutenants, sous-lieutenants et assimilés . . .	3
Employés militaires sous-officiers.	2
Sous-officiers de troupe	2
Hommes de troupe	1
Personnel non désigné au présent tarif	1

Pour le chauffage des corps de garde, bureaux, infirmeries, prisons, etc., il a été alloué, pour chaque pièce, 6 kilos de charbon par jour et par poêle. Les droits des corps ou services ont été constatés par un procès-verbal établi par un officier du Commissariat ou un fonctionnaire de l'Intendance, de concert avec un officier du génie, et approuvé par le général en chef.

Indépendamment des rations de chauffage, le Service administratif a délivré, à titre remboursable, du coke et du bois à brûler aux officiers et aux ordinaires.

L'approvisionnement de charbon a été constitué à Tong-Kou, Tien-Tsin et Yang-Tsoum par :

1° Une fourniture de 3 000 tonnes, suivant marché passé à Shanghaï par le croiseur « *Amiral Charner* » le 29 août 1900 (48 fr. 75 la tonne) ;

2° Le marché du 5 octobre 1900, en vertu duquel M. J. Gaillard jeune s'est engagé à livrer à Takou 6 000 tonnes de charbon japonais, sans poussier, au prix de 22 $ la tonne, soit 58 fr. 30.

500 tonnes de coke ont été achetées sur place, à la Deutsch Asiatische Bank, au prix de 29 fr. 15 la tonne (marché du 23 octobre 1900).

En présence de l'insuffisance des ressources locales, 1 000 tonnes de bois à brûler provenant du Japon, ont été fournies par M. Chazalon, suivant marché de gré à gré en date du 1er octobre 1900, au prix de 7 fr. 80 les 100 kilos. Depuis, il a été facile de se procurer, sur place, la quantité de bois reconnue utile.

A Pékin, un approvisionnement de charbon de terre a été constitué au moyen d'achats. Les livraisons ont été faites au palais Ly, en charbon provenant des mines de la région et transporté à dos de chameaux ou par charrettes.

Sur la demande des parties prenantes, un approvisionnement de charbon, en petites boules, l'argile étant employé comme agglutinant, a été aussi formé, et les distributions sont faites, suivant les demandes des corps, dans la limite de moitié de charbon en boules.

Les magasins impériaux du Pétang, où a été trouvé un approvisionnement de bois de toutes sortes, ont fourni jusque vers la fin de l'année 1900 le bois de chauffage pour les troupes. Le bois léger, susceptible d'être brûlé, a été entièrement épuisé au début de l'année 1901 et les distributions ont été faites au palais Ly.

A Pao-Ting-Fou, on a trouvé plusieurs entrepôts de charbon. Ce combustible est généralement de mauvaise qualité et ne brûle que dans des poêles à très fort tirage. Il donne de meilleurs résultats lorsqu'il est transformé en boules, surtout si on peut mélanger ces boules avec du bois.

Le bois provient d'achats, de réquisitions, ou de démolitions de pagodes ou palais. Au début de l'occupation de Pao-Ting-Fou, on a fait sauter les principales pagodes de la ville ; on devait les incendier ensuite ; sur l'intervention du sous-intendant, il fut décidé que le bois serait recueilli et réparti entre les corps et services. Cette ressource a suffi pour assurer les besoins du 1er novembre au 15 décembre 1900.

Depuis, le bois a été fourni en vertu d'une réquisition imposée à la ville et ne donnant pas lieu à paiement.

Les boulettes de charbon sont livrées par un entrepreneur à qui elles sont payées.

Éclairage. — L'ordre général n° 40, du 29 octobre 1900, a étendu à l'éclairage les règles admises pour le chauffage des locaux de service.

Il a été alloué, par heure d'allumage (ordre général n° 40 en date du 29 octobre 1900) :

40 gr. de pétrole par lampe d'officier ou de bureau ;
20 — par fanal de troupe ;
15 de bougie, par fanal à la bougie.

Les droits des corps et services ont été constatés, comme pour le chauffage des corps de garde, bureaux, etc., sur un procès-verbal établi par un représentant du Service administratif, de concert avec le chef du génie.

Les délivrances de luminaire ont été effectuées dans les limites fixées par les procès-verbaux dûment approuvés.

Le pétrole et les bougies ont été achetés, à Tien-Tsin, aux conditions suivantes :

Pétrole.	37 000 lit. à 0f 26. (Marché du 5 sept. 1900, Butterfield et Swire.)
	18 500 — à 0 326. (Marché du 3 nov. 1900, Butterfield et Swire.)
Bougies.	2 040 kil. à 1f 71. (Marché du 8 nov. 1900, Bertram.)
	2 000 — à 1 32. (Marché du 17 janv. 1900, Mondon et Cie.)
	1 000 — à 1 27. (— .)

On s'est procuré, à Pékin, quelques bougies, et, à Pao-Ting-Fou, une certaine quantité de chandelles chinoises ; on peut dire cependant que, d'une manière générale, tout l'éclairage a été expédié de l'arrière.

V. — HABILLEMENT. CAMPEMENT. COUCHAGE

a) Comment assurés.

I. *Locaux.* — Le magasin du service de l'habillement et du campement est installé à Tien-Tsin, rue du Consulat, n° 3, dans un vaste magasin avec 1er étage, bien aéré, bien clos, situé au fond d'une cour, permettant l'accès aux voitures et offrant toutes les commodités désirables pour les distributions et expéditions.

Afin d'assurer, en permanence, la garde de ce matériel, les bureaux, le logement de l'officier d'administration gestionnaire et des hommes, ont été installés au 1er étage. Cet immeuble a été loué, au mois, au prix de 90 $, soit 228 fr. 50.

En outre, deux baraques en bois, construites dans l'ancien parc à bœufs, rue Dillon, pendant le mois de décembre 1900, ont été mises à la disposition de ce service.

Dans les autres places, les effets d'habillement ont été déposés dans des pagodes ou autres locaux suffisamment protégés pour éviter toutes les causes de détérioration.

II. ***Personnel.*** — Le service est exécuté :

1° A Tien-Tsin, par un officier d'administration de 2e classe, gestionnaire, M. Gœhring, officier intelligent et très au courant de son service, ayant sous ses ordres :

2 soldats commis d'administration.
2 soldats ouvriers —
1 matelot fourrier

L'entretien du matériel et du magasin, le transport des colis de la gare au magasin, les expéditions, nécessitent l'emploi de 25 coolies par jour, en moyenne ;

2° Dans les autres places, par les officiers d'administration chargés du service des vivres et, à défaut, par les chefs de poste opérant pour le compte du gestionnaire de l'habillement.

III. ***Nature des approvisionnements.*** — Les approvisionnements du service de l'habillement comprennent :

La collection des effets spéciaux d'hiver dont a été pourvu chaque homme ;

Le couchage nécessaire au Corps expéditionnaire (grandes et petites couvertures, toiles à paillasse et à draps de lit) ;

La réserve d'effets de la brigade de la Guerre (habillement, coiffure, chaussure) ;

La réserve complémentaire de la brigade de la Guerre (effets d'habillement de la collection normale, chaussures, grand équipement, petit équipement, effets de campement et de couchage auxiliaire);

Une réserve d'effets des troupes de la Marine;

Cinq cents tentes coniques complètes;

Du matériel spécial pour coolies annamites (couvertures, pochettes à riz, marmites, coupe-coupe);

Un matériel spécial de filtres d'escouades;

Un approvisionnement de bandes de toiles caoutchoutées;

Cent harnachements complets pour officiers d'infanterie, etc.

IV. ***Constitution des approvisionnements.*** — Les approvisionnements ont été constitués, pendant la première période antérieure au 1er janvier 1901 :

a) Par les envois de la métropole, pour la presque totalité des effets de toute nature;

b) Par des achats directs à Pékin et au Japon, pour les draps et paillasses.

Suivant la règle, les effets destinés aux troupes de la Guerre ont été demandés en France par l'Administration; l'envoi de ceux destinés au personnel des troupes de la Marine a été réclamé directement à la métropole par les corps intéressés.

V. ***Importance et emploi des approvisionnements.*** — Les effets spéciaux d'hiver expédiés de France, au nombre de 18 000 collections, comprenaient, pour chaque homme, un manteau à capuchon, un béret, une paire de bandes molletières, une paire de gants, une paire de moufles, un jersey, un caleçon de laine, une paire de bas et une paire de chaussettes ou deux paires de bas, un cache-nez, un passe-montagne et un paletot en peau de mouton.

La totalité de l'effectif a été pourvue de cette collection à laquelle il n'a manqué que les moufles, 5 000 seulement de ces effets étant parvenus à Tien-Tsin, en temps utile; un second contingent (6 700 environ) a été reçu à la fin du mois de janvier 1901.

Pour le couchage, chaque homme a été pourvu de deux grandes couvertures et d'un couvre-pieds.

Les toiles nécessaires à la confection des draps de lit et des paillasses, achetées au Japon, ont permis de doter chaque homme d'une paillasse et d'une paire de draps, les paillasses destinées aux troupes stationnées à Pékin ont été achetées localement.

On peut donc affirmer que l'habillement et le couchage des troupes a été assuré, pendant la saison d'hiver, dans les meilleures conditions possibles, pour l'hygiène et la santé des hommes.

La réserve d'effets de la brigade de terre comprend les effets d'habillement, de coiffure, de chaussure, de campement et de petit équipement, de la réserve d'effets du 15e corps mobilisé. Une réserve complémentaire a été expédiée ultérieurement de façon à augmenter les ressources du Corps expéditionnaire, particulièrement en chaussures, capotes d'infanterie, ceintures de laine, objets et ustensiles de campement, effets de grand et de petit équipement.

Un prélèvement ayant été fait pour la brigade de la Marine, le reliquat des effets disponibles a été réparti entre les différentes unités de la Guerre, au prorata des effectifs et en réservant en magasin, pour les besoins ultérieurs, 1/5 des effets d'habillement et de campement, 1/3 de la chaussure et la totalité de l'équipement.

Les corps ont pu, ainsi, remplacer les effets manquants par suite d'usure naturelle ou de cas de force majeure, et reconstituer la collection complète des effets dus à chaque homme.

La réserve d'effets des troupes de la Marine a été partagée entre les places de Pékin et de Tien-Tsin où elle a été conservée en magasin et délivrée en partie.

Dans le cas où le Corps expéditionnaire de Chine devrait devenir un corps d'occupation, et s'il y avait lieu d'organiser une expédition nouvelle analogue à celle de Chine, il serait indispensable de recevoir de France, non seulement des assortiments de draps pour réparations, mais encore, et surtout, du cuir pour réparer les chaussures.

Il est presque impossible de se procurer ces produits à l'étranger.

Le matériel spécial pour coolies annamites (marmites, coupe-coupe, pochettes à riz, etc.), expédié du Tonkin, n'a été utilisé qu'en partie, les Annamites ayant été rapatriés dès le commencement de l'hiver. Des marmites et pochettes à riz ainsi que des couvertures rouges, trop faibles pour des Européens sous ce climat, ont été délivrées aux conducteurs coréens. Une partie de ces couvertures rouges a été cédée, contre remboursement, aux officiers montés.

Les tentes coniques n'ont pas été délivrées, les casernements mis à la disposition des troupes ayant été partout très suffisants.

La toile caoutchoutée, à délivrer à raison de 2 mètres par homme, a été conservée en magasin. Cette toile, destinée à isoler du sol le couchage des hommes pour les protéger de l'humidité, n'a pas eu d'utilisation au Petchili pendant la saison d'hiver particulièrement sèche.

Les filtres d'escouade, système Lapeyrère, arrivés tardivement, n'ont pas été mis en distribution. D'ailleurs, sur presque tous les lieux de stationnement, les hommes ont reçu de l'eau distillée ou filtrée.

Le harnachement pour officier a été distribué, en partie, aux officiers passant d'une position non montée à la position montée, et a permis de remplacer quelques harnachements perdus ou détériorés par cas de force majeure.

Période postérieure au 1er avril 1901.

Pendant le deuxième trimestre 1901, le service de l'habillement a reçu de France :

Effets de linge (chemises, caleçons, mouchoirs, cravates).	10 000 collections.
— de toile, bourgerons et pantalons de treillis. . . .	10 000 —
Brodequins napolitains.	12 000 paires.
— avec éperon	1 000 —
Effets de toile bleue	8 000 collections.

Les troupes coloniales recevant directement leurs effets, cet envoi, joint à l'existant en magasin, a permis de renouveler le linge des hommes, de les pourvoir d'une collection d'effets de treillis et de toile bleue pour l'été ; enfin, de remplacer les chaussures mises hors de service pendant l'hiver.

Si on considère que chaque homme devait être pourvu, au départ de France, de deux paires de chaussures en bon état, on peut croire à une usure prématurée et en rechercher les causes. Elles sont multiples :

1° La durée de la chaussure est subordonnée en partie à son entretien. Pendant l'hiver et la saison des pluies, des graissages bien effectués, en ayant soin de ménager les coutures, conservent au cuir sa souplesse et sa résistance. Il est probable que les corps ne possédaient pas les ingrédients nécessaires pour l'entretien des cuirs ;

2° Les réparations doivent être faites dès qu'une déchirure se produit et les parties usées doivent être remplacées le plus tôt possible. La matière première et la main-d'œuvre nécessaires ont fait défaut aux corps qui ont dû, pour la plupart, avoir recours à des ouvriers chinois ; mais, en raison même du genre de chaussures adopté en Chine, les cuirs de bonne qualité se trouvent très difficilement dans le commerce et l'ouvrier indigène est très inhabile ;

3° L'insouciance des hommes qui, pendant les grands froids, approchaient les pieds trop près du feu et brûlaient leurs chaussures.

De ces constatations résulte la nécessité de constituer, dans les expéditions coloniales, un approvisionnement de cuir, de fil, de poix, de clous, et de doter chaque corps de bons ouvriers cordonniers. Des réparations faites en temps utile et un bon entretien peuvent doubler la durée des chaussures.

Dès les premiers jours de mai, chaque homme a reçu une tenue d'été, pantalon et veste bleus du modèle de l'infanterie coloniale. Les zouaves ont pris la tenue d'Algérie, pantalon de toile du modèle spécial à ce corps et bourgeron du modèle de la cavalerie. Il a été délivré, en outre, par homme, un pantalon de flanelle, modèle de la légion étrangère et de l'artillerie, pour la tenue du soir. Les zouaves seuls ont touché, en remplacement de cet effet, un caleçon de laine.

Les distributions de moustiquaires ont été faites, dès les premières chaleurs, pour la totalité de l'effectif.

Les casques n'ont pu être délivrés aux corps qu'au fur et à mesure de leur réception de France. Un achat de chapeaux de paille et de couvre-nuques a permis de garantir provisoirement les hommes non pourvus de casques.

Il y aurait de sérieux avantages à remplacer le plus promptement possible la tenue bleue, par des effets kaki, couleur récemment adoptée pour les troupes coloniales; les effets de toile bleue sont de mauvaise qualité ; la résistance du tissu, surtout pour les pantalons, laisse beaucoup à désirer. La teinture est très défectueuse : après quelques lavages la couleur change, le bleu se ternit. Le kaki est plus solide, plus propre, et conserve plus longtemps, malgré les lavages, une teinte uniforme. Il y a lieu de remarquer en outre, qu'en Chine, le bleu est la nuance particulière aux effets des coolies.

Dès que les hommes ont été pourvus des effets d'été, il a été procédé à la réintégration, par les corps, des effets spéciaux d'hiver, à l'exception des jerseys, caleçons de laine, passe-montagnes, bas et gants qui ont été laissés à leurs détenteurs.

Dans chaque place principale, Tien-Tsin, Pékin, Pao-Ting-Fou, une commission a été chargée de la réception et du classement des effets réintégrés. Le dégraissage et le lavage de tous les effets jugés susceptibles d'un bon service ont été confiés à des industriels chinois à des prix peu élevés. Les résultats ont été excellents, surtout pour les manteaux de chasseurs alpins qui ont été remis en parfait état.

Le service de santé ayant mis à la disposition du service de l'habillement une étuve Leblanc, tous les manteaux à capuchon, les bérets, les cache-nez et les couvertures ont été portés à une température de 115°, avec une pression de six atmosphères, séchés rapidement et emmagasinés.

Il a fallu faire nettoyer et dégraisser par des Chinois les paletots en peau de mouton dès leur versement au magasin, sans cela ces paletots seraient devenus un foyer d'infection. L'excédent aux besoin du corps d'occupation a été vendu sur l'ordre du ministre.

Les diverses manutentions que l'on a fait subir aux effets d'hiver ont permis de les remettre en parfait état, sans nuire à leur bonne qualité et à leur aspect. En dehors des 6 000 collections réservées pour le corps d'occupation, les effets ainsi remis en état ont été réexpédiés en France où ils pourront encore être longtemps utilisés.

VI. ***Exécution générale du service.*** — a) *Réception et emmagasinement du matériel.*

Le matériel du service de l'habillement, débarqué à Tong-Kou, a été réexpédié, de Tong-Kou à Tien-Tsin, par voie ferrée et par jonques.

Dans les débuts, les transports n'étant pas régulièrement convoyés, on a eu à constater des détériorations fréquentes et des pertes dont les causes n'ont pu être nettement définies.

La plupart des colis, quel que soit le mode d'emballage employé, caisses à plein et à claire-voie, fûts ou ballots, étaient ouverts et portaient des traces d'effraction pratiquée avec des outils. L'importance des pertes n'a pu être immédiatement déterminée, les avis d'expédition, qui devaient accompagner les envois, faisant défaut et n'arrivant que longtemps après la réception du matériel.

De l'établissement du compte de gestion pour 1900, il résulte un déchet de 10 p. 100 environ pour les jerseys, de 4 p. 100 pour les bandes molletières, de 1 p. 100 pour les bérets et les bas, de 0,4 p. 100 pour les pèlerines, gants et caleçons de laine. Les cache-nez, les passe-montagnes, les peaux de mouton, n'ont subi que des déchets très minimes.

Les pertes sont dues à des causes diverses qui peuvent se classer sous différents chefs :

1° Affluence trop grande des denrées résultant du déchargement simultané de plusieurs transports, impossibilité matérielle de faire une reconnaissance exacte et de mettre immédiatement la totalité des approvisionnements à l'abri ;

2° Transbordements multiples occasionnant des chocs et des chutes qui entraînaient la rupture de certains récipients et la perte d'une partie du contenu ;

3° Fausse destination donnée à certains colis, pris en charge dans d'autres places, ou remis à d'autres services, sans qu'il soit possible de contrôler les quantités qui devaient y être contenues ;

4° Insuffisance d'emballage et de marques extérieures, distincts par service, occasionnant des confusions ;

5° Erreurs commises au point de départ ;

6° Détournements.

Les transports du matériel, de la gare ou des rives du Peï-Ho au magasin, ont été effectués par des brouettes chinoises et, plus tard, par les arabas du Service administratif.

Là, le matériel était classé par catégorie et reconnu.

Le nombre des colis ainsi reçus, du 10 octobre au 31 décembre 1900, s'est élevé à environ 6 000.

b) *Livraison et expédition.*

Le matériel a été distribué à Tien-Tsin d'après les ordres donnés, sur le vu des bons régulièrement établis et visés.

Les places de Yang-Tsoum, Tong-Kou, Pékin et Pao-Ting-Fou ont été constituées annexes de l'habillement et du campement et les gestionnaires du service des vivres de ces places ont reçu et distribué le matériel destiné aux troupes.

Enfin, les postes des lignes d'étapes ont été rattachés aux diverses gestions et ont reçu leurs effets, soit de Tien-Tsin, de Yang-Tsoum, de Pékin ou de Pao-Ting-Fou. La place de Shan-Haï-Kouan a été desservie directement par le magasin de Tien-Tsin. 2 500 colis, environ, ont été expédiés sur les diverses places, d'octobre à décembre 1900, par voie ferrée ou par jonques.

Le reliquat des approvisionnements a été arrimé dans le magasin de Tien-Tsin par catégorie et nature d'effets. Il en a été disposé comme il est dit plus haut.

c) *Comptabilité.*

Les écritures relatant les différents actes de la gestion sont tenues comme en temps de paix, conformément aux règlements du 3 avril 1869, sur la comptabilité « deniers » et du 9 septembre 1888, sur la comptabilité « matières ».

Les frais d'exploitation (salaires et gratifications du personnel militaire et auxiliaire), achats divers pour l'entretien, etc., sont payés à l'aide des avances de fonds faites au comptable et justifiées régulièrement.

Les comptes « matières » sont tenus au jour le jour.

VII. ***Emballage des effets expédiés de France.*** — En terminant l'étude du service de l'habillement, je crois devoir présenter quelques observations au sujet de la confection des colis renfermant les effets expédiés de France.

L'emballage, pour les expéditions du matériel, consiste en

toile d'emballage, toile à hamac, caisses à claire-voie, caisses à plein, caisses pour approvisionnements de réserve des quartiers généraux et pièces d'une.

1° Les colis confectionnés avec de la toile d'emballage renfermaient, sous toile simple, ou sous toile double avec paille, des toiles de tentes coniques, des manteaux à capuchon, des bérets, des bandes molletières.

Ce mode d'emballage, très convenable pour les toiles de tente, suffisant pour les manteaux à capuchon, n'aurait pas dû être employé pour les bérets et les bandes molletières. Au cours des nombreux transbordements, bon nombre de ballots se sont déchirés. Tandis que les effets de grandes dimensions, solidement ficelés par paquets de dix, ne pouvaient être soustraits ou perdus, les effets de petites dimensions, bérets, bandes molletières, étaient susceptibles de facilement disparaître.

La presque totalité des corps des 14e et 15e région ont employé, pour leurs expéditions d'effets de chasseurs alpins, la toile d'emballage.

2° Même observation pour les effets sous toile à hamac, en particulier pour les jerseys. Les toiles à hamac étaient réunies par une couture facilement ouverte et des détournements nombreux ont été constatés à l'arrivée des colis en magasin. Le service des troupes, à Cherbourg, en particulier, a utilisé ce mode d'emballage pour les jerseys, et les ballots n°s 121 et 124, par exemple, devant contenir 120 jerseys n'en contenaient pas plus de cinquante à soixante chacun.

3° Les caisses à claire-voie ont été employées pour l'expédition des bérets et des bandes molletières par le 13e et 23e bataillons de chasseurs ; ce système est également très défectueux, la caisse à claire-voie offre moins de résistance au choc que la caisse à plein et les vols sont particulièrement faciles puisqu'ils ne demandent aucune effraction.

La caisse n° 4778 (23e bataillon) contenait 527 bérets au lieu de 620 annoncés.

La caisse n° 61 (13e bataillon) contenait 186 bérets au lieu de 300 annoncés.

4° Les caisses à plein ont été employées par les magasins généraux de Marseille (Guerre et Marine). Ces caisses, neuves ou en très bon état, n'ont pas eu à souffrir des transbordements divers, les planches employées à la confection des colis étant de bonne qualité et très résistantes.

Des vols ont été cependant constatés, certains colis avaient été habilement fracturés pour laisser le passage de la main, d'autres ne portaient aucune trace d'effraction, mais il a été reconnu, à l'arrivée en magasin, que des caisses de caleçons de laine avaient été ouvertes en cours de route et soigneusement reclouées.

Les caisses pour approvisionnements de réserve des quartiers généraux, cordées et plombées, sont arrivées à Tien-Tsin en bon état; 8 caisses seulement sur 408 ont été mises hors de service.

5° Les pièces d'une qui ont été utilisées par la Marine pour l'expédition des jerseys, bas, chaussettes et effets d'habillement de la Marine ont été reçues en parfait état.

A l'exception des magasins généraux de Marseille, dont les emballages ont été particulièrement soignés, on ne s'est pas conformé, d'une façon générale, au règlement sur les transports prescrivant de corder et de plomber les colis à destination d'outre-mer.

La plupart des expéditeurs, employant des récipients ayant déjà servi, n'ont pas pris la précaution d'effacer ou d'annuler les anciennes marques. D'autres ont employé à l'emballage du matériel d'habillement des caisses dont l'affectation est toute spéciale.

Le magasin de l'artillerie de Rochefort, par exemple, a expédié des tapis de selle dans une caisse de munitions (douilles de cartouches) sans avoir effacé l'ancienne marque qui, seule, est restée apparente.

Ces omissions constituent des sources d'erreurs ou entraînent de fausses destinations très préjudiciables à la bonne exécution du service.

Si l'on compare les différents modes d'emballage entre eux, on est amené aux conclusions suivantes:

1° L'emploi de l'emballage sous toile ou en caisse à claire-voie pour le matériel de l'habillement, doit être proscrit dans les expéditions d'outre-mer;

2° Les caisses à plein doivent être employées pour toutes les catégories de matériel de l'habillement, mais il y aurait lieu d'éviter, autant que possible, l'utilisation de caisses à plein dont le poids dépasserait 160 kilos.

En Chine, en particulier, il est à remarquer que les ouvriers sont peu accoutumés et peu habiles à manier de grosses caisses. Les véhicules indigènes (brouettes ou charrettes) ne sont pas établis pour le transport des colis de grandes dimensions ;

3° Le récipient le plus pratique, et offrant le plus de sécurité, est la pièce d'une employée par le service de la Marine. Celle-ci est en effet très maniable, le coolie qui ne peut la porter, peut la rouler ; son étanchéité est absolue, et permet, si les locaux font défaut, l'arrimage momentané à l'extérieur ; le placement sur jonques ou sur wagons en est facile ; sa fermeture, assurée par deux chevilles de sûreté, est parfaite. Enfin la pièce d'une permet d'assurer l'emballage rapide du matériel sans avoir recours à des ouvriers de profession ; son emploi paraît être, en outre, des plus économiques, en raison des nombreux transports qu'elle peut effectuer sans être détériorée, sa forme lui donnant une certaine élasticité aux chocs et une résistance de beaucoup supérieure à celle des meilleures caisses à plein.

Colis postaux. — Au service de l'habillement a été rattaché celui des colis postaux pour lequel a été loué un local spécial, fermant à clef.

A la réception de chaque courrier les colis sont reconnus, enregistrés et classés par corps, puis remis, après indications données au rapport de la place, aux vaguemestres des différents corps ou service. Les réexpéditions s'il y a lieu sont faites par ces derniers.

Le service des colis postaux a fonctionné normalement.

VI. — MATÉRIEL DES SERVICES ADMINISTRATIFS

a) Matériel de distribution et d'exploitation.

Le matériel de distribution expédié de France au Corps expéditionnaire comprend :

5 séries de marche d'ustensiles d'un usage général ;

20 petits outillages à distribution pour officier d'approvisionnement ;

4 tentes à distributions avec 20 petits prélarts ;

Un matériel de station.

Le matériel d'exploitation se compose de :

1° Pour la boulangerie : 4 séries de pièces accessoires en fonte pour fours de construction, 20 fours de campagne, système Godelle, avec leurs ustensiles d'armement, 13 tentes-baraques pour la distribution du pain et 72 étagères mobiles pour le ressuage du pain ;

2° Pour la boucherie : 8 séries de marche d'outils de boucher pour le service des places, 11 séries régimentaires de marche d'outils de boucher à l'usage des corps de troupes ;

3° D'un matériel de station comprenant : 3 collections d'outils de menuisier, 4 collections d'outils de tonnelier, 4 collections d'outils d'ouvrier en fer, 9 grands prélarts et 25 petits prélarts ;

4° D'un matériel de consommation courante. Objets de quincaillerie, cordages, ficelles, pointes, etc.

Ce matériel est suffisant pour un corps expéditionnaire de 15 000 hommes, mais il n'est arrivé à Tien-Tsin que du 15 octobre au 15 novembre, c'est-à-dire trois mois après l'ouverture des hostilités. Pendant cette période, il a fallu pour assurer le service des distributions, la fabrication du pain, l'abatage des bestiaux, recourir à des moyens de fortune, toujours incomplets, défectueux et, en somme, onéreux. Pour ne citer qu'un exemple, le pesage des denrées a été effectué, pendant près de trois mois, avec deux balances bascules, anglaises, abandonnées par le propriétaire du magasin ; la nécessité de convertir les poids anglais en poids français retardait les distributions et était une source de nombreuses erreurs. Il serait à désirer qu'une partie de ce matériel fût préparée dans les ports, en temps de paix, et expédiée avec le Service administratif, au départ des premières troupes.

b) Fours Godelle.

Le Service administratif a reçu 20 fours Godelle avec leurs ustensiles d'armement ; un petit nombre de ces fours a été utilisé, l'abondance des briques ayant permis de construire des fours en maçonnerie dans presque tous les postes occupés par les troupes. Les autres ont été mis en réserve en vue du fonctionnement des boulangeries de campagne.

Le four Godelle est exposé, par sa construction, à des écroulements, il suffit pour cela d'un écrou mal serré ou d'un choc un peu brusque. Il est important de faire remarquer, en outre, que ce four ne peut être employé pendant les périodes des marches, car, dans ce cas, il est impossible de fabriquer du pain dans un four non pourvu d'une sole mobile, le temps manquant pour en construire une en briques, et celle en terre ne donnant que du pain de mauvaise qualité.

Le four Geneste et Herscher, de 160 rations, avec ses deux enveloppes concentriques, serait préférable. Ce type de four dispense d'un terrassement assez important et d'une sole qu'il n'est pas toujours possible d'avoir.

Dans le four Godelle, les tôles, surtout celles de rive, se gondolent très facilement, la terre tombe alors dans l'intérieur et les fournées peuvent être perdues.

A défaut du four Geneste et Herscher, le four Lespinasse serait peut-être préférable au four Godelle ; il faut remarquer, en effet, que c'est la confection d'une sole qui demande un temps très long, à côté duquel le temps nécessaire au montage du four est négligeable.

c) Tentes-baraques.

La boulangerie de campagne n'ayant pas fonctionné, un certain nombre de tentes-baraques ont été mises en service comme abris pour le matériel. Elles ont été très utiles pendant la période des grands arrivages de denrées et pendant la saison des pluies.

Baraques démontables en bois, système Maillard. — Il a été expédié de France 12 baraques démontables en bois, système Maillard, sur les 20 demandées. Ces baraques, construites en bois de sapin et recouvertes en tôles ondulées, ont les mesures suivantes : longueur 15 m, largeur 8 m, hauteur utilisable $4^m,50$; chacune d'elles peut renfermer 475 mètres cubes de matériel. A l'exception du vin, qui ne saurait y être conservé pendant l'hiver, très rigoureux dans cette partie de la Chine, toutes sortes de denrées peuvent y être emmagasinées.

Ces baraques ont reçu les affectations suivantes :

2 à Chin-Van-Tao, base maritime d'hiver ;
1 à Tien-Tsin, pour le service de l'artillerie ;
9 à Tien-Tsin, pour le service administratif.

7 de ces dernières ont été utilisées à l'emmagasinage des vivres de réserve, sauf le vin et le tafia, et du matériel de campement.

Après l'évacuation de Chin-Van-Tao, on a pu, avec les pièces des 2 baraques intallées sur ce point, monter une baraque complète sur un des terrains du Service administratif, à Tien-Tsin.

Le montage de ces baraques a été effectué par un personnel spécial envoyé de France, sous la direction du service de l'artillerie. Il a commencé le 28 novembre 1900 et a été terminé dans le courant du mois de février 1901. La première baraque a été livrée le 11 décembre ; 5 avaient pu être mises en service à la date du 31 décembre. Ces baraques avaient été demandées par le général le 25 juillet 1900.

Les officiers qui ont employé des baraques Espitallier, à fermes en fer, à toitures en zinc, et à parois en fibres de cocos, trouvent ce type supérieur à celui des baraques Maillard en raison de la plus grande facilité de les monter et démonter.

d) Matériel roulant.

Jusqu'au 11 novembre, date de l'arrivée des arabas, le Service administratif s'est servi de quelques voitures chinoises et de mulets achetés sur place ou trouvés, sans maître, dans les premiers jours qui ont suivi la prise de la ville chinoise.

Au 1er janvier 1901, le service disposait de :

1° 25 arabas avec un harnachement. Les arabas sur lesquelles était inscrite la mention « Service administratif » et qui lui ont été, tout d'abord, remises, étaient très solides et bien supérieures à ce point de vue aux autres. Elles étaient du modèle des arabas de Tunisie. Le Service administratif s'en est dessaisi en faveur du train des équipages pour les convois sur route qui exigent un matériel très robuste.

Les arabas délivrées en échange, et qui paraissent avoir été confectionnées en France, nécessitent de fréquentes réparations ; les roues seules ne laissent rien à désirer comme solidité.

Les arabas ont rendu de grands services à l'Administration ; je considère ce type de voiture comme absolument supérieur aux voitures Lefebvre, qui, étant en fer, ne peuvent être réparées quand elles sont avariées. Les arabas sont faciles à atteler ; on peut même, pour de courts trajets, les faires traîner par des coolies. Il est facile de les transformer en tombereaux si cela est nécessaire. Dans tous les cas, parmi le grand nombre de véhicules de toutes les dimensions et de toutes les formes employés ici par les corps expéditionnaires des différentes nations, il ne m'a pas paru qu'il existât une voiture plus pratique que les arabas ;

2° 4 voitures chinoises ;

3° 2 brouettes chinoises ;

4° 10 chevaux ou mulets.

Ce matériel a été employé aux transports entre les quais, la gare et les magasins, au service du parc et de l'abattoir. Dans le courant de janvier une voie Decauville a relié le parc, les magasins et les principaux cantonnements.

VII. — COMPTABILITÉ DU PERSONNEL

La base de la comptabilité du personnel repose, comme il a été dit plus haut, sur le principe émis au § 19 de la décision présidentielle du 4 août 1900, aux termes duquel les règles prévues par l'ordonnance du 22 juin 1847 resteront en vigueur pour les troupes de la Marine ; quant aux troupes de la Guerre, elles s'administrent d'après leurs règles propres.

Les dispositions prises pour l'application des deux comptabilités « Marine » et « Guerre », les difficultés rencontrées dans cette application, et les mesures prescrites en vue de combler les lacunes que devaient inévitablement présenter les règles actuellement en vigueur et notamment celles résultant de la décision présidentielle sus-visée, sont décrites dans le courant du présent rapport, particulièrement sous les titres III (Fonctionnement du service), § C (Relations avec les corps de troupe, surveillance administrative, comptabilité des corps) de la première partie (Organisation générale du service), et I (Fonds), §§ B (Tarifs de solde, etc.) et C (Délégations, etc.) de la deuxième partie (Détails du service).

VIII. — COMPTABILITÉ DU MATÉRIEL. SUBSISTANCES. HABILLEMENT

Les comptes-matières sont soumis à la Cour des comptes (loi du 6 juin 1843).

Pour se conformer à cette prescription législative, les Départements ministériels disposant de valeurs matérielles doivent constituer des responsabilités que puisse atteindre la Cour des comptes ; il faut, en outre, que ces responsabilités se libèrent par des justifications régulières et *totales*. Il est hors de doute que, dans une expédition hors d'Europe, il ne peut être satisfait à cette double obligation avec la même scrupuleuse exactitude que dans la Métropole ; il est impossible d'éviter, lors du ravitaillement d'un corps expéditionnaire, une certaine précipitation dans les envois, des manipulations hâtives et l'entassement, sans installations préalables, des approvisionnements sur des points mal appropriés, conditions qui excluent l'ordre et la méthode nécessaires à toute gestion.

L'expédition de Chine a été préparée à Paris, par l'état-major du Corps expéditionnaire, dans un délai de 18 jours, et, lorsque, le 21 septembre 1900, le général, commandant en chef, a débarqué à Tong-Kou, il existait déjà, fort heureusement d'ailleurs, puisque les vivres et le matériel expédiés de France ne devaient parvenir que plus tard, des stocks de différentes provenances, sur lesquels nous avons pu vivre pendant quelque temps ; l'administration du Corps expéditionnaire avait, en outre, provoqué de la part de l'escadre, chargée jusque-là de la haute direction de l'expédition, des commandes à Shanghaï, à Nagasaki et à Saïgon.

Pendant plus de deux mois les arrivages devaient se succéder, *via* Tong-Kou, et devaient être continués plus tard *via* Chin-Van-Tao, sans que nous ayons en mains aucune pièce nous permettant de reconnaître l'origine du matériel ou des vivres ; l'escadre a pu, du 25 septembre au 28 novembre 1900, décharger les navires ci-après expédiés d'Europe ou de Cochinchine avec des contingents de personnel et de matériel : *Adour, Alexandre III, Melbourne, Notre-Dame-du-Salut, les Andes, Calédonien, Uruguay, Manche, Eridan, Massilia, Rio-Negro, Britannia, Matapan, Ville-de-Tamatave, Peï-Ho, Macina, Amiral-Baudin, Bithynie, Ville-du-Havre, Vesper, Gallia, Bordeaux, Nive*, non compris les bâtiments, étrangers pour la plupart, qui ont transporté les vivres, les fourrages, les combustibles expédiés du Japon et de Shanghaï à destination du Corps expéditionnaire. D'après un relevé, établi par l'escadre, cette force navale a débarqué en 1900, depuis le 21 septembre, 12 156 passagers, 2 467 chevaux et mulets, 15 107 tonnes de matériel ; le nombre de journées de surestaries à payer a été de 60. Tout le matériel et les vivres déchargés par les soins de l'escadre ont été déposés sur le quai de Tong-Kou ou embarqués directement sur les jonques devant remonter le fleuve, sans que les navires ou chalands, affrétés pour effectuer le déchargement des bâtiments de haute mer, fussent porteurs de manifestes ou autres pièces constatant la nature et le service destinataire du matériel à débarquer. Il ne pouvait, au surplus, en être autrement puisque ces bâtiments de servitude étaient accostés aux navires de haute mer et y recevaient, de jour et, le plus souvent, pendant la nuit, le matériel appartenant à l'État, sans contrôle, au fur à mesure qu'il se présentait sous la palanquée.

Si l'administration de l'escadre s'était astreinte à procéder plus régulièrement, les navires de haute mer n'auraient pu être déchargés en temps utile, l'État aurait eu à payer des frais de surestaries beaucoup plus élevés que ceux qui ont pu être mis à sa charge et le matériel, ne pouvant être déposé à terre avant la clôture de la navigation sur le Peï-Ho, serait resté en rade pendant toute la période d'hiver, au grand détriment du Corps expéditionnaire.

En outre, les envois ayant été effectués de Marseille dans des conditions difficiles, les avis d'expédition ne sont parvenus au Corps expéditionnaire que postérieurement à l'arrivée du matériel, sans désignation du service destinataire et sans d'ailleurs que nous puissions avoir la certitude que tous les avis d'expédition étaient entre nos mains. Beaucoup de ces documents se rapportaient à du matériel destiné à plusieurs services.

La plupart des avis d'expédition portaient simplement la mention « Envoi de Marseille à Takou, pour le Corps expéditionnaire de Chine » et souvent ils étaient adressés au Service administratif, même lorsque le matériel devait être pris en charge par le génie, l'artillerie, le service de santé, etc.

Le Service administratif a reçu, dans le courant du mois de janvier, des avis d'expédition se rapportant à du matériel expédié sur le *Melbourne* parti de France le 13 août 1900, « parasols pour topographie, photo-jumelles Carpentier, etc. » ; j'ai transmis ces documents au quartier général dans la pensée que le matériel était destiné au service géographique ; ce dernier service les ayant refusés, ils ont été remis au génie.

Le 21 janvier 1901, j'ai reçu du service de santé un avis d'expédition se rapportant à 15 bâches en toile, arrivées par le *Notre-Dame-du-Salut* et qui paraissent appartenir au génie.

On voit les retards qui se seraient produits si, pour la prise en charge du matériel expédié, nous avions dû attendre l'arrivée des avis d'expédition.

C'est dans ces circonstances, particulièrement défavorables, qu'ont été constitués les approvisionnements du Corps expéditionnaire de Chine.

Ceci posé, je dois faire remarquer que les données de cette section du présent rapport ne s'appliquent qu'à la partie de la comptabilité des matières afférente aux services des subsistances et de l'habillement, tels qu'ils sont compris au Département de la Guerre. Le génie, l'artillerie, le service de santé ayant leur autonomie complète, les Services administratifs n'ont pas eu à s'immiscer dans ce qui regardait la comptabilité des premiers de ces services. J'ajouterai que cette procédure s'imposait, puisque les gestionnaires des différents services étant des officiers d'administration de la Guerre, il eût été malaisé d'exiger d'eux l'application d'une comptabilité nouvelle, à un moment où il importait de faire vite.

L'historique de l'expédition de Chine, au point de vue tout spécial de la comptabilité du matériel, comprend deux périodes : celle antérieure au 15 octobre 1900, pendant laquelle les postes des comptables ont été occupés par des agents de différentes provenances, période particulièrement troublée durant laquelle il fallait assurer la subsistance de groupes d'individus dont on ignorait le nombre, et d'isolés n'appartenant parfois à aucune formation, en utilisant les approvisionnements existant en magasin quelles qu'en soient les origines, et la période postérieure au 15 octobre 1900, période de gestion des officiers d'administration de la Guerre.

Responsabilités comptables. — Avant le 15 octobre 1900, l'Administration avait dû placer dans les magasins, des sous-officiers des équipages de la flotte et de l'infanterie de Marine. Bien qu'ils n'aient pas été commissionnés à titre de gardiens de valeurs publiques, ces sous-officiers, par leur seule ingérence dans le maniement du matériel, devenaient comptables de fait, et, comme tels, tenus de rendre des comptes. Mais, leur modeste situation militaire, leur compétence restreinte et surtout les difficultés extrêmes avec lesquelles ils se sont trouvés aux prises limitaient pratiquement leur responsabilité à la garde matérielle des approvisionnements et la sanction de cette responsabilité aux pénalités disciplinaires. C'est pourquoi l'Administration, dirigeant et surveillant ce service, a dû se préoccuper de combler les lacunes et de suppléer aux insuffisances que présentent les écritures de ces gérants de magasin. Elle a assumé la charge de rassembler leurs comptes, de reconstituer ces comptes au besoin, sur pièces, de les coordonner et de les produire sous une forme aussi claire et aussi complète que possible.

A partir du 15 octobre 1900, il existe des comptables répondant personnellement de la quantité, de la conservation, de la transformation et de l'emploi du matériel (art. 26 du règlement du 9 septembre 1883). Par eux-mêmes, ou par leurs gérants d'annexes, les officiers d'administration, gestionnaires des subsistances et de l'habillement, embrassent, à partir du débarquement à Tong-Kou, l'ensemble des opérations.

Justifications. — Si imparfaits que soient les comptes des sous-officiers qui ont géré les magasins avant le 15 octobre 1900, ils offriront des justifications suffisantes.

Depuis le 15 octobre, les gestions ont les moyens de fonctionner normalement.

Mais ces deux séries d'éléments à décharge ne saisissent pas la totalité des approvisionnements dirigés sur la Chine ; une proportion, dont l'importance exacte ne sera connue qu'aux termes de la reddition des comptes, s'est fondue dans les opérations de déchargement.

Il sera produit, pour expliquer ces déchets, toutes les informations (notes relations et rapports) qui établissent l'impuissance où l'on s'est trouvé d'empêcher ces fuites et de les apprécier sur le moment. Ces explications, dont l'effet libératoire ne saurait avoir la valeur de pièces régulières, n'en compléteront pas moins les justifications qui seront ainsi totales.

J'ai lieu de penser que personne ne sera surpris de cet état de choses, en considérant que 35 000 tonnes, cubant 70 000 mètres cubes, ont été débarquées à Tong-Kou, malgré les difficultés immenses d'une mer inclémente et l'affluence du matériel importé par les différentes nations alors représentées dans le Petchili.

Je ne puis d'ailleurs que me référer au rapport sur les transports par mer, rapport adressé par M. le général, commandant en chef, dans le courant du mois de janvier 1901.

Les comptes de l'expédition (subsistances et habillement) seront donc appuyés :

1° De comptes rendus, avec pièces justificatives, en ce qui concerne les opérations des sous-officiers gérants de magasins (période antérieure au 15 octobre 1900) ;

2° De comptes de gestion produits par des répondants, personnellement responsables devant la Cour des comptes (période postérieure au 15 octobre 1900) ;

3° D'explications tenant lieu de décharge.

L'ensemble des justifications comprend les comptes suivants :

Artillerie.	3 comptes de gestion.	Matériel d'artillerie (Marine). — (Guerre). Habillement et campement.
	ANNEXES. — Les annexes se rapportant à la comptabilité du matériel d'artillerie en service dans les corps seront fournis : 1° Pour les éléments de la Guerre, par les bureaux de comptabilité en France ; 2° Pour ceux de la Marine, par la Direction de l'artillerie à Tien-Tsin, conformément aux dispositions des articles 743 et 744 de l'Instruction du 8 novembre 1889.	
Génie.	4 comptes de gestion.	Parc ; Chefferie des étapes ; — de Tong-Kou ; — de Pékin.
	ANNEXES. — Comptes des corps du génie, Cies 19/4 et 9/1 ; section d'aérostiers ; section de télégraphistes.	
Services administratifs.	1° Subsistances. 6 comptes de gestion.	Opérations antérieures à l'arrivée des officiers d'administration ; Tien-Tsin ; Yang-Tsoum ; Pékin ; Pao-Ting-Fou ; Étapes.
	2° Habillement.	1 compte de gestion ;
	3° Service géographique . . .	1 — —

Services administratifs (*suite*).	4° Remonte.	2 comptes de gestion.	Tien-Tsin; Pékin.
	5° Transports.	3 comptes de gestion.	Tien-Tsin; Pékin; Étapes;
Service de santé.	2 comptes de gestion.		Magasin de réserve; Pharmacie de réapprovisionnement.
	Annexes. — Pour chaque formation sanitaire, carnets de matériel.		

La centralisation de toutes ces comptabilités est confiée à M. le commissaire de première classe Cablat, doué d'un esprit net et pratique, et qui a su mener à bien la tâche fort difficile qui lui a été confiée.

Le résumé de ce travail, présenté par M. Cablat, forme l'annexe n° 2 du présent rapport.

IX. — COMPTABILITÉ FINANCIÈRE

Les règles de la comptabilité financière du Corps expéditionnaire ont été fixées par la circulaire n° 11, du 13 septembre 1900 (annexe n°3). Elles sont conformes aux prescriptions du décret du 31 mai 1862 et des règlements des 14 janvier et 6 avril 1869 sur la comptabilité publique.

Leur ensemble doit aboutir d'un côté, à des prévisions raisonnées des dépenses à faire de l'autre, à un compte rendu fidèle de l'emploi des crédits dépensés.

Les prévisions résultent des situations mensuelles des dépenses engagées, ou simplement prévues, pour chaque service et chaque place.

Le compte de l'emploi des crédits est un peu moins simple.

Les dépenses sont tout d'abord classées suivant un certain ordre indiqué à la circulaire ministérielle du 26 juillet 1900, savoir :

1° Solde et accessoires;

2° Subsistances et hôpitaux;

3° Habillement, couchage, mobilier, remonte ;
4° Transports ;
5° Service géographique ;
7° Génie ;
8° Artillerie ;
10° Dépenses diverses.

La solde et les accessoires de solde sont justifiés par les revues de liquidation des corps et les revues de liquidation des officiers sans troupe. Les revues sont établies par les ordonnateurs de la solde en Chine, et centralisées par la Direction des Services administratifs, sauf celles des corps de la Guerre qui sont établies par les bureaux de comptabilité institués en France par le Ministre de la Guerre et qui seront envoyées directement au Ministre de la Marine, le tout par application des dispositions de la dépêche adressée, le 30 juillet 1900, par le Ministre de la Guerre, aux commandants de corps d'armée.

Au contraire, toutes les dépenses étrangères à la solde sont entièrement liquidées, sur place, par les ordonnateurs auxquels incombe le soin de les mandater soit une seule fois, soit par acomptes ou avances.

Pour éviter de faire un ordonnancement distinct à l'égard de chaque dépense de service courant, et pour assurer ainsi l'expédition rapide des affaires, il est mandaté, à titre d'avances, des sommes d'importance variable à des officiers chargés de régler, séance tenante, les dépenses courantes de certains services, conformément aux dispositions de l'article 45 du décret du 24 mars 1877 (voir l'article 21 de l'instruction n° 11, du 13 septembre 1900). Au fur et à mesure qu'ils effectuent des paiements, ces officiers en recueillent les justifications pour les annexer, après coup, aux mandats d'avances, émis à leur nom, en se conformant aux prescriptions de l'article 148 du règlement du 14 janvier 1869. Ce mode de paiement est appliqué notamment :

A la direction des parcs d'artillerie ;
Aux chefferies du génie (Tien-Tsin et Pao-Ting-Fou) ;
Aux hôpitaux (Tien-Tsin, Pékin, Pao-Ting-Fou) ;
Au dépôt de remonte ;
Au service géographique ;

Au service des subsistances de Tien-Tsin ;

Au service des transports de Tien-Tsin ;

Au service de l'habillement et du campement de Tien-Tsin ;

Au service des subsistances et transports de Pékin, de Pao-Ting-Fou, de Yang-Tsoum et des étapes ;

Au service des convois fluviaux de Tien-Tsin et de Tong-Kou, etc.

Les justifications des opérations de ces agents spéciaux et celles des paiements par mandats directs sont classées et totalisées par les ordonnateurs et comparées aux mandats émis, puis centralisées par le chef du service de la comptabilité, en vue de l'établissement de l'état de développement des dépenses du Corps expéditionnaire. C'est cet état qui viendra se fondre dans le compte général à soumettre au Parlement par le ministre.

Au 1er juillet 1901, les dépenses de l'exercice 1900 sont arrêtées comme suit sur l'état de développement :

Solde et accessoires de solde.	3 675 125f 40
Vivres (achats et manutention).	1 770 022 11
Hôpitaux (achats et main-d'œuvre)	180 091 84
Habillement, campement, literie, mobilier et remonte.	398 343 64
Transports.	856 173 53
Service géographique	1 353 98
Génie (achats, constructions, main-d'œuvre).	1 102 562 80
Artillerie (achats, constructions, main-d'œuvre).	196 614 72
Dépenses diverses, télégrammes, etc.	137 907 28
Total du chapitre 61.	8 318 195f 30

A la même date, les dépenses de l'exercice 1901 se décomposent, approximativement, comme il suit :

Soldes.	6 100 000 fr.
Vivres.	2 354 000
Hôpitaux	109 000
Habillement . . . . / Casernement et remonte.	92 000
Transports.	440 000
Service géographique	2 000
Génie	456 000
Artillerie.	182 000
Dépenses diverses.	80 000
Total.	9 815 000 fr.

Ces tableaux ne comprennent, bien entendu, que les sommes payées par les soins du Corps expéditionnaire, mais non celles qui ont été réglées soit par l'escadre de l'Extrême-Orient, soit par le ministre de France au Japon (un million environ), ni celles qui ont été régularisées en France pour le matériel envoyé en Chine, les affrètements, les transports, les avances de solde, les rapatriements, etc., etc.

Le service de la comptabilité financière est confié à un commissaire de première classe, d'une grande compétence, ancien élève de l'École polytechnique, M. Prudham ; c'est grâce à cet officier que nous sommes arrivés à pouvoir obtenir, des différents détails administratifs et des autres services, des prévisions de dépenses se rapprochant sensiblement de la réalité des faits.

TROISIÈME PARTIE

COMPARAISON AVEC LES ARMÉES ÉTRANGÈRES

Il est assez difficile, en fait, d'établir une comparaison du régime administratif adopté par le corps expéditionnaire français avec celui des puissances étrangères ; cette comparaison nécessiterait, en effet, la reproduction de tout ce qui a été dit dans les deux premiers chapitres, elle constituerait alors non plus une partie du présent rapport mais une étude spéciale dont les développements seraient fort longs.

Je ne peux donc que reproduire ici les renseignements recueillis sur l'organisation administrative des corps expéditionnaires étrangers, en laissant, dans la plupart des cas à ceux qui liront ces notes, et qui d'ailleurs sont au courant de nos usages, le soin de comparer et d'en tirer des conclusions.

Les indications contenues dans cette étude ont été fournies par M. l'officier d'administration des subsistances Jouclard, chargé spécialement, d'après mes ordres, de les colliger sur place en se mettant en relation avec les services administratifs des corps étrangers.

I. — CORPS EXPÉDITIONNAIRE ITALIEN

Effectifs :		
	Hommes	1 870
	Chevaux	220

Organisation du service. — Le service administratif fonctionne sous la direction d'un capitaine-commissaire, résidant à Pékin. Le magasin des subsistances et de l'habillement est à Pékin. Il n'a été constitué à Tien-Tsin qu'un simple dépôt de vivres pour les besoins de la place ; les détachements de Tong-Kou et de Yang-Tsoum se ravitaillent à Tien-Tsin.

Moyens d'exécution. Personnel. — Le capitaine-commissaire est assisté par deux lieutenants d'administration. Un peloton d'administration de 50 hommes (ouvriers boulangers, bouchers, ouvriers en bois et en fer), dont 2 sous-officiers et 4 fourriers aux écritures, est chargé de l'exécution du service afférent à un effectif de 1 870 hommes.

Ce personnel est complété par des coolies indigènes qui ont été dressés au travail de la fabrication du pain et de l'abat.

Je rappelle qu'au corps expéditionnaire français 281 sous-officiers, caporaux et soldats d'administration ont été mis à la disposition du directeur des Services administratifs pour un effectif total de 17 327 hommes (officiers et hommes de troupe).

Matériel. — Le matériel spécial du service des subsistances envoyé en Chine comprend :

1° Deux fours de campagne (contenance 240 rations à 0,750) avec leurs accessoires.

Tout ce matériel est emballé dans des caisses d'un volume et d'un poids considérables ; il ne peut être transporté que sur des véhicules bien attelés.

Le four est constitué par des panneaux formant la sole ; ces panneaux sont garnis de briques réfractaires ; la voûte est faite avec des tôles fortes, rivées, et le tout est couvert avec de la terre.

Les dimensions et le poids des fours en question sont tels qu'il paraît difficile de les utiliser autrement qu'en station, aussi a-t-on conservé ces appareils en caisses, et, comme nous l'avons fait d'ailleurs, en principe, au corps expéditionnaire français, on a trouvé plus pratique de fabriquer le pain dans des fours permanents, construits sur place.

Le four italien, dont la voûte est d'ailleurs très lourde, rappelle le four à augets, par la sole surtout.

Les étagères mobiles faisant partie de ce matériel sont peu pratiques ; leur portée est trop grande et leur transport n'est pas commode ;

2° Deux séries de caisses d'outils contenant les objets nécessaires au service des distributions et au travail des ouvriers en fer et en bois.

Les objets utiles aux pesées sont bien assortis et en assez grand nombre;

3° Des tentes pour abriter les denrées.

Les tentes sont peu spacieuses ; elles paraissent avoir pour but unique d'assurer les distributions;

4° Des prélarts, grands et petits, pour l'abri des approvionnements;

5° Des instruments pour l'abat du bétail; ces outils bien que manquant de solidité, ressemblent à nos séries. Ils sont dépourvus de moufles et paraissent insuffisamment munis de crochets. Tout ce matériel est contenu dans des caisses bien conditionnées; leur transport semble commode.

Moyens de transport. — L'artillerie a fait venir, avec ses apparaux, un certain nombre de véhicules pour assurer le transport des denrées. Ces voitures, qui se prêtent fort bien au chargement des vivres et du matériel, ont une certaine analogie avec le chariot de parc de l'artillerie française; elles n'ont guère été utilisées qu'en colonne.

Denrées. — Le corps italien a apporté avec lui les denrées nécessaires à l'alimentation; elles provenaient d'Italie; un petit troupeau de bœufs a même été amené d'Europe en vue d'assurer la nourriture pendant les premières journées qui ont suivi le débarquement.

A Hong-Kong, un approvisionnement de bois de chauffage a été acheté afin de permettre de fabriquer le pain et de cuire les aliments, dès le débarquement en Chine. A Shanghaï, on s'est procuré du lard, du porc (jambon), de la farine, du tafia et du vin pour compléter l'approvisionnement.

Bétail. — Dès le débarquement, et comme il est dit plus haut, les distributions de viande fraîche ont été assurées par un troupeau de 50 têtes de bœufs, puis, à l'aide des ressources locales, il a été constitué une réserve de 100 bœufs et 300 moutons; mais, à la suite des pertes survenues lors de l'épidémie de peste bovine en octobre 1900, le commissariat italien a renoncé à entretenir un troupeau, et la viande fraîche nécessaire a été obtenue par des achats sur place faits au jour le jour.

Les pertes en bœufs se sont élevées à près de 50 p. 100, elles ont atteint 5 p. 100 sur les moutons.

A Pékin, un petit parc contenant 10 jours de viande sur pied, pour 1 500 hommes, a été constitué.

Observations sur la qualité des denrées. — Le pain fabriqué en rations de 0,700 grammes est de bonne qualité, il est appétissant par sa forme et sa couleur extérieure ; sa cuisson est complète ; on doit constater cependant qu'une fabrication de pain sans baisures, et à raison de 0,700 grammes, n'est pas économique. La farine provenant d'Italie est grise ; sa couleur dénote un blutage peu élevé.

Il convient de signaler que l'approvisionnement de vin embarqué en Italie a été logé dans des fûts contenant 600 litres. Aussi a-t-on éprouvé de grandes difficultés pour le transport. Il a fallu acheter du vin en bordelaises à Shanghaï, afin de ravitailler Pékin ; les fûts sont restés à Tien-Tsin, où il existe un approvisionnement relativement considérable de vin.

Le biscuit fabriqué en Italie, d'aspect peu agréable, paraît de qualité inférieure et manque de cuisson ; il doit provenir de farine d'essence dure. Le biscuit n'est au surplus distribué seul qu'en cas de manque absolu de pain ; en station, on le consomme, par petites quantités, avec du pain frais. Les rationnaires ne l'apprécient pas.

Les pâtes alimentaires qui font partie de la ration sont grossières, de couleur grise, et elles paraissent de qualité médiocre.

Fourrages. — Le fourrage consommé par les animaux provient d'Italie ; il se compose de foin et d'avoine ; ces denrées sont de bonne qualité (foin pressé) ; on a acheté de la paille sur place.

Composition et taux de la ration. — La ration journalière est composée de plusieurs denrées ou liquides ; elle varie selon qu'elle s'applique au dimanche ou à un autre jour de la semaine, et même suivant les jours de semaine, puisqu'il a été établi deux types de rations qui sont distribuées alternativement.

L'officier a droit à la même ration que le soldat et à une seule ration par jour.

Le tableau suivant donne la composition et le taux de ladite ration.

DÉSIGNATION des DENRÉES.	TAUX DE LA RATION.			OBSERVATIONS.
	RATION du dimanche.	TYPE 1 de la semaine.	TYPE 2 de la semaine.	
Pain frais	0k700	0k700	0k700	
Biscuit	0 100	0 100	»	
Viande fraîche	0 500[1]	»	0 375[2]	1. Mouton. 2. Bœuf.
Sel	0 020	0 010	0 010	
Sucre	0 020	0 010	0 010	
Café	0 015	»	»	
Porc[b] et thon[a]	0 050[a]	»	0 025[b]	Le mercredi on ajoute : 350 gr. de pain, 300 gr. de biscuit, et 1 jour dans la semaine 50 centilitres de vin au lieu de 25.
Riz	0 200	»	0 125	
Haricots	»	0 040	0 040	
Fromage	0 050	0 010	0 010	
Conserve de tomate	»	0 005	0 005	
Conserves de bœuf	»	0 200	»	
Poivre	»	1/2 gr.	1/2 gr.	
Vin	0l25	0l25	0l25	
Tafia	0 06	0 06	0 06	
Macaroni	»	0k125	»	
Huile	»	0l01	»	
Vinaigre	»	0 02	»	
Thé	»	0k003	0k003	

En outre, sur l'ordre du commandant en chef, il peut être délivré gratuitement, du vin de Marsala et du cognac.

Le chauffage pour la cuisson et pour les chambres, de même que l'éclairage, sont délivrés gratuitement.

La ration italienne est variée, mais, en poids, elle est inférieure à la ration française ; l'Italien reçoit autant de blé sous diverses formes, mais il consomme moins de viande fraîche ; il ne touche du café que le dimanche et sa ration de vin est moins élevée que celle du Français.

Cessions remboursables. — Le service administratif cède des denrées aux officiers à charge de remboursement ; il est constitué, dans ce but, un approvisionnement de conserves alimentaires telles que sardines, thon, conserves de légumes, fromage, pâtes. Les officiers seuls sont admis à percevoir ces denrées sans limite. Les hommes de troupe peuvent toucher, dans les mêmes conditions, des cigares et du tabac.

Solde. — La solde des officiers du corps expéditionnaire italien a été fixée ainsi qu'il suit :

	PAR MOIS.	
Colonel	1 200 fr.	Chaque officier a reçu une indemnité d'entrée en campagne, dont le taux variait suivant le grade. La solde est uniforme pour toutes les armes, mais les officiers montés reçoivent une indemnité spéciale.
Lieutenant-colonel	900	
Commandant	750	
Capitaine de 1re cl.	600	
Capitaine de 2e cl.	510	
Lieutenant de 1re cl.	450	
Lieutenant de 2e cl.	420	
Sous-lieutenant	360 fr.	

La solde des troupes est la même pour l'infanterie et l'artillerie. En Chine, elle atteignait, par jour :

Soldat	0f 50
Caporal	0 65
Caporal-major	0 85
Sergent	3 »
Fourrier	4 »
Fourrier-major	4 50

Les soldats d'administration reçoivent une solde spéciale qui, par jour, est de :

Soldat	0f 70
Caporal	0 95
Sergent	4 »
Fourrier	4 50

encore a-t-on demandé une augmentation en faveur de ces dernières troupes, en raison des fatigues particulières que le service leur impose.

Habillement. — Les troupes italiennes ont quitté l'Europe avec une tenue de campagne complète en effets neufs, plus un approvisionnement de tous les effets formant une réserve déposée à Tien-Tsin.

Pendant l'hiver, il a été distribué à chaque soldat deux paires de bas, un caleçon de laine, un tricot, une pèlerine à capuchon, une chéchia et deux couvertures.

En été, chaque soldat a reçu deux complets de toile blanche (pantalon et vareuse) et une moustiquaire.

On voit qu'en réalité le régime italien se rapproche du régime français, la ration italienne est cependant moins nutritive que celle destinée au soldat français. Il convient de remarquer, en outre, que l'officier italien n'a droit qu'à une seule ration, quel que soit son grade, tandis qu'au corps expéditionnaire français ce taux atteint 6 rations pour un général de brigade.

Les tarifs de solde italiens sont très élevés ; un quartier-maître de la flotte italienne interrogé par moi, à Pékin, m'a déclaré qu'il touchait 7 fr. 50 par jour, un second maître 14 francs, un sergent-major 15 fr. 30.

Un sergent italien reçoit 3 francs par jour alors que la solde du sergent français, rengagé, n'atteint que 2 fr. 05 par jour.

Des renseignements fournis par la présente note il résulte qu'à l'encontre des Français les Italiens ont fait venir d'Europe des vivres, notamment des bœufs, qu'il eût été plus économique de se procurer en Extrême-Orient. . . . . .

Les Italiens ont perdu 50 p. 100 de leurs bœufs ; cette proportion n'a pas atteint 25 p. 100, pendant la plus mauvaise période, dans les parcs du corps expéditionnaire français, à Tien-Tsin.

II. — CORPS EXPÉDITIONNAIRE ANGLAIS

Effectifs :	Européens	611
	Indiens ou australiens.	6 665
	Chevaux et mulets	2 148

Organisation du service. — Le service administratif du corps anglais a été emprunté à celui de l'armée des Indes. Il a pour directeur un commissaire administratif ayant rang de colonel.

Aux Indes, le personnel administratif est formé par des officiers de troupe qui sont détachés de leur corps pendant 5 ans. Après ce temps, comme il leur est presque impossible de reprendre du service dans leur arme, ils restent attachés au commissariat.

Il a été établi un service administratif à Pékin, un à Tien-Tsin et un à Pao-Ting-Fou.

Moyens d'exécution. Personnel. — Le directeur, qui réside à Tien-Tsin, est assisté du personnel ci-après :

1° Un certain nombre de commissaires administratifs (détachés des corps de troupe) ;

2° Des « conducteurs » qui forment un corps spécial, militarisé, ayant une situation inférieure à celle de l'officier, mais supérieure à celle du colour-sergent.

Ce personnel a la charge des denrées et du matériel, des transformations, des distributions, etc. ;

3° Des sous-officiers détachés des corps de troupe ;

4° Des commis aux écritures civils, indiens ;

5° Des coolies indiens et chinois.

L'armée anglaise a amené avec elle 4 000 coolies indiens ; 3 000 ont été rapatriés en octobre, afin d'utiliser les coolies chinois.

Matériel. — Le service anglais dispose d'un matériel organisé de la manière suivante :

Chaque régiment possède 4 fours en vue de la fabrication du pain pendant la marche, ainsi qu'un matériel pour abattre le bétail et assurer la distribution des vivres.

Ces matériels comprennent tous les objets utiles tels que : outils divers, instruments de pesage et de mesurage. L'abat se fait avec le merlin seul. Les Indiens saignent eux-mêmes leur bétail, aussi leur est-il livré sur pied.

En station, le service utilise des matériels appropriés, notamment des fours en briques mesurant 2 mètres de long sur 1 mètre de large et dont la contenance est de 60 pains de 1 livre (453 grammes).

Les instruments de pesage des Anglais se réduisent à la balance à bras égaux et au peson à ressort.

Le four de campagne se compose de huit travées, dont une de bouche, en forme de triangles ; ces travées sont en fer et cintrées de telle sorte qu'il suffit de les placer côte à côte pour obtenir une demi-sphère ; le sommet de chaque travée forme une voûte dont la clef se trouve à 50 centimètres au-dessus du sol. Des arêtes en fer sont placées parallèlement, de la clef à la semelle, sur la périphérie de la sphère.

Le montage se fait de la manière suivante :

On dame le sol pour fournir l'âtre, les travées sont posées simplement sur la terre ; la charpente est ensuite recouverte avec un mortier composé de terre, à laquelle on a ajouté de la paille coupée et de l'eau ; une grande quantité de terre sèche recouvre cette construction. Le pain ainsi obtenu est, dit-on, suffisamment cuit.

Le tout pèse 80 kilogr. ; un mulet porte le four en question dont la contenance est de 50 pains de une livre.

Les Anglais apprécient beaucoup ce four fort simple, il est vrai, mais qui n'est pratique que dans une armée dont l'élément européen est peu nombreux.

Moyens de transport. — Le corps anglais a fait usage de plusieurs types de voitures :

1° La charrette à 2 roues, attelée par 2 mulets ou 2 zébus. Cette voiture, en usage aux Indes, peut porter 440 kilos en marche ; en station elle est chargée à 500 kilos ; les mulets de l'Inde sont très petits, mais nerveux et faciles à nourrir ; le harnachement est composé de manière à recevoir sur des bâts appropriés le sac des conducteurs ou tout autre colis. Cette voiture paraît excellente ;

2° La charrette à 4 roues, ou à 2 roues, du Japon. Elle a été utilisée pendant longtemps, en y attelant des chevaux chinois, en vue du transport des denrées. La voiture à deux roues a même été employée pour suivre les troupes dirigées sur Pékin ; 3 coolies indiens étaient chargés de la traîner ;

3° Des voitures à 2 roues pour le service de l'eau, ce véhicule comporte un récipient cylindrique formant citerne ; il est rivé et est traîné par des coolies.

La morve s'est déclarée en novembre, sur les chevaux chinois ; il a été nécessaire d'en abattre un assez grand nombre.

Le zébu a été amené en Chine à titre d'essai. Cet animal n'a pas souffert du régime auquel il a été soumis ; les résultats obtenus sont d'autant plus satisfaisants que le zébu a échappé à la peste et à la fièvre aphteuse, affections qui ont décimé le bétail des subsistances. Le zébu est facile à nourrir ; sa marche est lente mais il traîne des chargements importants et ne se fatigue pas aisément.

Denrées. — Les premiers approvisionnements ont été apportés par les troupes venant de l'Inde ou de l'Australie. Ils étaient composés de denrées pour les européens, pour les soldats indiens et australiens et aussi pour les nombreux coolies arrivés au début de l'expédition ; l'approvisionnement des fourrages en foin, paille, avoine, considérable en raison du grand nombre d'animaux à nourrir, a été envoyé par l'Australie. L'Inde a fourni également l'avoine.

Il convient de signaler ici deux produits spéciaux à l'armée anglaise qui paraissent rendre d'utiles services à l'alimentation des animaux.

Il s'agit de pains de 80 livres (36 kilos) confectionnés avec de la paille hachée et pressée. Cette fabrication permet de conserver sous un volume très réduit une denrée qui peut se placer partout, même à l'air, sans craindre une altération. Ce produit vient d'Australie ; les chevaux le mangent avec plaisir.

On donne aux chevaux en remplacement d'avoine une légumineuse préalablement concassée provenant de l'Inde. Cette graine, appelée « gream », est mangée par les chevaux avec beaucoup d'appétit. Les Anglais en ont expédié dans l'Afrique du Sud. Le gream passe pour être rafraîchissant et nourrissant à la fois. Il serait peut-être intéressant d'acclimater cette plante en Indo-Chine.

Bétail. — Dès leur arrivée en Chine, les Anglais ont constitué un troupeau de 400 bœufs et de 1 000 moutons achetés à Shanghaï. Après avoir perdu 30 bœufs succombant aux atteintes de la peste, ils ont renoncé à tout approvisionnement de l'espèce bovine et ont porté à 4 000 le chiffre des moutons entretenus.

Le troupeau de moutons se trouvant placé dans de mauvaises conditions d'hygiène a été atteint, en partie, par la fièvre aphteuse ; l'épidémie a sévi pendant 20 jours en décembre 1900 ; les pertes de ce fait se sont élevées à plus de 500 têtes.

Composition des rations. Taux. — La ration est la même pour l'officier et pour la troupe. Les uns et les autres reçoivent tous les jours une ration à titre gratuit ; elle est de composition différente suivant qu'elle s'applique à un européen, à un soldat indien ou à un australien.

Les rations sont perçues pour le corps entier, la répartition est faite ensuite au corps même, à l'aide d'instruments de pesage que celui-ci possède en tout temps.

Le taux de la ration est le suivant :

1° Européens et australiens.

Pain	1 livre	ou	453 gr.(1).
Viande	1 —		453
Pommes de terre ou légumes frais . . .	1 —		453
Riz.	3 onces		81
Thé	1 —		27
Sucre.	2 —	1/2	68
Sel	2/3 once		18
Chauffage	3 livres		1k 359

L'Australien reçoit en plus du rhum et 1 once de coco.

Enfin, sur l'ordre du médecin, ou du chef de corps, on distribue une ration de 0l,08 de rhum.

2° Indiens (soldats et coolies).

Farine ou riz		1 livre 1/2	ou	566 gr.
Gream (léguminceux) .		4 onces	ou	108
Graisse		2 —		54
Piment		1/6 once		5
Tomreck	condiments.	1/6 —		5
Mango	condiments.	1/2 —		13
Sucre ou cassonade. .		2 onces 1/2	ou	68
Légumes frais		1 livre	ou	453
Mouton		1 — 1/2		566 (2).
Sel		2/3 once		18
Thé.		1/2 —	ou	14

Taux de la ration de fourrage.

Chevaux.		Par jour.
Paille ou foin	20 livres ou	9k » gr.
Avoine ou gream . . .	10 —	4 500
Zébus.		**Par jour.**
Paille ou foin.	10 — ou	4k 500
Son et tourteaux. . . .	5 —	2 225

(1) En route la ration est portée à 566 gr.
(2) Une fois par semaine.

Cessions remboursables. — Il est constitué un stock de denrées alimentaires telles que : conserves de viandes ou de légumes, condiments, huile, vinaigre, fromage, lait, fruits de conserve, etc., qui peuvent être cédés, à charge de remboursement, aux officiers seulement. Les denrées de cette nature sont nombreuses, le choix en est considérable.

Solde des officiers. — La solde des officiers varie selon l'arme, mais la différence est peu sensible ; elle varie également suivant que l'officier est attaché à une troupe européenne ou indienne ; elle est la suivante par an :

Général en chef	100 000	roupies ou	140 000 fr.
Général major	42 000	—	58 800
Colonel	26 400	—	36 960
Lieutenant-colonel	17 124	—	23 973
Major	7 680 (a)	—	10 752
	10 920 (b)	—	15 288
Capitaine	4 980 (a)	—	6 972
	5 676 (b)	—	7 946
Lieutenant	2 424 (a)	—	3 393
	3 924 (b)	—	5 493

En Chine, l'officier attaché à une troupe indienne a touché la solde ci-dessus, les officiers affectés à une troupe européenne ont reçu la solde des colonies qui est à peu près égale à celle des officiers de troupe de l'Inde, plus le chauffage et l'éclairage en nature ainsi que le logement.

Au moment de l'entrée en campagne, il n'est pas alloué d'indemnité spéciale aux officiers, mais, en fin de campagne, chaque officier reçoit une somme d'argent assez élevée, suivant le grade.

Aux Indes, et dans toutes les colonies, les officiers occupent des maisons confortables qui leur sont fournies par l'État, un mess est mis à leur disposition, le matériel de ce mess est fourni gratuitement.

Solde des troupes. — La solde varie suivant l'arme. Celle de

(a) Troupes anglaises.
(b) Troupes de l'Inde.

l'infanterie est ainsi fixée (les armes spéciales: artillerie, génie, cavalerie, reçoivent une solde un peu plus élevée):

Soldat.	1 schilling		ou		1f 25	environ.
Lance koper	1	—	3 pence	ou	1 55	—
Caporal	1	—	8 —		2 05	—
Lance sergent . . .	2	—	ou		2 50	—
Sergent	2	—	4 pence		2 58	—
Colour sergent . . .	3	—	ou		3 75	—

Les Australiens touchent la même solde.

La solde des Indiens est la suivante :

Soldat.	12 schillings par mois ou	15f	»	environ.
Lance koper	13 —	16	25	—
Caporal	15 —	18	75	—
Lance sergent . . .	18 —	22	50	—
Sergent	19 —	23	75	—
Colour sergent . . .	21 —	26	25	—

Aux Indes, les troupes reçoivent une solde inférieure à celle indiquée ci-dessus et elles sont tenues de pourvoir à leur subsistance.

Habillement. — Les hommes de troupe anglais reçoivent gratuitement tous leurs effets des magasins administratifs.

Un magasin d'habillement a été créé à Tien-Tsin pour le corps expéditionnaire et ce magasin a été largement pourvu de tous les effets et chaussures dont le corps pouvait avoir besoin. Pendant l'hiver, chaque homme a reçu : 2 paires de bas, 2 caleçons de laine, 1 jersey, 1 paire de gants fourrés et 2 kakis d'hiver ; en été, 2 kakis d'été.

Le kaki est fabriqué en Angleterre, c'est la maison Spiner et Cie, de Manchester, qui a le monopole de la fabrication du kaki. Son prix varie suivant la qualité.

Le prix de revient moyen du kaki est le suivant :

Pour officier	hiver.	7f »	le mètre.
	été.	5 50	—
Pour troupe	hiver.	6 »	—
	été.	5 »	—

La matière première est remise aux corps de troupe et les commandants d'unités font confectionner les effets à leur guise, à charge pour l'État de payer la main-d'œuvre.

Les effets d'habillement, de grand équipement, le linge et la chaussure sont confectionnés en Angleterre et expédiés ensuite aux colonies.

La chaussure des Anglais mérite une mention particulière. C'est le brodequin seul qui est porté, la cavalerie et l'artillerie portent une jambière en cuir fauve ou une molletière en laine kaki. Nous avons remarqué l'élégance du brodequin et sa solidité, les coutures sont solides, les clous sont nombreux et fins : la pointe de la chaussure est pourvue d'une fine bande de fer bien faite pour renforcer cette partie du brodequin.

Les objets en cuir méritent également d'attirer l'attention : les ceinturons, bretelles, courroies en cuir fauve ont belle apparence ; leur entretien paraît commode et la solidité de ce cuir n'est pas douteuse.

Les soldats Indiens s'habillent et s'équipent à leurs frais, seul le vêtement kaki leur est délivré gratuitement et confectionné.

Les Anglais ont fait fabriquer des lits en bois pour les Européens, des paillasses leur ont été délivrées ; les Sicks et autres indigènes de l'Inde ont couché sur des tapis spéciaux, ils ont reçu pour l'hiver 2 couvertures en laine. Le soldat indien couche sur des tapis indigènes placés sur le sol. On a délivré, en outre, pour l'hiver, aux Sicks et aux coolies indiens, un grand manteau composé de plusieurs peaux de mouton cousues.

L'étude de l'organisation anglaise présenterait un intérêt de premier ordre, puisqu'il s'agit exclusivement d'une armée coloniale, si le corps expéditionnaire britannique n'était pas composé, presque en totalité, de troupes indiennes. Dans ce corps, en effet, seul le service spécial aux officiers peut être comparé au nôtre, le régime de la troupe est trop particulier pour que nous puissions y faire des emprunts utiles. Je ne puis m'empêcher cependant de signaler le taux extrêmement élevé de la solde des officiers.

En ce qui concerne les vivres, les Anglais avec leurs colonies de l'Inde et de l'Australie, leurs établissements de Hong-Kong, Shanghaï et Weï-a-Weï et l'appui tant de leurs nationaux que de leurs banques, dans l'Extrême-Orient, avaient des ressources bien supérieures à celles dont nous disposions. Leurs approvisionnements étaient également plus faciles à réunir puisqu'ils n'avaient pas à se pourvoir de vin et qu'il leur était loisible de substituer le riz à la farine dans la ration des Sicks. Les approvisionnements du corps britannique ont, il faut le reconnaître, été constitués très largement; j'ignore si les commissaires anglais ont opéré économiquement.

Il semble, au surplus, que ce soit particulièrement aux points de vue de l'habillement et des moyens de transport que l'organisation anglaise doive être examinée.

L'étude de l'habillement entre plus particulièrement dans le cadre de celles qui doivent être faites par les corps intéressés.

J'ai décrit plus haut les systèmes des voitures employées par les Anglais, mais il appartient spécialement au train des équipages de formuler, à cet égard, une appréciation.

III. — CORPS EXPÉDITIONNAIRE JAPONAIS

Effectif : { Hommes . . . 4500
Chevaux . . . 720

Organisation du service. — Le corps expéditionnaire japonais a été formé par la 5ᵉ division et son service administratif composé comme suit :

I. — 1 intendant directeur, rang de colonel, avec 1 sous-intendant en résidence à Pékin ;

1 intendant, rang de chef de bataillon, avec 1 sous-intendant, chargé des finances et de l'habillement, en résidence à Tien-Tsin ;

1 intendant, rang de chef de bataillon, avec 1 sous-intendant, chargé des subsistances, en résidence à Tien-Tsin.

Les fonctionnaires de l'intendance se recrutent parmi les capitaines et lieutenants de l'armée, par voie de concours. Ils font un séjour de 2 ans à l'école d'administration de Tokio (section spéciale).

II. — 12 officiers de l'intendance ayant rang d'officier et l'assimilation, mais ne dépassant pas le grade de capitaine. C'est le personnel qui a la charge des approvisionnements de toute nature; il provient des sous-officiers de l'armée et passe deux ans à l'école d'administration de Tokio (section spéciale).

III. — 40 sous-officiers d'intendance. Ce personnel forme une catégorie spéciale de sous-officiers; il ne peut aspirer au grade d'officier. C'est le personnel secondaire chargé de l'exécution du service dans les bureaux et magasins.

IV. — Du personnel des secrétaires recrutés parmi des civils rétribués en conséquence.

V. — De soldats pris dans les régiments d'infanterie, suivant les besoins du service, pour les manutentions, travaux d'expédition, etc.

Moyens de transport. — Le corps japonais a fait emploi de voitures apportées du Japon; un type à deux roues, un autre à quatre roues, chaque voiture pouvant être attelée à un cheval. Dans la pratique la voiture à quatre roues est seule attelée à un cheval, celle à deux roues est traînée par des coolies.

La voiture à 4 roues se prête particulièrement au transport des colis volumineux; son chargement maximum est de 600 kilogrammes. Celle à 2 roues est utilisée pour le transport des bagages à la suite des troupes; elle permet de porter 250 kilos. L'attelage a été fourni par des chevaux du Japon.

Denrées. — Le corps japonais a apporté avec lui les approvisionnements de denrées nécessaires, ainsi que le fourrage. Il continue à tirer du Japon à peu près tout ce dont il a besoin.

Bétail. — Quelques bœufs amenés du Japon ont assuré, au début des opérations, la petite ration de viande fraîche, donnée à la troupe.

Actuellement, il n'est pas constitué de troupeaux; les achats effectués sur place, suivant les besoins, assurent le service.

Les pertes dues à la peste se réduisent à quelques têtes de bétail.

Fourrages. — Le foin est de bonne qualité, il est herbeux, de couleur vert pâle, les animaux le consomment avec plaisir. Le paddy distribué est très beau.

Composition de la ration. — Il existe une seule ration commune à l'officier et à la troupe. Cette ration journalière est ainsi composée :

Riz	6 gô	soit	0^k,900 gr.
Viande fraîche	40 moumés,	—	0 400
ou			
Poisson salé	20 —	—	0 200
ou			
Poisson sec	30 —	—	0 300
Choux { légumes frais	40 —	—	0 400
ou			
Choux { légumes secs	15 —	—	0 150
ou			
Choux { légumes salés	15 —	—	0 150
Prunes salées	12 —	—	0 120
Sel	»	environ	0 30
Thé	»	—	0 15
Sauce de fruits	4 shako	soit	8 10 centilitres.
Saké	1/2 verre	—	0 20 —

En marche, la ration de viande est augmentée de 70 grammes.

Le général en chef peut allouer 30 grammes de sucre par jour, 10 cigarettes et, par semaine, 5 œufs.

Le soldat japonais fait 3 repas par jour : à 6 heures du matin, riz bouilli, avec sauce de fruit, 4 prunes, thé sans sucre ; à midi, riz bouilli, soupe de viande ou de poisson, prunes ; à 7 heures du soir, riz bouilli, soupe de viande ou de poisson, saké.

Les distributions ont lieu tous les 5 jours en station, et tous les jours en route.

Taux de la ration des fourrages. — Le taux de la ration du cheval japonais est le suivant :

Avoine	5 cho, soit, environ		3^k,500
Foin	1 cane,	—	2 »
Paille	1 cane,	—	2 »

Solde des officiers. — La solde des officiers comprend des frais de table.

Le tableau ci-dessous indique la solde en yens, par an et payable le 25 de chaque mois.

GRADES.	SOLDE nette.	FRAIS de table.	INDEMNITÉ de logement.	INDEMNITÉ spéciale en Chine.	TOTAL.	DÉCOMPTE en francs.
Maréchal	3 000	3 000	300	2 400	8 700	22 620
Lieutenant-général	2 000	2 000	225	1 600	5 825	15 145
Général-major	1 575	1 575	150	1 260	4 560	11 856
Colonel	1 126	1 136	120	904	3 286	8 543
Lieutenant-colonel	816	936	105	700	2 557	6 648
Major	516	636	84	460	1 696	4 409
Capitaine, de 1re classe	300	540	57	336	1 233	3 205
Capitaine, de 2e —	300	420	57	290	1 067	2 774
Lieutenant, de 1re classe	228	312	48	216	804	2 090
Lieutenant, de 2e —	228	304	48	212	792	2 059
Sous-lieutenant	180	180	42	144	546	1 419

Le tarif ci-dessus est en vigueur depuis 18 mois; il n'y a qu'un seul tarif applicable à tous les officiers, quelle que soit leur arme.

Au moment de sa nomination, l'officier non monté reçoit une indemnité de 208 francs, l'officier monté touche 312 francs.

Lors de leur venue en Chine, les officiers ont reçu un mois de solde, à titre de supplément.

Solde de la troupe, en yens.

GRADES.	AU JAPON.	SUPPLÉMENT en CHINE.	TOTAL.	DÉCOMPTE en FRANCS.
Feldwebel, 1re classe	300 »	150 »	450 »	1 170 »
Feldwebel, 2e —	240 »	120 »	360 »	936 »
Sous-officier major, 1re —	201 »	100 50	301 50	783 90
Sous-officier major, 2e —	180 »	90 »	270 »	702 »
Sous-officier, 1re —	108 »	54 »	162 »	421 20
Sous-officier, 2e —	54 »	27 »	81 »	210 60
Caporal	18 »	9 »	27 »	70 20
Soldat, 1re classe	14 40	7 20	21 60	56 16
Soldat, 2e —	10 80	5 40	16 20	42 12

La solde est payée tous les dix jours; elle est la même pour toutes les armes.

Les rengagés reçoivent un supplément de solde journalière peu élevé et une prime annuelle.

Habillement. — Il n'a pas été constitué de magasin d'habillement en Chine; les magasins de la 5e division ont pourvu aux besoins au moyen d'envois du Japon.

Au Japon, le service de l'intendance livre aux corps les draps, les chaussures confectionnées et les objets de petit équipement. Dans chaque corps, des ateliers confectionnent les effets d'habillement.

Pendant l'expédition de Chine, le soldat japonais a pris sa tenue de campagne normale, c'est-à-dire le drap pour l'hiver et deux vêtements de toile blanche pour l'été. La tenue kaki était devenue réglementaire au mois de juillet 1901.

Les Japonais couchent sur une natte et sont munis d'une couverture rouge. Des vêtements garnis de peau de mouton à l'intérieur ont été délivrés aux hommes qui ont hiverné au Petchili.

Le corps expéditionnaire français n'a rien à emprunter aux Japonais, pas même les systèmes de leurs voitures beaucoup trop faibles, à mon sens, pour résister pendant une marche en colonne.

Les Japonais ont des mœurs et une nourriture particulières. Leurs soldes ne peuvent être comparées aux nôtres.

IV. — CORPS EXPÉDITIONNAIRE AMÉRICAIN

Aux États-Unis, la direction des services administratifs de l'armée est exercée par un quartier-maître, ayant rang de général; il est assisté par les officiers du corps des commissaires.

Le service de la solde de l'armée forme une branche spéciale dirigée par un payeur ayant rang d'officier.

En Chine, le service administratif a été assuré par trois commissaires, l'un du grade de major, les autres du grade de sous-lieutenant, avec un payeur pour la solde, et du personnel civil.

Le service fonctionne de la manière suivante : à l'aide de contrats passés avec des civils qui accompagnent l'armée, les fourrages, le chauffage sont fournis au jour le jour; il en est de même pour le pain frais, chaque soldat recevant, journellement, une livre de pain frais avec une livre de viande fraîche. Les bœufs ou moutons sont achetés sur pied, puis abattus par des civils, en présence d'un vétérinaire et de soldats armés, afin d'éviter toute substitution.

Le soldat a droit à deux repas complets, sans vin ni bière ; il y est pourvu au moyen d'achats faits sur place par le commissaire aux vivres. Parfois, souvent même, on alloue au soldat une indemnité tenant lieu de vivres. Les repas se composent de volailles, légumes frais, œufs avec pain frais, viande fraîche. En marche ou en opérations, on a recours à des approvisionnements de conserve entretenus par des fournisseurs civils.

En outre des vivres, le soldat américain reçoit l'habillement, l'équipement, le linge et la chaussure, tous ces effets confectionnés. Le corps américain a constitué un stock d'effets de toute nature à Tien-Tsin.

La solde mensuelle d'un soldat peut être évaluée à 20 dollars or, par mois, soit environ 100 francs.

Les moyens de transport se réduisent à un type de voiture à 4 roues attelée par deux mulets remarquables de taille et d'allure.

Le soldat américain est largement payé, mais sa subsistance dépend de son initiative lorsqu'il touche l'indemnité au lieu de la ration en nature ; or, il n'est pas douteux que, plus que tout autre, l'Américain sait vivre sur le pays au grand détriment de la population.

Ce système, qui incite l'homme aux déprédations, et le met à la merci des gens qui suivent les armées pour les exploiter, n'assure aucunement la subsistance dans les conditions difficiles ; il ne saurait être adopté par une nation civilisée.

V. — CORPS EXPÉDITIONNAIRE ALLEMAND

Effectif : { Hommes . . . 19 600
Chevaux . . . 2 700

Organisation du service. — Un intendant ayant rang de général est directeur des services administratifs de l'armée alliée. Il réside à Pékin et fait partie de l'état-major du feld-maréchal Waldersee. A Tien-Tsin, un intendant, du rang de colonel, est directeur du service administratif du corps expéditionnaire allemand.

Des magasins de subsistances sont établis dans les diverses places. Suivant l'importance de celles-ci les magasins prennent le titre de magasins principaux ou magasins secondaires.

Les magasins principaux sont au nombre de 3, savoir : Pékin, Pao-Ting-Fou et Tien-Tsin. Ce dernier est le plus important ; il a la réserve du matériel et les gros approvisionnements de fourrages et de conserves.

Les magasins secondaires sont à Yang-Tsoum, Chan-Haï-Kouan Tong-Kou.

Moyens d'exécution. — Personnel. — L'intendant directeur dispose :

1° De conseillers d'intendance ayant rang d'officiers supérieurs;

2° De secrétaires d'intendance ayant rang d'officiers subalternes. Ce personnel est plus spécialement chargé de la vérification des comptabilités des corps de troupe et établissements ; il provient d'engagés volontaires, lesquels, après une année de service dans un corps de troupe (et s'ils ont satisfait à un examen préalable), accomplissent un nouveau stage de six mois dans un corps autre que celui où ils ont été incorporés, et forment le corps des « Zahlmeister-Aspiranten » qui ont rang de sous-officier ;

3° Du personnel technique des subsistances c'est-à-dire des Feld-proviant-Assistanten (adjoints) et des Feld-Bäcker (boulangers) ayant tous rang d'officier ;

4° Des auxiliaires (aspirants du corps des Zahlmeister-Aspiranten), ouvriers bouchers, en bois, en fer et de professions diverses appartenant aux corps de troupe (ce personnel, bien qu'affecté au corps, est attribué au service administratif qui l'emploie, suivant les ordres du général en chef, après qu'il a reçu l'instruction militaire pendant six mois dans un corps de troupe) et ouvriers boulangers de la boulangerie militaire de campagne. Ces ouvriers forment un corps spécial, avec l'uniforme du train, mais, comme arme, ils reçoivent le sabre-baïonnette de l'infanterie au lieu du sabre; le chef technique de cette unité est le Feld-Bäcker, sous l'autorité de l'intendant.

A Tien-Tsin, Pékin, Pao-Ting-Fou, qui sont des magasins principaux, il existe : 1 Feld-Proviant-Meister, 2 Feld-Magazin-Assistanten, 1 Feld-Bäcker et, dans les magasins secondaires, 1 Feld-Magazin-Assistant avec du personnel auxiliaire ;

5° Des coolies chinois.

Matériel. — Le matériel des subsistances se distingue en deux parties : le matériel des magasins et le matériel de boulangerie de campagne.

Le matériel de boulangerie comprend des fours avec accessoires, des fours de construction étant installés en station ; les fours de campagne sont restés en caisses.

La boulangerie de campagne du corps allemand se compose de 15 fours, 8 ancien modèle et 7 d'un modèle récent.

Le modèle ancien a quelque analogie avec le four à augets Geneste et Herscher, il est plus grand cependant. Il est composé de travées de voûte assemblées entre elles et formant une série d'augets ; la travée de bouche est renforcée par une plaque de tôle, forte et de grande dimension, celle du fond du four reçoit la cheminée. Ce four ne comporte pas de panneaux de sole, il se monte directement sur le sol et on le recouvre de terre. C'est un instrument essentiellement démontable et transportable sur chariot. En Chine, il a été utilisé comme four permanent avec sole en briques. Sa contenance est de 180 rations.

Le chariot qui le transporte est chargé du matériel accessoire pour la fabrication.

Le four du modèle récent est monté sur roues ; il est cylindrique et est pourvu de tous les accessoires. Il forme une voiture attelée à 4 chevaux. C'est un four roulant appelé à être chauffé pendant la marche. En Chine, ce four n'a pas été utilisé. Il eût été difficile, au surplus, de le mettre en mouvement sur une route quelconque de la Chine. Son envoi au corps expéditionnaire a été une erreur.

Denrées. — Les Allemands ont, en principe, apporté avec eux les approvisionnements nécessaires à la troupe.

Ils fabriquent le pain avec de la farine de seigle, mélangée à la farine de froment dans la proportion de 3/4 de seigle et 1/4 de froment.

Magasins. — Les Allemands n'utilisent que quelques immeubles : leurs denrées sont déposées dans des magasins construits avec de la paille recouverte de mortier, sur une charpente en bois ; les grains sont abrités sous des tentes et les fourrages sont à l'air. Quelques tas sont recouverts de nattes ou de prélarts.

Moyens de transport. — Le seul moyen de transport employé est le chariot. Il se prête au chargement des denrées, du matériel et même du fourrage. Il peut transporter 1 100 kilos. Les boulangeries ont un système de voiture spécial.

Pour leur ravitaillement, les allemands ont employé, concurremment, la voiture chinoise et les brouettes ; ils ont utilisé, dans une très grande mesure, la voie d'eau.

Bétail. — Le corps allemand avait prévu la constitution de troupeaux de bœufs à Tong-Kou et à Tien-Tsin. Ces troupeaux devaient être établis dès la fin septembre. Un fonctionnaire de l'intendance, accompagné d'un personnel spécial, s'était rendu en Australie, dès le mois de juillet, avec la mission d'acheter 5 000 bœufs pour le corps expéditionnaire. L'achat eut lieu et les arrivages commencèrent vers le 25 septembre 1900 ; les animaux furent parqués sur des emplacements contaminés par la peste bovine et ils eurent à souffrir des privations causées par leur grand nombre et par la chaleur.

Dès l'arrivée, la mortalité devint sérieuse. On décida de multiplier les parcs ; Pékin, Yang-Tsoum reçurent plusieurs centaines de bœufs. Les soins, la nourriture, rien n'y fit ; en quelques semaines le troupeau disparut et dès le 10 novembre on eut recours aux achats sur place.

Sur 3 000 têtes de bétail, les Allemands en ont perdu plus de la moitié et le vétérinaire a rejeté des distributions plusieurs des animaux abattus en vue de la consommation.

De leur propre aveu, ils ont fait une opération extrêmement onéreuse en achetant en Australie des bœufs dont le prix de revient se trouvait naturellement élevé.

Au 1er juillet 1901, leurs parcs contenaient 10 jours de viande, moitié bœufs, moitié moutons ; les pertes étaient rares.

Fourrages. — Le corps allemand a emporté d'Europe des approvisionnements considérables de foin pressé et d'avoine. Sur place, il a modifié l'alimentation, en y faisant entrer de la paille et du paddy.

Observations sur la qualité des denrées. — Le pain fabriqué présente la forme d'un rectangle avec des baisures sur les petits et grands côtés. Il est épais, lourd à la main et manque de saveur; la présence de la farine de seigle lui donne une couleur noire et le rend peu propre à la fermentation panaire. Sa cuisson demande un chauffage prononcé et plus de temps que s'il s'agissait de pain de froment.

Les autres denrées, les fourrages sont de bonne qualité et bien lotis.

La viande fraîche est abattue comme il convient; elle a bien ressué avant la distribution.

Composition des rations. — La composition et le taux de la ration, en Chine, ont été fixés ainsi qu'il suit :

1° VIVRES.

Pain	750 gr.	
Viande fraîche	375	(un jour bœuf, un jour mouton).
Conserves de bœuf . .	200	
Pommes de terre . . .	1 500	
ou lentilles, petits pois, haricots.	250	
Riz, nouilles ou macaronis, en remplacement de légumes secs.	125	
Sel	25	
Café	25	
Sucre	50	
Thé	3	
Fruits confits.	375	(deux fois par semaine).
Cigare.	1	
ou tabac.	8 gr.	

Cette ration est journalière; elle est uniforme : officiers supérieurs et subalternes, sous-officiers et soldats ont droit à une seule ration par jour.

Indépendamment de ladite ration, il est alloué à chaque rationnaire, au titre des dons de l'Empire :

Une bouteille de vin par semaine (un litre);

1/10 de litre d'eau-de-vie;

Le chauffage et l'éclairage.

L'autorité allemande a décidé de délivrer aux troupes une ration journalière de 25 centilitres de vin, à partir du 15 avril 1901.

2° Fourrages.

Le taux des rations de fourrages varie suivant l'espèce des animaux.

Il est pour le cheval allemand :

Foin.	5k
ou paille.	10
Avoine.	5 500

Pour le cheval chinois :

Foin.	3k
ou paille.	6
Avoine ou paddy . . .	3

Solde des officiers. — La solde des officiers varie suivant l'arme. Dans l'infanterie elle est conforme aux indications du tableau ci-après dont les chiffres sont exclusifs de toute indemnité. Cependant, en Chine, un supplément uniforme de 14 marcks par jour a été alloué à chaque officier.

DÉSIGNATION des GRADES.	SOLDE.	INDEMNITÉ en CHINE.	TOTAL.	DÉCOMPTE en FRANCS.
	Marcks.	Marcks.	Marcks.	fr. c.
Feld-maréchal.	35 208	5 100	40 308	50 385 »
Général lieutenant.	21 438	5 100	26 538	33 172 50
Général major.	14 180	5 100	19 280	24 100 »
Colonel	10 816	5 100	15 916	19 795 »
Lieutenant-colonel.	7 995	5 100	13 095	16 368 75
Major	6 340	5 100	11 440	14 300 »
Capitaine . . . { de 1re classe	5 694	5 100	10 794	13 492 50
Capitaine . . . { de 2e —	4 484	5 100	9 584	11 980 »
Lieutenant.	2 328	5 100	7 428	9 285 »
Sous-lieutenant	1 728	5 100	6 828	8 535 »

Le feld-maréchal et les généraux reçoivent des indemnités spécialement fixées pour la campagne.

Solde de la troupe. — La solde est celle d'Allemagne avec un supplément journalier uniforme pour tous les grades, soit :

Grade	Marks			Francs	
Soldat.	13mk,50	soit en fr.		16 87	par mois.
Gefreite	16	50	—	20 62	
Sous-officier . . .	36	»	—	45 »	
Sergent	49	50	—	53 87	
Vice-feldwebel . .	57	»	—	71 25	
Feldwebel	90	»	—	112 50	

Tous les hommes engagés pour l'expédition touchent une prime mensuelle de 6 marcks (7 fr. 50 par mois). Il leur sera, en outre, alloué, en fin d'expédition, ou à la fin de l'année 1901 pour celles des troupes qui n'auraient pas été rapatriées à cette époque, une gratification de 50 marcks (62 fr. 50).

Dans l'armée allemande, il n'est accordé de gratification, ni de supplément, à qui que ce soit.

La solde de la troupe est payée tous les dix jours.

Habillement. Couchage. — En Allemagne, chaque corps possède ses magasins et ateliers de confection ou réparations. Les hommes classés dans les services auxiliaires sont spécialement attachés aux magasins ou ateliers des corps. Ce personnel est composé des malingres et des hommes du contingent reconnus inaptes au service armé ; les militaires de cette catégorie ne sont pas armés, et, en temps de guerre, ne sont pas mobilisés ; la durée de leur service est de deux ans. Les magasins d'habillement et ateliers de confection sont placés sous l'action immédiate de l'intendance.

Le service de l'habillement, en Chine, a été confié à un officier supérieur (major) assisté d'un personnel d'hommes de troupe. Les magasins ont été installés à Tien-Tsin, l'intendant n'a eu d'action que sur la tenue de la comptabilité ; le major chargé de ce service recevait les ordres du général en chef. C'était là, au surplus, une organisation particulière à l'expédition de Chine.

Le corps allemand est venu en Chine avec la tenue de campagne d'Europe ; le magasin d'habillement a ensuite doté chaque homme de chaussettes et gilets en peaux de mouton ou de chat pour le service des sentinelles pendant l'hiver.

2 complets kaki, avec un casque, en remplacement du chapeau de paille, apporté au mois de septembre 1900, et une chaussure spéciale ont été délivrés à chaque homme, pour l'été. (Cette chaussure est munie d'une semelle en cuir, l'empeigne est en toile à voile cachou.)

Les hommes ont couché sur des sacs à paille, posés sur des lits de camp, puis, en juin, chaque soldat a reçu une moustiquaire.

Il est intéressant de noter que les Allemands ont donné à leurs hommes du campement en aluminium bruni et des objets tels que: tente-abri, musette, en toile imperméable cachou.

Pendant la période d'occupation, le service de l'habillement sera placé sous la direction d'un conseiller d'intendance, alors qu'au cours de l'expédition proprement dite ce service a été dirigé, comme il est dit plus haut, par un officier supérieur, le rôle de l'intendance restant secondaire.

On voit qu'en personnel aussi bien qu'en matériel, le service administratif du corps expéditionnaire allemand a été remarquablement pourvu; on sait, d'ailleurs, quelle importance les Allemands apportent à tout ce que nous appelons les services auxiliaires; chez eux tout est spécialisé, tout fonctionne méthodiquement, suivant des règles qui laissent peu de place à une initiative autre que celle des chefs supérieurs. Il est hors de doute que notre nature s'accommoderait mal de ces réglementations étroites, et je suis disposé à croire qu'avec un personnel beaucoup moins hiérarchisé, et plus réduit, nous avons produit autant. Je pense également que, toutes choses égales d'ailleurs, nos opérations ont été plus économiques.

Le service administratif du corps expéditionnaire français n'a pas eu à intervenir dans les engagements de coolies japonais et coréens, non plus que dans les achats de chevaux d'Australie dans l'Inde et en Corée, mais je suis bien persuadé que le prix moyen de revient des chevaux importés par nous n'a pas atteint le chiffre de 2 412 marcks (3 015 fr.) auquel la note présentée au Reichstag, à l'appui de la demande des crédits pour l'expédition de Chine, évalue le coût d'un cheval rendu en Chine. Je m'empresse de dire, au surplus, qu'il est impossible d'établir une comparaison entre les chevaux mis à la disposition des officiers du corps français et les magnifiques animaux sur lesquels nous avons vu, tous les jours, circuler les officiers allemands. Si les troupes allemandes ont été mieux habillées que les nôtres, elles ont été moins bien nourries.

Le matériel de toute nature apporté par les Allemands, prélevé d'ailleurs sur les dotations de mobilisation et choisi dans les modèles les plus récents (note au Reichstag), est incontestablement remarquable ; l'habillement et le harnachement des officiers sont absolument supérieurs à ceux de nos officiers, mais la solde des officiers allemands est, dans une grande proportion, plus élevée que celle des Français. Je serais fort surpris que le total des sommes dépensées au titre du chapitre 61 (Dépenses autres que celles de la flotte) jusqu'au 31 mars 1901, pour 17 327 officiers et hommes de troupe français (effectif au 1er janvier 1901) se rapprochât de 12 384 300 marcks (154 803 750 fr.) auxquels le budget allemand (*Ostasiatisch Lloyd,* 21 déc. 1900) évalue les dépenses faites pendant la même période, par l'Allemagne, pour 19 602 officiers et hommes de troupe. Je crois, d'après les renseignements recueillis de divers côtés, que les Allemands ont fait, particulièrement en matière d'achats de chevaux et de bœufs, et aussi en matière d'affrètements, des fautes lourdes ; au point de vue économique, le seul auquel je sois fondé à me placer, l'expédition française aura sur l'expédition allemande une supériorité incontestable.

VI. — CORPS EXPÉDITIONNAIRE RUSSE

Organisation du service. — Au mois de septembre, et jusqu'à la fin de novembre, le service administratif était dirigé par un colonel d'intendance ayant sous ses ordres quelques officiers d'intendance.

Actuellement, le corps du Petchili, dont l'effectif est extrêmement réduit, est administré par un capitaine intendant résidant à Tien-Tsin.

Moyens d'exécution. Personnel. — Le service administratif russe ne dispose que du personnel du corps des intendants et, comme auxiliaires, d'un certain nombre de soldats des corps attachés aux magasins.

Dans chaque régiment ou dans un bataillon isolé, un officier appelé « quartirmistre » est plus spécialement chargé du train et des fonctions attribuées chez nous à l'officier d'approvisionnement. Il a pour mission de faire fabriquer le pain, abattre le bétail, etc.

Matériel. — Chaque régiment, bataillon ou compagnie, possède tous les moyens propres à assurer sa subsistance. Les chefs de troupe disposent de fours, d'outils et de fourneaux roulants pour la cuisson des aliments.

Denrées. — Les seuls approvisionnements venus de Port-Arthur, sont : la farine, l'avoine, le foin pressé, des légumes secs et du votka dont il a été constitué des stocks à Pékin, à Tien-Tsin et à Tong-Kou. Les autres denrées ont été achetées sur place, par chaque chef de troupe, et dans les limites d'une indemnité qui est payée par le chef du service administratif. Les chefs de troupe ont également acheté, dans le Petchili, du foin en vrac, de la paille, du riz, le combustible et les matières d'éclairage ; à leur départ ils ont cédé aux corps expéditionnaires européens une partie de leur approvisionnement.

Le corps français a acheté à l'intendance russe du foin en vrac, au prix de 4 fr. 94 le quintal.

Qualité des denrées. — Le pain fabriqué par les Russes est composé de farine de seigle pure. Ce pain, de couleur noire, est lourd à la main, mais n'est pas désagréable au goût ; le soldat russe, qui y est habitué, l'apprécie beaucoup. Ce pain forme la base essentielle de l'alimentation du militaire russe. La cuisson, prolongée à dessein, lui donne une croûte épaisse, et la présence de bas produits de mouture contribue à conserver le pain à l'état frais pendant plusieurs jours. C'est une sorte de pain complet. On le distribue pour quatre jours en station.

Pendant les routes et en cas d'opérations, on donne au soldat du pain pour un plus grand nombre de jours, mais seulement si les moyens de transport le permettent; le soldat russe, du moins au corps expéditionnaire de Chine, se contente d'une ration de pain, complétée par des légumes secs (choux desséchés et comprimés) et de la graisse condensée.

Avec du pain grillé, infusé dans l'eau chaude, il dispose d'une boisson qui lui plaît.

Pendant les opérations de guerre, le soldat vit de ces aliments; il ne reçoit que rarement de la viande fraîche et parfois seulement du votka.

Composition des rations. — La ration du temps de guerre est fixée comme il suit, mais, s'il est prescrit de donner au soldat russe, et à l'officier *si cela lui convient,* les denrées ci-après, ou leur équivalent, le chef de troupe conserve la faculté d'appliquer ces prescriptions selon ses vues personnelles.

Pain	2 liv. 1/2 environ	1^k, » gr.	
ou			
Biscuit	1 3/4 —	0 700	
Viande fraîche	1 » —	0 400	
ou			
Conserves de bœuf	3/4 —	0 300	
Sel		0 15	
Légumes (chou sec)		0 100	
Beurre		5	
Farine		4	
Thé		1 gr. 1/2	
Sucre		3	
Poivre		1/6	
Votka		8 centilitres.	

La ration des chevaux comprend :

Foin ou paille	15 livres	ou	6^k » gr.
Grains (avoine)	13 — 3/4		5^k 500

L'officier russe n'a pas droit à la ration journalière. Mais, dans certains cas, lorsque les ressources du pays sont nulles par exemple, il peut percevoir la ration à charge d'en rembourser la valeur.

En Russie, dans chaque garnison, les officiers forment une sorte de coopérative qui leur procure les denrées d'alimentation, les effets d'habillement, de linge, de chaussure, etc. Ces associations sont gérées par la société des officiers et l'empereur leur attribue, chaque année, une somme qui varie suivant l'importance de la garnison. A Saint-Pétersbourg, l'association occupe un immeuble considérable construit pour cet usage sur les fonds de la caisse personnelle de l'empereur.

Les officiers du corps expéditionnaire de Chine relèvent de l'association de Port-Arthur. Ils ont tiré de cette place tout ce qui leur a été nécessaire, à des conditions de prix fort avantageuses.

Alimentation des cosaques. — Les cosaques du nord forment un corps particulier.

Ils ont droit aux prestations des autres soldats de l'armée russe; mais, dans la pratique, les chefs de troupe achètent ce qui leur convient, se procurent du grain qu'ils distribuent en l'état et que les hommes écrasent pour en faire des bouillies ou des galettes.

Il semble que les cosaques soient dépourvus de matériel pour la subsistance; le fourneau de cuisine n'existe pas chez eux, les soldats préparent leurs aliments par groupes de cinq hommes dans des ustensiles spéciaux.

Il a été impossible d'obtenir des indications précises sur l'alimentation des cosaques; leur solde serait dérisoire.

Les troupes russes qui ont fait partie du corps expéditionnaire appartenant presque toutes au corps des cosaques de la Sibérie on voit que le rôle de l'intendance de cette nationalité, en ce qui concerne le service des subsistances, n'a pas présenté beaucoup de difficultés.

Solde. — ***Officiers.*** — La solde est la même pour les officiers de toutes les armes.

Les troupes venues en Chine provenaient de la Sibérie. On leur a appliqué le tarif de cette province, soit :

TABLEAU.

GRADES.	SOLDE par an (roubles).	INDEMNITÉ de vivres par an (roubles.)	INDEMNITÉ de séjour en Chine (roubles).	TOTAL.	DÉCOMPTE en francs.
Général feld-maréchal	fixée par l'empereur.				
Général en chef	2 940	5 700	7 200	15 840	39 600
Lieutenant-général	2 472	4 200	3 600	10 272	25 680
Major général	2 004	2 700	2 880	7 584	18 960
Colonel	1 536	2 700	2 160	6 396	15 990
Lieutenant-colonel	1 344	1 560	1 440	4 344	10 860
Capitaine en premier	1 080	360	1 080	2 520	6 300
Capitaine en second	948	360	1 080	2 388	5 970
Lieutenant	876	96	540	1 512	3 780
Sous-lieutenant	804	»	540	1 344	3 350

L'officier est logé : à défaut, il reçoit, s'il est marié, une indemnité dont le taux varie suivant le district.

Les officiers venus en Chine ont reçu une indemnité spéciale, savoir :

L'officier marié : 4 mois de solde ;

L'officier célibataire : 2 mois de solde ;

Les officiers ont touché, en outre, une indemnité d'entrée en campagne fixée d'après le tarif ci-après :

Généraux	1 250 fr.
Colonel, lieutenant-colonel, capitaine en premier.	750
Capitaine en second, lieutenant	500
Sous-lieutenant	250

L'officier peut nourrir ses chevaux. Dans ce cas, il reçoit une indemnité.

Troupe. — La solde est unique pour les différentes armes. Elle est payée tous les deux mois, d'après le tarif ci-après et n'est susceptible d'aucune retenue.

GRADES.	SOLDE par an (roubles).	INDEMNITÉ de séjour en Chine (roubles).	TOTAL.	DÉCOMPTE en francs.
Feldvebel	36 »	18 »	54 »	135 »
Sous-officier 1re classe	27 »	13 50	40 50	101 25
Sous-officier 2e classe	7 80	3 90	11 70	29 25
Tambour-major	27 »	13 50	40 50	101 25
Trompette-major	27 »	13 50	40 50	101 25
Musicien de 1re classe	36 »	18 »	54 »	135 »
Musicien simple	9 30	4 60	13 90	34 75
Musicien élève	7 80	3 90	11 70	29 25
Tambour	5 55	2 70	8 25	20 62
Soldat 1re classe	5 55	2 70	8 25	20 62
Soldat 2e classe	5 25	2 60	7 83	19 62

Le rengagé reçoit, en outre, une gratification de 75 francs par mois, et une prime bisannuelle de 375 francs. Dans chaque compagnie, escadron ou batterie, il peut y avoir 3 rengagés au maximum, du grade de sous-officier.

Le rengagé, marié, a droit au logement en nature ou à une indemnité.

Au bout de 20 ans de service, le rengagé est rayé des cadres; on lui sert à son choix, soit une prime de 2 500 francs, soit une pension annuelle de 242 fr. 50, et il lui est attribué, le plus souvent, un emploi dans une des administrations de l'empire.

Habillement. — Couchage. — En temps de paix, en Russie, les effets sont distribués aux hommes pour une durée fixée; chaque district possède ses ateliers de confection, et, dans chaque régiment, sont entretenus des approvisionnements pour les réserves. Les draps sont fabriqués sous le contrôle de l'intendance, qui surveille également les ateliers de confection.

En ce qui concerne le linge (chemises, caleçons, mouchoirs, chaussettes), toutes les fois qu'il n'y a pas lieu de renouveler les stocks formant la réserve, il est remis aux unités de la toile, et chaque soldat confectionne lui-même les effets dont il s'agit. Le soldat russe ne porte pas de chaussettes, il coupe en deux la bande de linge qui lui est attribuée dans ce but et obtient ainsi 2 morceaux d'étoffe, qui servent à préserver ses pieds du contact du cuir de la botte. C'est de cette manière d'opérer qu'est venu le nom de « chaussette russe », objet dont l'emploi est recommandé au soldat français appelé à faire des marches. Ce genre de chaussette est très pratique; il est reconnu comme très efficace pour préserver des blessures.

On remet aussi aux unités le cuir pour la confection des bottes, lorsqu'il ne s'agit pas de renouveler l'approvisionnement; chaque homme fabrique lui-même ses bottes et le soldat russe se plaît à ce travail. On lui alloue une indemnité pour la main-d'œuvre et l'achat des menus objets.

Pendant l'expédition de Chine, il n'a pas été établi de magasins dans le Petchili. C'est la place de Port-Arthur qui a expédié tous les effets nécessaires aux corps, sans intervention de l'intendance.

Indépendamment de la tenue de campagne normale, on a distribué aux soldats russes, pour l'hiver, un capuchon en laine pourvu de 2 bandes de laine assez longues, formant cache-nez, qui servent à préserver du froid le cou et le visage.

Pour l'été, les militaires russes ont touché 2 vareuses en toile blanche et une coiffe blanche s'adaptant à la casquette.

Comme couchage, en station, il a été donné à chaque homme un lit en bois garni de foin posé sur des nattes. En route, le soldat russe s'abrite dans sa capote, les hommes couchent côte à côte et ils entretiennent des feux, près du bivouac.

De ce qui précède, et de ce qui nous a été rapporté par plusieurs officiers étrangers, il résulte que, si les officiers du corps expéditionnaire français ont été moins bien traités que ceux des autres nationalités, au point de vue de la solde, et si, dans son ensemble, particulièrement en été, en raison de l'adoption de la toile bleue, la tenue des soldats français a été moins militaire que celle des soldats des autres puissances (Italiens exceptés), par contre, le bien-être du militaire français a été, incontestablement, supérieur à celui des soldats de toutes les autres nations à côté desquelles nous avons vécu au Petchili.

De l'avis de tous, nous l'avons maintes fois entendu répéter par les intendants des diverses nationalités, le soldat français a été le mieux nourri, le plus chaudement habillé en hiver, le mieux logé, le mieux hospitalisé. C'est là un résultat qu'il importe d'enregistrer.

QUATRIÈME PARTIE

OBSERVATIONS ET PROPOSITIONS

Toutes les parties, toutes les pages de ce rapport contiennent des observations, parfois des critiques, souvent des propositions, on ne peut donc que présenter ici des vœux d'un caractère général; il convient, pour les détails, de se reporter aux idées émises dans le cours de la présente étude.

Les troupes coloniales n'ont pas une organisation administrative se prêtant à des expéditions coloniales de longue durée.

Ces troupes ne possèdent pas d'officiers d'administration et les agents, commis du commissariat et comptables des matières qui remplissent les fonctions de ces derniers, n'étant pas liés militairement au service, ne peuvent pas être autorisés à les suivre dans une expédition.

Elles ne possèdent pas davantage de commis et ouvriers militaires d'administration, de sorte que, en campagne, les services administratifs doivent être pourvus d'un personnel prélevé sur les effectifs des combattants.

Les règles de l'ordonnance du 22 juin 1847, la seule qui régisse les troupes de la Marine, sont inapplicables en campagne si les troupes font un service actif.

La comptabilité des vivres et du matériel en campagne n'existe pas, d'où l'obligation d'imaginer hâtivement, lorsque la nécessité s'en fait sentir, une réglementation imparfaite, que des sous-officiers inexpérimentés appliquent mal.

Le matériel et les approvisionnements prélevés sur les magasins de la métropole sont d'une manutention difficile, enfin les moyens de transport font à peu près complètement défaut.

L'occasion paraît excellente, au moment où se prépare, en France, l'organisation de l'armée coloniale, de signaler les imperfections et les moyens d'y remédier.

Il importe, en premier lieu, d'établir que l'administration d'une armée doit être la même pour toutes les unités qui la composent. Il est donc indispensable que l'armée coloniale adopte, en principe, les règles de la Guerre, afin que les troupes de ce Département, venant coopérer à une action à l'extérieur, n'aient pas à modifier leur comptabilité.

Toutefois, comme certaines situations, en dehors de la métropole, entraînent des réglementations spéciales, on devra codifier ces réglementations et en publier fréquemment des éditions, afin que, sans hésitation, les troupes de la Guerre, envoyées pour augmenter les effectifs coloniaux, puissent appliquer ces règles exceptionnelles.

Le personnel administratif de l'armée coloniale doit se composer, comme au Département de la Guerre, d'un corps dirigeant et d'un personnel chargé de l'exécution.

A côté, et sous les ordres des commissaires de l'armée coloniale, il conviendra donc de constituer un corps d'officiers d'administration des bureaux du commissariat, des subsistances et de l'habillement. Les officiers d'administration pouvant seuls suivre les commissaires dans une expédition, ils devront seuls être employés auprès des commissaires, en temps de paix.

Si cette réforme ne peut être obtenue d'un seul coup, en raison de l'existence des corps des commis du commissariat et des comptables coloniaux qu'il faudrait licencier, tout au moins pourrait-on, puisque l'armée coloniale a cessé d'appartenir à la Marine, doter les services administratifs en France du personnel dont il s'agit en nombre suffisant pour permettre de constituer les cadres au moment d'une expédition. Plus tard, on étudierait la question de la suppression, par voie d'extinction, des commis du commissariat et des comptables coloniaux, et celle de leur remplacement par des officiers d'administration.

Les commis et ouvriers militaires d'administration serviraient naturellement là où seraient employés les officiers d'administration pour le plus grand bien du service, je le répète, puisque la présence des soldats expérimentés, commis, boulangers, bouchers, maçons, menuisiers, dispenserait, pendant une expédition, de faire appel à l'élément militaire combattant.

Il convient de ne pas perdre de vue que les services administratifs ne sont pas de ceux dont l'importance doit être négligée dans une expédition dite coloniale; les effectifs des officiers du commissariat, officiers et soldats d'administration, doivent donc être calculés largement.

On a vu plus haut que le contingent du personnel des services administratifs en Chine comprenait, à la date du 1er janvier 1901, 30 officiers et 281 sous-officiers, caporaux et soldats; l'effectif total du corps expéditionnaire était, à la même date (situations transmises par l'état-major le 29 janvier), de 17 327 officiers, sous-officiers et soldats; or, en 1860, au moment du départ de Tché-Fou, pour un effectif de 6 980 officiers et hommes de troupes le service administratif était assuré par 13 officiers et 279 hommes de troupe.

Il n'est pas douteux cependant que le corps expéditionnaire de 1900 a été réparti sur un nombre de points beaucoup plus grand qu'en 1860, et que les difficultés ont été beaucoup plus considérables en 1900, en raison de l'obligation de passer l'hiver en Chine, de la présence, dans le Petchili, de contingents très importants de troupes des autres nationalités, etc.

En ce qui concerne les approvisionnements, il semble que, jusqu'à un certain point, cette question doive primer les autres.

On ne peut pas aller de l'avant si l'armée ne possède pas une base maritime bien outillée, bien approvisionnée et d'accès facile; l'insuccès de la colonne Seymour et les difficultés éprouvées par les colonnes qui, plus tard, ont atteint Pékin, en sont la preuve.

La base maritime une fois choisie, il y a lieu de l'organiser d'une façon complète avant l'arrivée des troupes; il faut donc que tout le personnel administratif, ainsi qu'une grande partie du matériel et des denrées, se trouvent à la base maritime avant le débarquement du gros des effectifs.

On pourra obtenir ce résultat si, dès que l'expédition sera décidée, on envoie, à l'avance, le personnel et le matériel dont l'installation devra avoir lieu sous la protection d'une avant-garde.

Dès l'arrivée, les services administratifs commenceront à fonctionner et si la base ne peut être occupée qu'après combat, ce sera à la flotte qu'il appartiendra de préparer la prise de possession, l'avant-garde devant maintenir le terrain conquis. L'administration étant ainsi appelée à fonctionner aussitôt après le débarquement, il est de toute importance que le personnel de la base maritime, le matériel et les denrées arrivent des premiers.

Immédiatement après le personnel de la base maritime, débarquera celui qui doit être attaché aux boulangeries de campagne et aux formations diverses.

Le personnel de la direction se trouvera avec l'état-major général.

Celui des divisions ou brigades partira avec l'état-major des dites divisions ou brigades et, afin d'être mis en marche en même temps que les troupes, il devra trouver, à la base maritime, le matériel qui lui revient, préalablement débarqué.

On aura soin d'établir les magasins du service administratif à la base maritime et le plus près possible du point de débarquement.

Les transports ou affrétés, *tous numérotés,* doivent être expédiés de manière à arriver, si faire se peut, à un intervalle de 5 jours au port de débarquement.

Le personnel de la base maritime et l'avant-garde seront expédiés quinze jours à l'avance, avec le matériel indispensable aux premiers travaux, et celui des boulangeries de campagne.

Les vivres seront répartis à peu près également sur chaque navire; l'habillement suivra de près.

Si l'on dispose du télégraphe, on câblera à la base maritime la composition du personnel, et, succinctement, celle du matériel, embarqués sur chaque numéro de navire.

Autant que possible, les formations, en personnel et matériel, seront réparties par groupes de numéros, en sorte que, si les numéros arrivent dans l'ordre de leur départ, ils pourront être déchargés dans le même ordre et mettront à terre des formations constituant des groupes pouvant marcher isolément.

C'est ce système de groupement, par numéros de navires, qu'avaient employé les Anglais lors de l'envoi à Ismaïlia de l'expédition d'Égypte; c'était également ce système qu'avait, sur ma proposition, adopté le général Borgnis-Desbordes, à l'époque où l'on pressentait, à la Marine, que cet officier général aurait le commandement supérieur de l'expédition projetée à Madagascar.

Il est indispensable que les factures accompagnent les envois, afin que le contrôle à l'arrivée soit facile, et que l'officier d'administration puisse être rendu responsable de sa gestion.

Un bureau de comptabilité (matériel) doit, au surplus, être installé à la base maritime, et ce sera là que les comptes seront centralisés. Toutes les pièces étant entre les mains du chef de ce bureau, il pourra, en effet, vérifier les comptes, en reconnaître l'exactitude et, principalement, rectifier les erreurs.

Si cela est possible, le cas se présentera malheureusement rarement, il sera utile d'envoyer à l'avance à proximité du terrain d'expédition, un commissaire ainsi qu'un officier d'administration des subsistances, afin de pouvoir renseigner l'autorité supérieure sur les ressources locales. Il est d'ailleurs à désirer que les attachés militaires n'omettent pas d'adresser, à cet égard, des renseignements exacts et utiles.

Les plus grandes réformes à apporter à la comptabilité du personnel concernent le régime des délégations et l'établissement, en France, de bureaux de comptabilité, analogues à ceux qui fonctionnent pour les troupes de la Guerre.

Il est non moins utile d'établir un tableau type des allocations, en y notant les décisions prises depuis le 4 août 1900, et de tenir ce tableau rigoureusement à jour.

En ce qui touche l'habillement, il doit être, bien entendu, approprié au climat; il faut donc avoir des effets de toile, de flanelle et de drap; la toile bleue devrait être abandonnée, sa couleur n'étant pas stable et son entretien étant très difficile. En Chine, cette couleur présente le grand inconvénient de se confondre avec celle des vêtements des Chinois du peuple. Le kaki, genre anglais, de bonne qualité, paraît la meilleure couleur à adopter aussi bien pour la toile que pour le drap; le drap kaki anglais est très résistant, les officiers anglais s'en louent beaucoup.

Tous les corps doivent avoir une tenue analogue, afin de faciliter les envois et les échanges. La tenue des différents corps allemands, en Chine, diffère simplement par la couleur des revers du col et du bandeau de la casquette; c'est un exemple à imiter.

Il est indispensable que le matériel à employer, dès le débarquement, à la base maritime, existe à l'avance, dans les magasins de l'armée coloniale en France; ce matériel doit être pratique et utilisable dans tous les cas.

Les baraques Espitallier, avec toitures en zinc ondulé, parois en toile de coco, armatures en fer, sont faciles à monter et à changer d'emplacement; elles sont supérieures à celles, dites Maillard, qui nous ont été envoyées, et qui sont improprement appelées « démontables ».

Comme moyen de transport, je ne connais rien de meilleur que les arabas. Les voitures Lefebvre et tous les véhicules en fer ou en tôle qui ne peuvent être facilement réparés ne sont pas pratiques.

Les fours devant pouvoir être mis immédiatement en service, ceux qui ont besoin d'une sole sont à rejeter. Le four Godelle ne peut pas fonctionner sur un terrain détrempé ; le four Geneste et Herscher, à double enveloppe, paraît meilleur. Il est bien entendu, au surplus, qu'un four de construction est toujours préférable à un four demi-permanent; or, partout où il y a des briques, il est possible, avec de la terre, de construire un four pour un poste.

Toutes les fois que l'on prévoit l'emploi de coolies ou de bêtes de somme pour transporter les vivres, on peut admettre que le poids brut des colis doit osciller entre 50 et 60 kilos. Ce poids constitue la charge de 2 coolies, une demi-charge de mulet ou de brouette, et 1/3 de charge de chameau. Cette règle servira de base pour tous les envois de vivres, liquides exceptés. *Dans aucun cas, le poids brut du colis ne devra excéder 60 kilos.*

La paille et le foin sont des denrées fournies *quand cela est possible.* On doit prévoir la ration des chevaux en grains ; on s'attachera donc à n'envoyer du foin que comme complément de chargement. Dès le début, il faut s'efforcer de nourrir les animaux au moyen des denrées du pays; on sera ainsi à même, lors de la formation d'une colonne, de diminuer d'autant les charges à transporter, l'animal n'ayant pas à porter sa nourriture, ou du moins n'en portant qu'une partie, et pouvant consommer le grain qui sera trouvé en route.

D'une manière générale, il est à désirer que les troupes vivent sur le pays ; il est donc nécessaire d'habituer le soldat à se contenter des denrées que l'on peut se procurer en colonne. Tous les efforts des administrateurs doivent tendre à fournir des aliments aussi bons et aussi copieux que possible, quand les circonstances le permettent, mais on aurait tort de rejeter les denrées que l'on trouve dans le pays, même si leur aspect est moins agréable que celui des vivres distribués en France.

Tien-Tsin, le 15 juillet 1901.

SAINTE-CLAIRE DEVILLE.

ANNEXE I

RAPPORT DU COMMISSAIRE DE LA PREMIÈRE BRIGADE AU SUJET DE L'HABILLEMENT DES TROUPES COLONIALES

(Exécution de l'ordre de M. le Directeur des Services administratifs en date du 31 mai 1901 et de la note de service du général, commandant en chef, n° 1009, en date du 25 mai 1901.)

Les grandes lignes de ce rapport ont été indiquées par la note de service de M. le général, commandant en chef. Les questions y seront traitées dans l'ordre où elles ont été posées.

a) Mode de fonctionnement actuel du système de l'habillement dans les troupes coloniales.

Les principes qui dominent la matière sont les suivants :

1° L'habillement proprement dit est fourni en nature par l'État (service de l'habillement des troupes) qui en reste propriétaire, les hommes n'en étant que possesseurs et comptables ;

2° Les effets et objets personnels, dits de petit équipement et de petite monture, sont acquis par les corps au moyen des fonds de la masse individuelle. Leur valeur, au moment de la délivrance, est imputée sur la masse des intéressés.

Habillement proprement dit.

Les étoffes et certains effets confectionnés sont achetés par le service général.

Les effets qui ne sont pas achetés tout faits sont confectionnés par les soins du maître tailleur et sous la surveillance du capitaine d'habillement dans les quatre premiers régiments d'infanterie coloniale et dans les deux régiments d'artillerie coloniale.

Il est constitué en France, dans les ports militaires, des stocks de mobilisation renouvelés au moyen d'échanges avec les corps.

Les délivrances d'effets d'habillement ont lieu, en France, sur billets de demande; aux colonies et dans les expéditions, les besoins sont assurés au moyen de demandes faites, un semestre à l'avance, et transmises au ministère qui donne aux régiments de la métropole les ordres d'expédition nécessaires (circulaire du 12 juin 1875).

Les conseils d'administration sont responsables de tous les effets d'habillement non encore délivrés aux compagnies. Ils en tiennent écriture (journal des recettes et consommations et registre des comptes ouverts avec les compagnies).

Les effets doivent des périodes de service déterminées. A cet effet, ils sont marqués du trimestre de mise en service et du numéro matricule du détenteur. Pour suivre l'application de cette disposition, les conseils tiennent un contrôle général des effets de la 1re catégorie et un registre des effets réintégrés pour être remis en service.

Les délivrances aux compagnies ont lieu sur bons, au fur et à mesure de leurs besoins. Les capitaines sont responsables des effets dont ils ont donné récépissé, sauf à charger le détenteur, sur son livret, et à poursuivre le remboursement, le cas échéant.

Les dégradations dont les hommes se rendent coupables donnent lieu, suivant une procédure spéciale, à des imputations à la masse individuelle des détenteurs proportionnelles à la durée que les effets ont encore à accomplir; celles résultant de causes de force majeure restent au compte de l'État, sauf quelques exceptions; les effets hors de service, c'est-à-dire ayant accompli leur durée ou réformés, sont marqués des lettres H. S. et remis aux domaines pour être vendus après prélèvement de certains morceaux utilisables pour de petites confections ou réparations.

Effets de petit équipement.

Ces effets sont approvisionnés, par les soins du conseil d'administration central, par voie d'achat ou de confection, spécialement pour la chaussure, et payés au moyen des fonds de la masse individuelle.

Ils sont délivrés aux compagnies sur bons décomptés en argent, récapitulés trimestriellement par l'officier d'habillement.

Les hommes sont propriétaires de leurs effets de petit équipement. Les livrets et les livres de détail reçoivent l'inscription de toutes les délivrances. Le compte de chaque homme est aligné à la fin du trimestre sur la feuille de décompte de la masse individuelle et sur son livret.

b) Inconvénients du système aux colonies, notamment en Chine.

Les critiques formulées par les divers corps de troupes coloniales contre le système actuel du fonctionnement du service de l'habillement et du renouvellement des effets peuvent se résumer comme suit :

1° Les demandes d'effets d'habillement, établies sept ou huit mois d'avance par les corps, manquent de précision en raison des fluctuations dans les effectifs et de l'ignorance dans laquelle se trouvent les chefs des unités, des mouvements probables pendant la période d'attente, et des événements futurs de la campagne en cours ;

2° Les demandes sont trop nombreuses, au moins pour l'artillerie coloniale dont les batteries s'administrent isolément ;

3° La durée conventionnelle des effets est défectueuse, en ce sens qu'elle ne tient compte ni des circonstances spéciales des campagnes de guerre, ni des affectations des militaires qui modifient considérablement les conditions d'usure de leurs effets ;

4° L'obligation, pour chaque unité, d'avoir un magasin à sa suite et d'affecter un personnel de combattants à son entretien est une cause de gêne dans les mouvements de la troupe et de mauvaise utilisation de ses éléments. Cet inconvénient est plus sensible dans les batteries d'artillerie que dans les régiments d'infanterie ;

5° La toile bleue qui sert actuellement à la confection des effets coloniaux donne lieu à de nombreuses plaintes. Sa couleur est loin d'être inaltérable, elle passe après un ou deux lavages. Les effets ont alors peu d'uniformité et manquent totalement d'élégance.

J'ajouterai à ces critiques, qui sont celles formulées par les corps et qui ont trait aux difficultés qu'ils éprouvent dans l'exécution du service, une considération qui s'applique uniquement à des intérêts de comptabilité, je veux parler de l'impossibilité, dans laquelle se trouvent placées les autorités de surveillance administrative, d'exercer un contrôle sur l'application, aux divers effets de la 1re catégorie, des règles relatives à la supputation de la durée des services qu'ils doivent accomplir. Ce n'est qu'après de longs dépouillements de registres mal disposés pour les faciliter que l'on pourrait arriver à se former une opinion sur l'exécution de cette partie du service si intéressante cependant au point de vue des intérêts du Trésor, ce qui revient à dire que, dans la pratique, en l'absence d'un personnel suffisant mis à la disposition des commissaires aux Revues, les corps agissent seuls, reçoivent des effets, les font distribuer et les remplacent sans l'intervention d'une surveillance quelconque.

c) Améliorations proposées.

Les desiderata formulés par les corps sont loin d'être unanimes. Tandis que les uns, et ce sont les moins nombreux, demandent le maintien du *statu quo*, les autres ne voient d'amélioration à obtenir que par l'adoption des règles en vigueur dans le Département de la Guerre, la création d'une masse d'habillement en temps de paix avec ou sans magasin de compagnie, la suppression de la masse individuelle et la remise au service administratif du soin d'entretenir des magasins généraux d'habillement en France, des magasins centraux aux colonies et à la base d'opérations dans les expéditions d'outre-mer, et même des magasins moins importants à la suite des troupes en opérations.

Le système de l'habillement des troupes de la Guerre paraît absolument inapplicable aux troupes coloniales en raison de l'extrême mobilité des éléments qui composent ces dernières. Les capitaines de compagnie dans les troupes coloniales changent constamment, plusieurs fois par mois; on concevrait difficilement, dans ces conditions, qu'il fût possible de leur imposer une responsabilité pécuniaire assez étendue et l'obligation d'une gestion délicate rendue laborieuse par les mutations sans nombre qui affectent les hommes placés sous leurs ordres. Bien différente est la situation d'un capitaine de compagnie de la Guerre, qui reste indéfiniment titulaire du même emploi avec des hommes qui passent dans son unité la totalité de leur congé. Il n'y a, d'ailleurs, pas seulement comme obstacle à l'adoption des dispositions du règlement du 16 novembre 1887, l'extrême mobilité des éléments entrant dans la composition des unités, mais aussi la mobilité des unités elles-mêmes qui, sans se trouver en expédition et devenir par suite susceptibles de jouir du bénéfice du régime de l'habillement en temps de guerre, très onéreux pour l'État, se déplacent d'une façon inusitée dans les unités métropolitaines.

Laisser au conseil d'administration, dans ces troupes spéciales, toujours en mouvement, le soin de gérer une masse d'habillement, d'entretenir un magasin, d'établir des demandes, d'effectuer des commandes, serait l'embarrasser de détails dont les corps ont été unanimes à vouloir se décharger.

En temps de guerre, le régime de l'habillement des troupes métropolitaines pourrait assurément être adopté : il supprime tout souci, presque toute surveillance et toute responsabilité, mais, il faut le répéter, il est extrêmement onéreux pour le Trésor, en ce sens qu'il met toutes les fautes, tous les accidents, survenus ou non par défaut de surveillance ou de vigilance, à la charge de l'État, ne laissant comme garantie de la sauvegarde de ses intérêts que l'exercice du pouvoir disciplinaire, assez incomplet dans une période d'opérations. Or, si, dans une guerre continentale, on peut, dans une certaine mesure, ne pas compter, subordonnant toutes choses au succès final qui réparera les finances du vainqueur, dans une guerre coloniale, dans une expédition d'outre-mer, l'obligation étroite s'impose de gérer, avec ordre et économie, un capital que les vaincus ne rembourseront vraisemblablement pas au terme des opérations.

Ainsi les règlements de la Guerre, en ce qui concerne l'habillement, ne paraissent applicables ni en temps de paix, ni en temps de séjour aux colonies, ni en temps d'expédition outre-mer. Ils n'auraient de raison d'être adoptés que pour le temps de guerre européenne.

La suppression de la masse individuelle serait le corollaire de l'adoption du régime de l'habillement des troupes de la Guerre. Cette suppression ne paraît pas désirable dans les troupes coloniales ; les propositions qui vont suivre demandent au contraire l'extension de son application dans un but de simplification et d'économie bien entendu.

En résumé, le système de l'habillement actuel est à abandonner parce qu'il charge les corps de soins de confection, de prévision, de comptabilité, de garde, etc., incompatibles avec la prompte disponibilité d'une troupe et l'utilisation militaire de ses éléments.

D'autre part, le régime en usage dans les troupes de la Guerre, hautement apprécié par ces dernières, paraît difficile à acclimater dans les troupes coloniales trop mobiles, trop souvent disséminées et vouées à toutes les expéditions coloniales et d'outre-mer.

La solution du problème appelle une grande simplicité de comptabilité, une sécurité de contrôle complète et l'absence d'une charge quelconque pour les corps de troupes, qu'elle résulte des soins de confection, de prévision, de la nécessité de l'entretien d'un magasin encombrant ou de l'obligation de distraire un personnel militaire quelconque de son affectation pour en assurer la garde et l'entretien. Cette solution paraît résider dans l'adoption du régime de l'habillement des équipages de la Flotte.

Les grandes lignes du nouveau système seraient les suivantes :

1° Confection des effets d'habillement et approvisionnement des magasins en France par les soins d'ateliers militaires fonctionnant sous la direction des capitaines d'habillement de certains régiments désignés, ou mieux, confection de ces mêmes effets par des ouvriers civils placés sous la direction d'officiers d'administration de l'habillement et du campement des troupes coloniales, et sous la haute surveillance des commissaires coloniaux spécialement chargés de ce service ;

2° Constitution de stocks de mobilisation comprenant les effets nécessaires pour une guerre continentale et des approvisionnements spéciaux destinés aux expéditions coloniales et d'outre-mer;

3° Suppression de la masse individuelle et de la durée conventionnelle des effets d'habillement ;

4° Incorporation de l'habillement dans la solde des hommes qui serait majorée en conséquence, c'est-à-dire paiement des effets par ceux qui les reçoivent ;

5° Suppression du contrôle des effets de la 1re catégorie ;

6° Création de magasins administratifs d'habillement en France, aux colonies et à la base d'opérations des expéditions coloniales ou d'outre-mer, dans lesquels les corps puiseraient d'après leurs besoins;

7° Prise en charge de la valeur des effets par les conseils d'administration;

8° Distribution des mêmes effets aux capitaines de compagnie responsables;

9° Imputation, au compte de la solde des hommes, de la valeur des effets délivrés;

10° Réintégrations possibles, dans certaines circonstances, avec fixation de la valeur des effets ainsi remis en magasin étant en cours de durée et qui pourraient être délivrés à nouveau, au prix d'estimation ;

11° Mise en service d'une comptabilité très simple comprenant :

a) Un livret d'habillement sur lequel les magasins imputeraient à charge, aux conseils, les effets délivrés et leur valeur décomptée ;

b) Un registre de recettes et consommations sur lequel figureraient, d'une part, les recettes des magasins administratifs ou de livraisons quelconques et, d'autre part, les délivrances aux compagnies, les pertes, etc. ;

c) Des bons de compagnie numériques évalués et établis suivant les besoins ;

d) Des états nominatifs trimestriels de délivrance d'effets d'habillement évalués, établis par les capitaines de compagnie, à joindre aux feuilles de journées, justifiant les imputations aux comptes individuels et établissant la libération des capitaines de compagnie ;

e) Tenue sommaire de la comptabilité de la solde et de l'habillement dans chaque compagnie, sur le registre de comptabilité trimestriel.

Avec ce système, les comptes des militaires seront obligatoirement arrêtés sur un livret de solde au moment de leur passage d'une unité dans une autre. Le crédit sera payé immédiatement et la dette, exceptionnelle après un certain temps de service, signalée et reprise suivant les procédés en usage dans l'administration des équipages de la Flotte.

Des assortiments spéciaux d'effets d'habillement devraient naturellement être prévus pour les diverses colonies dans lesquelles les militaires de l'infanterie et de l'artillerie coloniales seraient appelés à servir, de même que pour les expéditions d'outre-mer. Au départ, les effets non susceptibles d'utilisation seraient réintégrés et leur valeur, après estimation, portée au crédit des détenteurs dépossédés.

Il est inutile de développer davantage les modifications à apporter au système actuel de comptabilité de l'habillement en conséquence de l'adoption du nouveau régime proposé. L'ordonnance du 22 juin 1847 serait à remanier complètement. C'est un travail qui n'est pas à entreprendre en ce moment. Il suffit d'avoir posé les principes d'une organisation nouvelle réalisant tous les progrès réclamés avec le plus d'insistance par les chefs de corps dans les rapports qu'ils ont eu à produire sur cet objet.

d) Modifications à apporter à la durée des effets.

La fixation de la durée conventionnelle des effets cessera d'exister. Avec le régime proposé les hommes paieront leurs effets d'habillement proprement dits et de petit équipement.

Il leur appartiendra de prendre soin de ces vêtements et d'éviter les remplacements anticipés. L'action disciplinaire des capitaines de compagnie ne continuera pas moins à s'exercer tant pour réprimer le gaspillage que pour exiger la correction de la tenue de leurs hommes.

e) Inconvénients de la tenue coloniale actuelle qui manque d'uniformité.

Certains chefs d'unités ont présenté, au sujet du défaut d'uniformité de la tenue coloniale actuelle, des critiques qui n'ont été reproduites ni par M. le général, commandant la 1re brigade, ni par M. le colonel, directeur d'artillerie. Il s'agissait, dans leur esprit, de donner aux troupes d'infanterie et d'artillerie coloniales, dans un but de simplification de la constitution des approvisionnements, des effets de même modèle, la distinction entre les armes ne devant plus résulter que de l'adoption d'insignes mobiles. Cette réforme, qui aurait son utilité, paraît susceptible d'être adoptée sans inconvénient.

f) Nouvelles propositions concernant les effets d'été. — Rejet de la toile bleue. — Rejet de la toile blanche. — Adoption de la toile kaki.

Il faut constater que tous les corps, sans exception, réclament l'emploi de la toile kaki pour servir à la confection des vêtements d'été des troupes coloniales. Seul, un officier supérieur, chef de groupe, constate que cette couleur jaune pourrait amener de regrettables confusions, en cas d'hostilités dans les colonies ou dans les pays d'outre-mer, avec les troupes européennes qui l'ont presque toutes adoptée.

La toile bleue est condamnée, en raison de la mauvaise qualité de sa teinture. Après deux ou trois lavages, elle passe et devient malpropre. La tenue manque alors d'uniformité, elle a de plus l'inconvénient d'être visible de loin.

La toile blanche aussi est visible à de grandes distances. Elle est salissante à l'excès. Tous les chefs de corps demandent qu'elle disparaisse de l'habillement des troupes coloniales.

Il reste à signaler quelques propositions relatives à l'adoption ou à la confection de certains effets.

Le casque est de rigueur pendant l'été, dans les pays à température excessive. En hiver, le béret serait une excellente coiffure.

Les bandes molletières sont d'un très bon usage. Elles protègent très efficacement le bas des jambes contre la boue et la poussière et ménagent le pantalon.

Les poches, au lieu d'être placées sur les côtés des paletots, ce qui les rend disgracieux, seraient avantageusement adaptées sur le devant de la poitrine avec des soufflets permettant à l'occasion d'agrandir leur capacité.

Les boutons brillants, dont l'entretien exige un matériel spécial, pourraient, au moins pour la troupe, être remplacés par des boutons de métal mat.

Des propositions tendant à l'augmentation de la durée conventionnelle des pantalons de drap et de flanelle non utilisés pendant une grande partie de l'année ont déjà été présentées par l'administration à l'appréciation de M. le général de division, commandant en chef. Il semble que ceux des rapports communiqués qui ont traité la question ne sont pas en opposition avec cette mesure économique. Par suite, il paraîtrait équitable, en même temps qu'avantageux au point de vue des intérêts du Trésor, de porter au moins à six trimestres la durée de ces effets.

Pékin, le 25 juin 1901.

Le Commissaire de la 1re brigade,

DUBLED.

ANNEXE II

PRODUCTION DES COMPTES DU MATÉRIEL POUR L'ANNÉE 1900.

Le Commissaire de 1re classe de la Marine Cablat à Monsieur le Commissaire en chef, Directeur des Services administratifs du Corps expéditionnaire de Chine.

COMMISSAIRE,

J'ai l'honneur de vous remettre les comptes du matériel du Corps expéditionnaire de Chine, pour l'année 1900.

Procédure de la reddition des comptes. — Les comptes du matériel ont été rendus dans la forme et d'après les règles tracées par le règlement du 9 septembre 1888 sur la comptabilité des matières appartenant au Département de la Guerre. Cette procédure n'est pas sans présenter quelques inconvénients (qui seront exposés plus loin), au point de vue du raccordement avec les comptes du matériel de la Marine, basés sur des principes d'un ordre différent; mais elle est la conséquence forcée de la composition du personnel comptable, pour lequel on a eu recours aux officiers d'administration des divers services de l'armée de terre. On ne pouvait imposer à ces officiers la charge d'apprendre et d'appliquer, en campagne, un nouveau mode de comptabilité : leur responsabilité étant en cause, il était d'ailleurs équitable de leur donner les moyens de la dégager d'après le système habituellement suivi par eux.

Pour obtenir une corrélation avec les comptes de la Marine, la circulaire du 13 septembre 1900 avait prescrit que « tout le matériel expédié par les magasins de la Marine en France devrait passer, au moins pour ordre, par la base maritime, organisée et administrée comme un dépôt hors du territoire continental ». Cette mesure n'a pas pu recevoir son application : l'installation d'un organe de comptabilité, chargé de suivre en écritures les approvisionnements considérables débarqués à Tong-Kou, aurait exigé un personnel important sous la direction d'un agent de l'ordre comptable qui possédât à fond les règles de l'instruction du 8 novembre 1889. Or, le Corps expéditionnaire n'avait à sa disposition que des officiers d'administration connaissant seulement les règlements du Département de la Guerre et le personnel inférieur était à peine suffisant pour le service des gestions. Au surplus, le surcroît d'écritures qui devait résulter de la production d'une double série de justifications (compte du dépôt hors du territoire continental, comptes des gestionnaires de la Guerre) n'eût pas été en rapport avec les avantages recherchés par l'organisation de la base maritime.

Comptes de gestion. — Le compte de gestion est le document qui dégage la responsabilité d'un comptable.

Le compte de gestion est tenu en quantités, par unité simple des nomenclatures spéciales à chaque service. Il relate les entrées et les sorties du matériel d'après les pièces justificatives, qui sont dressées dans une forme déterminée. L'existant au terme de la gestion est évalué d'après les prix officiels : l'inscription, dans une colonne spéciale, du montant des entrées à charge de paiement et des sorties à charge de remboursement permet d'établir la corrélation avec les comptes financiers.

Ces comptes présentent des différences sensibles avec les comptes du matériel du Département de la Marine :

1° Alors que les comptes matières de la Marine sont établis uniquement en valeurs, la base de la comptabilité du Département de la Guerre est la quantité.

« Ce qu'il faut trouver avant tout, dans les comptes des matières, c'est l'espèce et la quantité des existants dans les magasins, bien plus que leur valeur. » (Rapport de la Commission qui a préparé le règlement du 9 septembre 1888.)

2° Les quelques indications financières d'un compte de gestion ne permettent pas de traduire en chiffres la répercussion des mouvements de matière sur la fortune matérielle du Département. Une partie seulement des pièces justificatives est évaluée ; de plus, les bases d'évaluation sont très variables : ce sont les prix réels pour les achats, les prix des tarifs de remboursement pour les cessions. Il ne peut y avoir de corrélation entre ces données, d'ailleurs incomplètes ; il y en a encore moins entre elles et les existants au premier et au dernier jour de la gestion, calculés d'après les prix officiels.

Il sera donc difficile, sinon impossible, de raccorder les comptes de gestion avec les comptes généraux du Département. La spécialité des crédits alloués pour l'expédition de Chine, l'isolement, pour ainsi dire, du chapitre 61, atténuent l'importance de cet inconvénient. Il importe d'ailleurs de mettre en relief les avantages appréciables du système qui a été appliqué : les comptes du matériel, malgré les difficultés inhérentes à toute campagne dans un pays éloigné, ont été rendus très rapidement ; les justifications produites sont complètes, d'une lecture facile, propres à renseigner le Département sur l'emploi des ressources mises à la disposition du Corps expéditionnaire. Ce sont des résultats qui ne craignent pas de comparaison désavantageuse.

Comptes des services de l'artillerie, du génie et de santé. — Le règlement du 9 septembre 1888 est conçu sur la base de l'autonomie des services : « Les officiers ou fonctionnaires chargés de la direction des services du matériel ont mission d'assurer l'application des règlements. Ils s'assurent de la tenue régulière des écritures ; ils vérifient et arrêtent, en fin d'année ou de gestion, les comptes rendus par les comptables. » (Article 16.)

D'autre part, les officiers d'administration sont responsables devant la Cour des comptes « de la quantité, de la conservation et de l'emploi du matériel qu'ils ont en charge ». (Articles 26, 70 à 74.)

Entre la surveillance immédiate et complète des directeurs et le contrôle judiciaire de la Cour des comptes, la vérification des autorités administratives locales ne saurait trouver place. Aussi, est-ce simplement comme organe de transmission que les Services administratifs ont réuni, pour les présenter au ministre, les comptes de gestion suivants :

Artillerie.	Compte de gestion du matériel (marine); — — — (guerre); — — de l'habillement;	M. Giroud, officier d'administration de 1re cl., comptable.
Génie.	Compte de gestion du parc; — — de la chefferie des étapes;	M. Carrèrechique, officier d'administration de 2e cl., comptable;
	Compte de gestion de la chefferie de Tong-Kou;	M. Boutin, officier d'administration de 2e cl.;
	Compte de gestion de la chefferie de Pékin;	M. Regnault, officier d'administration de 2e cl.
	ANNEXES. — Comptes du matériel du génie en service dans les corps de troupes (Cies 19/1 et 9/4, section d'aérostiers, section de télégraphie).	
Service de santé.	Compte de gestion du magasin de réserve;	M. Labère, officier d'administration de 1re cl., comptable;
	Compte de gestion de la pharmacie de réapprovisionnement;	M. Péré, pharmacien principal, comptable.
	ANNEXES. — Carnets du matériel de chaque formation sanitaire.	

Comptes des services administratifs. — Les comptes de gestion des services de l'artillerie, du génie et de santé, embrassent l'ensemble des opérations du matériel qui les concerne. C'est que ces services n'existaient pas, à proprement parler, avant l'arrivée du personnel qui accompagnait le général Voyron, et que, dès le début de leur organisation, ils ont pu fonctionner d'une façon normale. La situation est tout autre pour les Services administratifs : avant l'arrivée des officiers d'administration des subsistances, pendant une période de plus de trois mois, il y avait eu des magasins de vivres très importants placés entre les mains d'officiers mariniers et de sous-officiers d'infanterie de Marine.

Il n'était pas possible de rattacher à une gestion les opérations de ces magasins. La responsabilité des sous-officiers était pratiquement limitée à la garde matérielle des approvisionnements et leur compétence restreinte ne pouvait assurer une reddition de comptes absolument régulière. D'ailleurs, la plupart de ces gérants, avant qu'on ait pu leur demander des comptes, avaient été rapatriés, laissant simplement des écritures sommaires. Les responsabilités comptables, telles qu'elles sont définies par le règlement du 9 septembre 1888, n'existaient donc pas, pendant cette première période de trois mois.

De plus, même pendant le fonctionnement des gestions, les justifications n'ont pas été complètes ; les approvisionnements considérables débarqués à Tong-Kou ont été déchargés des affrétés, sans que l'on ait eu les moyens, faute de feuilles de convoi indiquant l'origine des denrées, de savoir à quelle cargaison le contenu de chaque chaland devait être attribué ; comme les avis d'expédition ne sont parvenus que bien plus tard, aucun contrôle n'était possible entre ce que l'on recevait et ce qu'on devait recevoir.

Il a fallu se borner à prendre en charge ce qui arrivait dans les magasins. Des fuites étaient constatées tous les jours au cours des nombreuses manipulations subies par les denrées. Ces insuffisances dans la série de justifications tiennent à la nature même du service des subsistances qui opère sur la matière comptable la plus délicate, en raison des convoitises qu'elle excite, des soustractions faciles dont elle est l'objet et des déchets qu'elle subit normalement du fait des manipulations. Il importe de signaler enfin que les quantités de denrées débarquées à Tong-Kou en quelques semaines ont atteint 13 000 tonnes, non compris le poids des récipients.

Pour combler, dans la mesure du possible, cette double lacune dans la chaîne des responsabilités et dans la suite des justifications, et pour opérer la surveillance locale permanente définie par l'article 16 du règlement du 9 septembre 1888, vous avez, commissaire, institué, à la Direction des Services administratifs, un bureau de centralisation des comptes matières, dont vous avez ainsi défini les attributions :

a) Vérifier et centraliser les comptes des gestionnaires des services payés sur les fonds des articles :

2, § 1er, Subsistances ;

3, Habillement et remonte ;

4, Transports ;

5, Service géographique.

b) Pour ces services, établir par comparaison entre les pièces de recettes recueillies en totalité, d'un côté, et les quantités arrivées dans les magasins, d'un autre côté, l'importance des pertes subies pendant les transports, les déchargements et les manipulations. Réunir, pour ces pertes, toutes les justifications possibles et, à défaut de justifications, des renseignements qui puissent permettre au Département de rendre compte de la totalité des ressources mises à sa disposition pour l'expédition.

c) En ce qui concerne la période de trois mois qui a précédé la gestion des officiers d'administration de la Guerre, et pendant laquelle la situation troublée et le manque de personnel n'ont pas toujours permis de saisir régulièrement les faits comptables, suppléer au compte de gestion, qui ne peut être produit, par un compte rendu des opérations de recette et de dépense telles qu'elles ressortent des renseignements recueillis et des quelques documents qui ont été établis à ce moment.

d) Veiller à ce que les délivrances en nature soient imputées régulièrement aux parties prenantes, notamment en ce qui concerne les vivres, afin de permettre l'établissement des décomptes de libération sur les revues de liquidation.

En vous remettant les justifications prescrites dans les divers paragraphes qui précèdent, je crois devoir fournir quelques explications qui pourront servir de guide dans la lecture des comptes produits.

1° Subsistances.

Les comptes de subsistances ont été établis d'après l'instruction du 14 juin 1900 sur le service des subsistances en temps de paix. Les gestions n'ayant pas eu à se déplacer, il était préférable à tous égards de renoncer à l'application de l'instruction du 22 août 1899 sur les subsistances en campagne. La liquidation par un bureau de comptabilité institué en France ne présente pas, en effet, les garanties de sincérité et d'exactitude que la présence seule sur le lieu des opérations peut assurer. Il faut avoir dépouillé les documents imparfaits, mal libellés, qui sont établis au début d'une campagne, dans la hâte des mouvements précipités de troupe, pour se rendre compte de l'impossibilité d'en effectuer la régularisation, si l'on n'a pas été le témoin des faits. De plus, un bureau de comptabilité n'aurait jamais pu aboutir dans des délais aussi courts. En imposant aux gestionnaires des subsistances le surcroît de travail qu'a exigé, de leur part, l'établissement sur place des comptes de gestion, l'administration leur a permis de dégager leur responsabilité d'une façon plus rapide, plus sûre et plus exacte que par le procédé indirect des bureaux de comptabilité. En même temps, elle a obtenu en sept mois une reddition complète des comptes.

La série des justifications produites pour les subsistances comprend :

1° Les comptes de régularisation (seize comptes rendus et un relevé général);

2° Les comptes de gestion des officiers d'administration ;

3° Le compte de justification des envois de France et des versements de l'escadre de l'Extrême-Orient.

L'ensemble des justifications qui concernent le matériel des subsistances (chapitres I, IV et V de la nomenclature) est réuni dans le compte de gestion de M. Muller, comptable de la base de concentration.

Cet officier d'administration a pris en charge, au vu des factures parvenues à Tien-Tsin, tout le matériel expédié par l'Indo-Chine et la France, même avant son entrée en fonctions. Les indications retrouvées au sujet des objets répartis avant son arrivée dans les autres places lui ont été fournies pour l'établissement des pièces de dépense à sa décharge. Il a pu ainsi reconstituer le compte intégral du matériel.

En ce qui concerne les récipients (chapitre III), ils avaient été complètement négligés pendant les premières opérations. Les comptes de régularisation ne les visent donc pas; la balance entre les quantités facturées par la France et l'Indo-Chine et les quantités prises en charge par M. Muller est effectuée dans le compte de justification des envois.

C'est donc seulement au chapitre II (denrées), de beaucoup le plus important, que les trois ordres de justifications énumérés plus haut s'appliquent en entier. J'indique ci-après, en regard de chaque chapitre de la nomenclature, les documents à consulter pour avoir la série complète des opérations à charge et à décharge :

Chapitre I. — Matériel d'exploitation.	Compte de gestion de M. Muller.	
Chapitre II. — Denrées.	Comptes de régularisation ;	
	Comptes de gestion :	MM. Muller. — Tien-Tsin ; Coyen. — Yang-Tsoum ; Gonce. — Pékin ; Astoul. — Étapes ; Aimé. — Pao-Ting-Fou ; Jouclard. — Tien-Tsin ;
	Compte de justification des envois et des versements.	
Chapitre III. — Récipients.	Compte de gestion de M. Muller ; — de justification des envois et des versements.	
Chapitre IV. — Matériel de consommation. Chapitre V. — Petit outillage, matériel divers.	Compte de gestion de M. Muller.	

A) ***Comptes de régularisation.*** — Les comptes de régularisation embrassent une période de trois mois (8 juillet au 15 octobre 1900). Avant le 8 juillet, les troupes qui se trouvaient à Tien-Tsin ont été ravitaillées au moyen des vivres de réserve mis à la disposition du bataillon venu de Saïgon. Mais aucun document n'a été laissé par l'officier d'approvisionnement : il y a là une lacune, qui trouve son explication dans la situation particulièrement difficile des troupes à ce moment-là.

A partir de l'arrivée à Tien-Tsin de M. le commissaire de 2e classe de la Marine Deligny (8 juillet), des écritures ont été ouvertes et tenues ensuite d'une façon à peu près suivie, tant à Tien-Tsin que dans les postes occupés ultérieurement.

Mais, les registres et les pièces établis pendant cette période sont loin de constituer une comptabilité complète, offrant des justifications satisfaisantes. Avant que l'arrivée des officiers d'administration des subsistances ait fait adopter, pour la reddition des comptes, le règlement sur les subsistances en temps de paix, l'administration, en raison du silence de l'instruction de 1889 sur la comptabilité des vivres en campagne, avait fixé les écritures à tenir dans les magasins. Ces écritures, très simples, afin d'être à la portée des sous-officiers gérants de magasins, ont présenté quelques légères insuffisances pour l'établissement de justifications bien régulières. D'ailleurs, malgré leur simplicité, elles n'ont pas été tenues d'une façon rigoureuse par les gérants, qui ont commis bien des omissions et des erreurs d'interprétation, soit qu'il y ait eu négligence de leur part, soit qu'ils fussent absolument incompétents, soit enfin, comme à Tien-Tsin, qu'ils aient été débordés par un service actif très important et qu'ils se soient trouvés en présence d'une impossibilité absolue de constater certaines opérations.

Les documents recueillis au moment de l'organisation des gestions des subsistances ne pouvaient pas, en raison des lacunes et des insuffisances qu'ils présentaient, être considérés comme des justifications; toutefois, dans la limite des renseignements qu'ils fournissaient, ils permettaient de reconstituer une comptabilité à peu près régulière.

Il était logique d'établir cette comptabilité dans les formes prescrites par l'Instruction du 14 juin 1900 sur les subsistances en temps de paix; cette procédure avait le double avantage de relier les justifications de cette période aux comptes de gestion des officiers d'administration et de donner à ces justifications le caractère libératoire qui résulte de l'application d'un règlement formel.

Ce travail de reconstitution ne pouvait être demandé aux sous-officiers gérants de magasin, qui ne connaissaient point l'Instruction du 14 juin 1900.

L'Administration dut donc l'effectuer d'office : cette intervention ne crée pas toutefois une nouvelle responsabilité : celle des gérants reste entière, mais rien n'a été négligé pour la dégager de la façon la plus complète. Les opérations à charge et à décharge ont été soigneusement relevées et les pièces justificatives établies pour les constater régulièrement ont été appuyées de tous les documents qui sont de nature à prouver la réalité de ces opérations.

C'est dans cet ordre d'idées qu'ont été conçus et dressés les seize comptes rendus qui régularisent la comptabilité de la période du 8 juillet au 14 octobre 1900. Les résultats sont très variables; s'il est permis de noter le zèle déployé par le premier maître commis Vautier, l'adjudant d'infanterie de Marine Bourgeois et le sergent Fourny, il y a par contre à relever une négligence regrettable de la part de deux autres sergents.

La liquidation des distributions qui constituaient la plus grosse partie des dépenses réelles a exigé un dépouillement très laborieux: sur les vingt mille bons partiels recueillis, un grand nombre ne donnaient que des indications vagues sur les parties prenantes; il a fallu de longues correspondances pour avoir les renseignements nécessaires. De plus, des bons, qui devaient être imputés à des bataillons formant corps, avaient été établis au titre du 16e et du 17e régiment qui n'ont été constitués, en réalité, qu'à la date du 1er octobre. Enfin le numérotage des batteries a été l'objet de nombreux ordres assez confus. Il a été possible d'obtenir, après de longs efforts, la reconnaissance par les parties prenantes, c'est-à-dire une justification complète, pour six cent mille rations environ, et le total des bons dont l'imputation a dû être abandonnée représente seulement cinq mille rations, moins d'un pour cent des distributions totales.

Le résultat des seize comptes rendus a été récapitulé dans un relevé général, qui donne ainsi l'ensemble de toutes les opérations du service des subsistances avant l'entrée en fonctions des officiers d'administration.

B) ***Comptes de gestion.*** — Les comptes de gestion sont au nombre de 6.

Tien-Tsin.	MM. Muller,	officier d'administration	de 1re classe;	
Yang-Tsoum	Coyen,	—	—	—
Pékin	Gonce,	—	—	—
Étapes	Astoul,	—	—	—
Pao-Ting-Fou.	Aimé,	—	—	de 2e classe;
Opérations isolées	Jouclard,	—	—	—

Ces comptes ont été vérifiés. Les quelques différences, d'ailleurs sans importance, qui ont été découvertes ont été reprises par les gestionnaires sur leurs comptes de 1901. Mention des reprises a été portée à l'encre rouge sur les comptes de gestion.

*C) **Compte de justification des envois de France et de l'escadre.*** — Ce compte a été établi en exécution du paragraphe C de la circulaire qui institue le bureau de centralisation des comptes matières. L'Administration s'est efforcée d'obtenir tous les termes à charge : ils peuvent être considérés comme à peu près complets. Quant aux éléments à décharge, ils ne sont que la reproduction des résultats des comptes de régularisation et des comptes de gestion.

Les explications des différences constatées se trouvent dans les pièces mises à l'appui du compte de justification et dans les observations qui le suivent.

*D) **Comptabilité des distributions.*** — Les bordereaux généraux des distributions à titre gratuit, dont la production est prescrite par l'article 507 de l'instruction du 14 juin 1900, permettront de vérifier les pièces de sortie correspondantes des comptes de gestion.

Pour les autres distributions, il n'a pas été dressé de bordereaux généraux, mais les bordereaux particuliers des comptables ont été joints à cette partie de la comptabilité.

*E) **Résultats généraux du service des subsistances pour 1900.*** — Il est joint au présent rapport un tableau général des opérations du service des subsistances pour l'année 1900. (Chapitre II. Denrées.)

Les résultats appellent les constatations suivantes :

Le montant des denrées entrées en magasin avant le 31 décembre 1900 s'élève, en chiffres ronds, à 7 600 000 fr.

Les délivrances gratuites imputables sur revues représentent approximativement 1 900 000 rations. Les délivrances aux coolies atteignent 850 000 rations.

Le rendement du pain (802 400^{k},817 de farine dépensés pour fabriquer 1 097 967^{k},478 de pain) est très satisfaisant : 731 grammes de farine par kilogramme de pain, soit 182 rations par quintal de farine, c'est à peu près ce qu'on obtient dans les manutentions de France.

Les abats ont produit 606 206^{k},900 de viande pour 4 186 bœufs, 3 505 moutons, 58 chèvres et 6 cochons. En admettant un rendement moyen de 15 kilos par tête de petit bétail, il ressort que les bœufs ont donné, en moyenne, 132 kilos de viande. Dans les deux derniers mois, les bœufs abattus à Tien-Tsin et à Pékin produisaient un plus fort rendement, mais les animaux venus de Shanghaï, en septembre et octobre, étaient dans un état de fatigue et de maigreur tel, qu'ils ont fourni très peu de viande. D'un autre côté, le bétail de la région de Pao-Ting-Fou était de bien plus petite taille que les bœufs du bas Petchili. Ces diverses causes expliquent le rendement, assez faible en somme, des abatages.

ɛXPÉDITIONNAIRE
)E CHINE

es administratifs.

ɪXERCICE 1900

SERVICE DES SUBSISTANCES

TABLEAU GÉNÉRAL

Des opérations du service des subsistances pendant l'année 1900.

Chapitre II. — Denrées.

Le tableau général fait ressortir, pour les principales denrées, la proportion des pertes résultant du compte de justifications des envois, par rapport au total de ces envois et par rapport au total des recettes. Il est plus équitable en effet d'établir une comparaison avec le total des recettes, car les pertes se répartissent certainement sur l'ensemble. La proportion serait de 5 p. 100 environ. Étant données les circonstances difficiles exposées avec détail dans les divers rapports joints au compte de justification, ce pourcentage peu élevé fait ressortir les efforts apportés par tous les services au débarquement, et à la concentration à Tien-Tsin, du stock considérable de vivres destiné aux besoins de l'hivernage. C'est d'ailleurs déjà un résultat appréciable que de pouvoir se rendre compte, au moins approximativement, des pertes subies.

Les nombreux transports terrestres que l'éparpillement des troupes a rendus nécessaires ont occasionné également une source de fuites assez importantes. Mais les procès-verbaux dressés pour leur constatation établissent nettement le cas de force majeure, soit qu'il s'agisse de pertes au cours des transports en voitures chinoises, à travers des chemins défoncés, soit que l'on constate la nécessité de condamner des denrées avariées par la pluie, soit que l'on se trouve en présence de la peste bovine qui a causé la mort d'un grand nombre de bœufs.

2° Habillement.

Le compte de gestion de M. l'officier d'administration de 2e classe Gœhring embrasse l'ensemble des opérations concernant l'habillement et le campement. Des effets et des objets de campement étaient déjà parvenus à Tien-Tsin avant l'arrivée de M. Gœhring : cet officier les a pris en charge au vu des avis d'expédition qui lui ont été remis, et, au moyen des indications qui ont pu lui être fournies sur les dépenses antérieures à son entrée en fonctions, il a dressé les factures et pièces de sortie régularisant ces premières opérations.

3° Remonte.

Deux comptes de gestion :

Tien-Tsin : commandant d'artillerie Gendron, comptable. Ce compte, qui est appuyé de deux annexes (Habillement et Harnachement), ne soulève aucune observation ;

Pékin : capitaine de cavalerie Durand, comptable. Cet officier a accepté la charge d'établir le compte de gestion depuis la constitution du dépôt de remonte, bien que ce dépôt ait été tout d'abord dirigé, d'une façon assez confuse, par le capitaine d'artillerie coloniale Pol.

ENTRÉES

[illegible]

SORTIES

[illegible]

Aussi faut-il se contenter de signaler, sans mettre en cause une responsabilité, une omission dans les pièces de sortie; le cheval « Trompette » (n° 170), que le compte de gestion indique comme porté sur la pièce de sortie n° 93, ne figure pas en réalité sur ladite pièce.

4° Service géographique.

Un compte de gestion : capitaine d'infanterie de Marine Mérienne-Lucas, comptable.

5° Transports.

Trois comptes de gestion :

Tien-Tsin : officier d'administration de 2e classe des subsistances Jouclard, comptable.

Yang-Tsoum : officier d'administration de 1re classe des subsistances Coyen, comptable.

Pékin : lieutenant d'infanterie de marine Panet.

6° Comptes divers.

Sous cette désignation ont été groupés un certain nombre d'opérations qui ne se rattachent pas directement aux Services administratifs :

1° Compte de justification des achats de matériel des divers services effectués à Tien-Tsin en septembre 1900;

2° Compte de justification des denrées de malades reçues par les Services administratifs;

3° Compte de justification des achats de matériel du génie effectués à Shanghaï, en 1900, et non pris en compte, à la date du 31 décembre 1900, par le service intéressé;

4° Explications au sujet d'envois, provenant de l'Indo-Chine, de matériel ressortissant à divers services.

Les indications portées sur chacun de ces comptes n'exigent aucune explication complémentaire.

Tien-Tsin, le 5 août 1901.

Le Commissaire de 1re classe, chargé du bureau de centralisation des comptes matières,

CABLAT.

CORPS EXPÉDITIONNAIRE
DE CHINE

Direction des services administratifs.

CIRCULAIRE N° 11.

ANNEXE III

INSTRUCTION SUR LA COMPTABILITÉ DES DÉPENSES DU CORPS EXPÉDITIONNAIRE DE CHINE

ARTICLE 1er. — *Compte spécial.*

Les crédits ouverts au Département de la Marine, par la loi du 7 juillet 1900, pour pourvoir à l'acquittement des dépenses occasionnées par les événements de Chine, font l'objet d'un compte spécial intitulé « Dépenses militaires extraordinaires occasionnées par les événements survenus en Extrême-Orient ».

ART. 2. — *Nomenclature des dépenses.*

Les crédits ont été alloués au titre du chapitre 61 de la nomenclature du budget de la Marine pour l'exercice 1900. Ce chapitre est subdivisé en articles et en paragraphes comme il suit :

ARTICLE 1er. — *Solde, accessoires de solde et masses. (Bureau de la solde.)*

§ 1er — Ne concerne que les bâtiments de la flotte.

§ 2. — Services administratifs (commissariat, intendance, officiers d'administration, des bureaux, de l'habillement et des subsistances); service de santé en dehors des corps de troupe (médecins, pharmaciens, officiers d'administration, personnel religieux); service de la trésorerie et des postes (payeurs, sonneurs de piastres, suppléments spéciaux de militaires détachés au Trésor); service vétérinaire, justice, remonte, interprètes des corps et services.

§ 3. — État-major général, service d'état-major. États-majors particuliers de l'artillerie et du génie, corps de troupe.

ART. 2. — (*Bureau des subsistances et hôpitaux.*)

§ 1er. — Subsistances.

Matériel et travaux à prix faits : vivres, fourrages, chauffage et éclairage. Eau potable. Tabac et savon. Location et installation intérieure des magasins et manutentions. Coolies, manœuvres et ouvriers auxiliaires. Indemnité de travail aux ouvriers militaires des subsistances. Indemnité de régime spécial pour améliorer l'ordinaire des hommes à l'infirmerie. Indemnité représentative de vivres.

§ 2. — Hôpitaux, matériel et travaux, médicaments, vivres de malades, objets de pansement, appareils et instruments, couchage, literie, outillage, etc., des hôpitaux et infirmeries.

Frais d'hospitalisation, frais d'inhumation et de sépulture. Matériel de religion et de culte. Coolies des formations sanitaires autres que les infirmeries, ambulances ou régimentaires.

ART. 3. — (*Bureau de la solde.*)

Habillement, campement, casernement, couchage des troupes. Mobilier des casernes et corps de garde. Remonte. Harnachements, harnais, voitures régimentaires. Matériel spécial des écoles. Coolies du service de l'habillement et du campement. Indemnité de travail aux ouvriers militaires du service de l'habillement et du campement.

ART. 4. — (*Bureaux de la solde et des approvisionnements.*)

Frais de voyage du personnel par terre et par mer. Indemnités de route et frais de mission. Pilotage, remorquage, location de jonques, affrètements, etc. Transports par terre et par eau : charrois, transports fluviaux, maritimes ou par voie ferrée. Indemnités spéciales aux militaires convoyeurs ou courriers rapides. Coolies des corps, places, colonnes, infirmeries, états-majors et généralement de tous les services autres que ceux qui sont payés sur les articles 2, 3, 5, 7 et 8.

ART. 5. — (*Bureau des approvisionnements.*)

Service géographique. Matériel, fournitures diverses et travaux. Main-d'œuvre indigène.

ART. 7. — (*Bureau des travaux hydrauliques et bâtiments civils.*)

Génie militaire. Matériel, travaux et coolies. Travaux de construction, d'aménagement et d'entretien des bâtiments militaires, des quais, appontements, etc. Location de terrains et immeubles. Installations télégraphiques et téléphoniques.

Mobilier des hôtels et bureaux. Matériel de parc, d'aérostation et de chemin de fer. Éclairage au gaz. Illuminations.

Indemnités de travail aux ouvriers militaires du génie.

Art. 8. — (*Bureau administratif de l'artillerie.*)

Artillerie. Armement, munitions, projectiles, parcs. Installations et travaux de la direction des parcs.

Coolies de la direction des parcs.

Indemnités spéciales aux ouvriers d'artillerie et armuriers.

Art. 10. — (*Bureau des fonds et ordonnances.*)

Affranchissement et port de lettres. Frais de voitures. Menues dépenses. Dépêches télégraphiques et câblogrammes. Fonds secrets. Frais de justice. Secours aux familles des indigènes blessés ou morts au service du Corps expéditionnaire. Autres dépenses non prévues.

Art. 3. — *Durée des opérations.*

Pour la durée des opérations, on suivra les règles tracées à l'article 11 du règlement du 2 avril 1869.

Art. 4. — *Délégation des crédits.*

Les crédits sont délégués par le ministre de la Marine au commissaire en chef, directeur des Services administratifs et ordonnateur secondaire du Corps expéditionnaire (art. 28, règl. 3 avril 1869 et instr. du ministre de la Marine en date du 28 juillet 1900, comptabilité centrale).

Ces crédits sont collectifs et embrassent tous les services, le directeur des Services administratifs les sous-délègue, sur l'ordre du général en chef et au fur et à mesure des besoins :

1° A chacun des directeurs qui ont qualité pour ordonnancer les dépenses, artillerie, génie et santé (108 *bis*, règl. du 3 avril 1869) ;

2° Aux officiers du commissariat ou fonctionnaires de l'intendance placés sous ses ordres (113, règl. du 3 avril 1869).

Les ordonnateurs sous-délégataires sont accrédités par le directeur des Services administratifs auprès du payeur général.

Art. 5. — *Demandes de fonds.*

Pour permettre de fixer le ministre sur l'importance des crédits à déléguer, les ordonnateurs sous-délégataires établiront le 1er de chaque mois, et transmettront à la direction des Services administratifs, des états de prévisions, portant demande de fonds, pour une période de 3 mois à partir de la date de l'état.

Ces états seront conformes au modèle ci-annexé (mod. n° 3 du règl. du 3 avril 1869 modifié). Ils seront établis de manière à faire ressortir les besoins par paragraphe d'article sur lequel des dépenses sont prévues.

Ces demandes devront être établies avec le plus grand soin, de manière à renseigner sur les besoins de l'expédition et à permettre de pourvoir, en temps utile, à l'insuffisance des crédits qui serait prévue sur certains services.

Le directeur des Services administratifs centralisera les demandes de fonds des ordonnateurs sous-délégataires et dressera l'état général (mod. n° 4 du règl. du 3 avril 1869) à transmettre au ministre.

Art. 6. — *États à fournir avec les demandes de fonds.*

Chaque état de prévisions, portant demande de fonds, sera accompagné d'une situation des crédits engagés, établie dans la forme du modèle n° 1586 de la nomenclature des imprimés de la Marine (voir les dispositions de l'annexe à la présente instruction, annexe en date du 26 décembre 1900, insérée ci-après).

Les ordonnateurs sous-délégataires des services du commissariat de la Marine et de l'intendance militaire feront établir par leurs comptables, et adresseront au directeur des Services administratifs, en même temps que leur demande de fonds, une situation des objets et matières de toute nature qui leur seront nécessaires pour 6 mois et y mentionneront distinctement :

1° Les existants en magasin ;

2° Les objets qui pourront être achetés directement par le Corps expéditionnaire ;

3° Les objets dont l'envoi, par la Métropole et l'Indo-Chine, aura été annoncé ;

4° Les objets demandés à la Métropole et à l'Indo-Chine et non annoncés ;

5° Les objets dont il y aurait lieu de demander l'envoi de France.

Tableau.

CORPS EXPÉDITIONNAIRE

DE CHINE

(Indication du Service)

EXERCICE 190

DEMANDE DE FONDS

Pour la période du 1er au 19

CHAPITRE . — ARTICLE

SERVICES DIVERS.

CHAPITRES.	ARTICLES.	SUBDIVISIONS D'ARTICLES.		MONTANT des ordonnancements effectués à la date du 1er	FONDS DEMANDÉS pour le mois			TOTAL des ordonnancements et des fonds demandés.	CRÉDITS		OBSERVATIO
					de	de	de		sous-délégués.	à ouvrir.	
			TOTAUX. . . .								

RÉSULTAT :

Les fonds présumés nécessaires aux services ci-dessus relatés, jusques et y com le 190 , sont de. . . . .

Les crédits déjà ouverts jusques et y compris l'ordonnance de délégation nº en date du 190 , s'élèvent à. . . . .

Différence égale à la somme demandée. . . . .

Arrêté à , le 190 .

Le Directeur ou Chef de service,

ART. 7. — *Passation des marchés.*

D'après l'article 28 du décret du 18 novembre 1882, les dispositions des articles 1 à 25 dudit décret ne sont pas applicables aux marchés passés par le Corps expéditionnaire de Chine.

Les marchés sont passés par chacun des directeurs en ce qui concerne son service. Les marchés, passés sur l'ordre ou avec l'autorisation du commandant en chef, sont approuvés par les directeurs ou leurs délégués ; les contrats souscrits sans qu'il ait été possible de prendre les ordres du commandant en chef sont approuvés par lui ou par son délégué.

Les directeurs des services de l'artillerie, du génie et de santé enverront au directeur des Services administratifs une copie de chacun de leurs marchés et, au besoin, des rapports au vu desquels les dépenses auront été ordonnées ou sanctionnées par le commandant en chef.

ART. 8. — *Administration et exécution des services.*

Les services des dépenses s'exécutent selon les règles propres à chacun d'eux, sous la direction, la surveillance et la responsabilité des fonctionnaires qui participent à l'emploi des crédits (31, règl. 14 janvier 1869).

ART. 9. — *Administration des coolies.*

Les coolies comprennent, en dehors des tirailleurs annamites détachés comme conducteurs auxiliaires de l'artillerie de Marine :

1° Les 10 coolies annamites affectés à chaque unité pour les corvées pénibles ;

2° Les conducteurs indigènes du train et de l'artillerie qui ne sont pas tirailleurs annamites ;

3° Les coolies porteurs de bagages ;

4° Les coolies ouvriers auxiliaires des différents services.

Les coolies des deux premières catégories sont administrés par l'officier d'approvisionnement de leur corps, dans les conditions de l'ordre n° 7 du 11 septembre 1900 ; mais les chefs de sections sont remplacés par les commandants des unités qui les emploient.

Les coolies porteurs de bagages sont administrés dans chaque quartier général, corps ou détachement, par l'officier d'approvisionnement.

Les coolies ouvriers auxiliaires sont administrés par les comptables des services intéressés. Les paiements sont faits à terme échu, en présence de deux témoins, et sont justifiés par des états numériques du modèle ci-après. Les vivres et l'habillement sont perçus sur bons numériques enregistrés, ainsi que la solde, sur un carnet de comptabilité analogue à celui des compagnies.

ART. 10. — *Liquidation et ordonnancement des dépenses.*

Les administrateurs et ordonnateurs sont chargés de la liquidation et de l'ordonnancement des dépenses (14, déc. 31 mai 1862).

Au fur et à mesure de la production des titres de créances, les ordonnateurs, après les avoir préalablement inscrits sur le registre prescrit par l'article 74 du règlement du 3 avril 1869 ou 72 du règlement du 14 janvier 1869, les vérifient, les arrêtent et procèdent au mandatement des dépenses ou, si les créances sont payables en France, en transmettent les titres au ministre de la Marine par l'intermédiaire du directeur des Services administratifs.

La deuxième expédition (copie ou deuxième original) des factures, mémoires, etc., est jointe, par les ordonnateurs secondaires, à des états trimestriels de liquidation (modèle de la Guerre), qui sont adressés au directeur des Services administratifs pour être soumis ultérieurement à la sanction du ministre de la Marine.

TABLEAU.

CORPS EXPÉDITIONNAIRE DE CHINE

SERVICE D

CHAPITRE 61. — ARTICLE

ETAT pour servir au paiement des coolies ouvriers auxiliaires, présents du au

DATES.	DOI COOLIE à $	CAI COOLIE à $	COOLIES à $	COOLIES à $	OBSERVATIONS.
1er octobre					
2 —					
3 —					
Totaux. . . .					
Décompte en piastres					

Décompte total piastres valant au taux de la somme de

Certifié et arrêté le présent état à la somme de qui a été payée en notre présence.

A , le 190 .

Le Comptable,

Les témoins,

Vu :

ART. 11. — *Délégation des crédits. Sous-délégation.*

En campagne, les ordonnances de délégation sont remplacées provisoirement par des ordonnances de dépenses délivrées par le général en chef (108 *bis*, règl. du 3 avril 1869).

Les crédits seront sous-délégués sur états de répartition (n° 16, règl. du 3 avril 1869) et par article.

ART. 12. — *Paiement en cas d'insuffisance des crédits.*

Lorsque les crédits ouverts sont insuffisants, les ordonnateurs sous-délégataires sont autorisés à continuer d'émettre des mandats payables immédiatement et imputables sur le plus prochain crédit. Ils remettront, en ce cas, au payeur général ou à ses préposés, une autorisation générale de paiement délivrée par le général en chef ou son délégué. Les préposés payeurs doivent aviser le plus tôt possible le payeur général de cette autorisation (art. 129 du règl. du 3 avril 1869).

ART. 13. — *Régularisation ultérieure de ces paiements.*

Immédiatement après la notification du crédit de délégation ou de sous-délégation qui doit recevoir l'imputation des sommes payées en vertu des dispositions qui précèdent, l'ordonnateur en informe le payeur intéressé et l'invite à remplir les indications laissées en blanc sur les mandats de paiement. Cette invitation et l'autorisation de paiement sont annexées auxdits mandats (art. 130 du règl. du 3 avril 1869).

ART. 14. — *Bordereaux journaliers d'émission de mandats.*

Chaque jour, les ordonnateurs adressent aux préposés payeurs un bordereau d'émission des mandats délivrés sur leurs caisses. Ce bordereau porte un numéro de série et renferme les pièces justificatives originales des dépenses. Mais, pour accélérer le service, les mandats de solde sont remis directement à leurs titulaires sans être communiqués aux payeurs.

Lorsque des mandats assignés sur la caisse d'un payeur sont présentés à la caisse d'un de ses collègues, le paiement peut avoir lieu sur le simple visa du premier (46, 55 et 90, instr. 1er octobre 1877, fin).

Art. 15. — *Bordereaux mensuels.*

A l'expiration de chaque mois, les ordonnateurs sous-délégataires dressent les bordereaux, par article du budget (mod. 28 du règl. du 3 avril 1869), des mandats qu'ils ont délivrés pendant le mois expiré. Ils les adressent au directeur des Services administratifs, lequel établit et fait parvenir au ministre de la Marine (compt. centrale) les bordereaux mensuels des opérations financières (mod. 2298 de la Marine) en même temps que les bordereaux mensuels des paiements effectués (mod. 41 du règl. du 3 avril 1869) qu'il a reçus des payeurs. Il y joint, s'il y a lieu, un état des paiements qu'il a annulés et un bordereau des reversements (158, 266 et 267, règl. 14 janvier 1869).

Art. 16. — *Bordereau des crédits sans emploi.*

Le 15 avril de chaque année, les ordonnateurs sous-délégataires établissent et transmettent au directeur des Services administratifs, après les avoir fait viser par leurs payeurs, les bordereaux définitifs (mod. 32 du règl. 1869) des crédits sans emplois.

Art. 17. — *État de développement.*

A la même date, les ordonnateurs adresseront au directeur des Services administratifs les éléments, en ce qui concerne leur service, de l'état de développement à faire parvenir au ministre de la Marine et au Parlement. Ces éléments seront indiqués ultérieurement par le directeur des Services administratifs.

Art. 18. — *Agents du Trésor chargés du paiement des dépenses.*

Des payeurs, agissant pour le compte et sous la responsabilité du payeur général du Corps expéditionnaire, sont chargés d'effectuer les paiements des dépenses.

Ils acquittent :

1° Directement, et sans visa préalable du payeur général, les dépenses mandatées sur leurs caisses par les directeurs des services et les fonctionnaires sous-délégataires ;

2° Sur visa du payeur général, les ordonnances directes du ministre de la Marine.

Art. 19. — *Situations des besoins et des ressources.*

Les 5, 15 et 25 de chaque mois, et plus souvent si c'est nécessaire, le directeur des Services administratifs, au vu des renseignements que lui fournissent les ordonnateurs sous-délégataires, remet au payeur général l'évaluation des dépenses présumées nécessaires pendant la dizaine suivante, pour chacun des ordonnateurs du Corps expéditionnaire.

Aux mêmes époques, le payeur général remet au directeur des Services administratifs une situation de sa caisse et de celle de chacun de ses préposés, avec indication des ressources attendues pendant le mois (36, décret 24 mars 1877).

Art. 20. — *Avances aux services régis par économie.*

Les avances à faire aux agents spéciaux des services régis par économie ne peuvent dépasser le chiffre de 35 000 fr. par service et les délais de justification ne peuvent excéder 45 jours (45, décret 24 mars 1877), à moins de circonstances exceptionnelles dont il sera rendu compte, par le général en chef et le payeur général, aux Départements de la Marine et des Finances.

Les services qui peuvent recevoir des avances dans ces conditions sont : les transports, le service de santé, le génie, l'artillerie, le service géographique, les vivres, le chauffage et les fourrages, ainsi que l'habillement et le campement.

L'avance de 500 000 fr. faite au service des convois auxiliaires, en exécution du décret du 26 juillet 1900, peut être renouvelée s'il y a lieu (lettre du ministre de la Marine en date du 29 juillet 1900, compt. générale).

Art. 21. — *Délai pour le paiement des mandats.*

Les mandats urgents peuvent être payés le jour même de leur émission sur la demande des ordonnateurs qui, dans ce cas, sont tenus de faire parvenir préalablement aux payeurs un avis spécial d'émission de mandats (43, décret 24 mars 1877).

Les payeurs ne doivent différer les paiements que pendant le temps strictement nécessaire à l'examen des pièces justificatives (67, instr. 1er octobre 1877, fin.).

ART. 22. — *Refus de paiement par les payeurs.*

Les payeurs, lorsque les pièces produites ne leur paraissent pas suffisantes pour justifier valablement les dépenses, peuvent surseoir au paiement des mandats. Ils remettent alors à l'ordonnateur une déclaration motivée de leur refus de payer.

Si, malgré cette déclaration, l'ordonnateur requiert, par écrit et sous sa responsabilité, qu'il soit passé outre au payement, le payeur, sauf les deux cas spécifiés ci-après, y procède sans autre délai et il annexe au mandat, avec une copie de son refus, l'original de la réquisition.

Le payeur général et le général en chef seront respectivement informés par le préposé payeur et l'ordonnateur.

S'il se produisait des réquisitions ayant pour objet, soit de faire acquitter une dépense sans qu'il y eût justification du service fait, soit de faire effectuer un paiement suspendu pour des motifs touchant à la validité de la quittance, les payeurs ne devraient y obtempérer qu'après avoir rendu compte de la difficulté au général en chef et que si celui-ci leur donnait, sous sa responsabilité, l'ordre écrit de procéder au paiement.

Les ministres de la Marine et des Finances seraient respectivement informés de ces faits par le général en chef et le payeur général (art. 182 *bis* du règl. de 1869).

ART. 23. — *Bordereaux mensuels des paiements faits.*

Les bordereaux (mod. 42 du règl. du 3 avril 1869) sont établis dans les dix premiers jours de chaque mois par les préposés payeurs qui les remettent aux ordonnateurs pour être joints aux relevés mensuels de comptabilité prévus à l'article 15 ci-dessus (art. 197 *bis* du règl. de 1869 et 170 du règl. 14 janvier 1869).

ART. 24. — *Comptabilité des ordonnateurs.*

Les ordonnateurs sous-délégataires tiennent un registre de fonds (mod. 47 du règl. de 1869) et un carnet des avances et des droits constatés (mod. 49).

Le directeur des Services administratifs, chargé de la centralisation des écritures, tient en outre un registre (mod. 48) présentant la récapitulation des écritures de ses sous-délégataires (art. 223 et suivants du règl. du 3 avril 1869).

Art. 25. — *Recettes opérées par les payeurs.*

Les versements effectués aux caisses des payeurs ne seront libératoires qu'autant qu'ils seront justifiés par des récépissés à talon, soumis, le jour même où ils sont délivrés, au visa des fonctionnaires des Services administratifs.

Les récépissés sont immédiatement rendus aux payeurs pour être remis aux parties versantes, à moins qu'ils ne soient adressés à l'ordonnateur qui a délivré les ordres de reversement, auquel cas les parties reçoivent des déclarations de versement.

Les talons sont conservés par les fonctionnaires des Services administratifs à qui les payeurs adressent, en fin de mois, des relevés détaillés des récépissés qu'ils ont délivrés ; ces relevés sont certifiés exacts par les Services administratifs et renvoyés immédiatement aux payeurs avec les talons des récépissés (39, déc. 14 mars 1877, et 7 instr. 10 octobre 1877, fin.).

Art. 26. — *Mandats sur les caisses du Trésor.*

Le payeur général est seul autorisé à émettre des mandats sur la caisse centrale du Trésor public. Ces mandats qui doivent avoir le service public pour objet sont à trente jours de date et ne sont pas négociables. Ils sont payables par les trésoriers généraux des départements et les trésoriers-payeurs de l'Algérie et des colonies (art. 79, instr. 1er octobre 1877, fin.).

Art. 27. — *Délivrance des mandats sur le Trésor.*

Quand des mandats sur le Trésor sont demandés par les conseils d'administration ou par des particuliers, pour un service public, les préposés payeurs reçoivent les fonds et en délivrent récépissé ; ils transmettent immédiatement la demande au bureau central du payeur général avec toutes les indications nécessaires, et dès que le mandat est parvenu, ils en font la remise à la partie versante en échange du récépissé délivré par elle. Le récépissé est adressé au bureau central avec l'accusé de réception du mandat.

Les demandes des mandats doivent être visées par un fonctionnaire des Services administratifs (37, instr. 1er octobre 1877, fin.).

Art. 28. — *Sommes en excédent des besoins à déposer au Trésor par les corps de troupe.*

Lorsque les fonds des corps de troupe excèdent les besoins du service courant, ils sont déposés au Trésor. Ils en sont retirés, au fur et à mesure des besoins, sur demande des conseils d'administration visée par les officiers chargés de la surveillance administrative. Les versements et les remboursements sont inscrits sur un livret à ce destiné.

Art. 29. — *Les payeurs font fonctions de receveurs des domaines.*

Les payeurs remplissent, aux armées, les fonctions dévolues, à l'intérieur, aux receveurs des domaines (2, décret 24 mars 1877, et 17, instr. 1er octobre 1877, fin.).

Art. 30. — *Recettes extraordinaires du Trésor, pertes de fonds, etc.*

Des procès-verbaux dressés par les fonctionnaires des Services administratifs, avec le concours des payeurs, constatent les recettes extraordinaires provenant de prises ou de saisies, de valeurs mobilières ou immobilières, ainsi que les pertes et enlèvements de fonds, de valeurs, de pièces comptables ou de matériel appartenant au service de la trésorerie et des postes (40, déc. 24 mars 1877).

Art. 31. — *Produit brut des prises sur l'ennemi.*

Le produit brut des prises faites sur l'ennemi est encaissé par les payeurs au moyen du procès-verbal indiqué plus haut.

Lorsque les prises consistent en denrées, bestiaux et autres objets pouvant être consommés par l'armée, ces objets sont versés dans les magasins de l'État et la valeur en est ordonnancée, après estimation, sur les crédits du service intéressé, au nom des payeurs qui en font recette pour ordre et en délivrent récépissé comme s'il s'agissait d'un versement effectif.

Les objets qui ne sont pas utiles à l'armée sont vendus par l'autorité militaire, avec le concours des payeurs, et le produit justifié par le procès-verbal de vente en est encaissé par leurs soins (31, instr. 1er octobre 1877).

ART. 32. — *Répartition des prises.*

Le montant brut des prises est partagé entre l'État et le capteur d'après une proportion à fixer par le ministre de la Marine.

Le paiement des sommes revenant au capteur est justifié par des quittances individuelles et, pour les corps de troupe, par celles des conseils d'administration, d'après l'état de répartition établi par le directeur des Services administratifs. Cet état est joint au dernier paiement.

Le produit net des prises sur l'ennemi représentant les sommes revenant à l'État donne lieu à la constatation d'une recette d'ordre (12, 32 et 83, instr. 1er octobre 1877 fin., et 259[4], règl. 3 avril 1869).

Voir au sujet des prises l'article 109 du décret du 28 mai 1895 sur le service des armées en campagne.

ART. 33. — *Exemption du timbre.*

Sont exemptes du timbre toutes pièces produites comme justification des dépenses effectuées en Chine par le Corps expéditionnaire (art. 20 des disp. générales faisant suite au règl. du 3 avril 1869).

ART. 34. — *Comptabilité matières.*

Les comptables de la Guerre et les corps de troupe de la Guerre appliqueront le règlement du 9 septembre 1888 et les instructions du 23 décembre suivant sur la comptabilité des matières pour le matériel en service ou en approvisionnement dont ils sont responsables. Ils établiront leurs comptes dans la forme qui leur est habituelle.

Les troupes de la Marine continueront à appliquer les règles ordinaires en usage dans la Marine (instr. 8 novembre 1889).

Les matières en approvisionnement dans les magasins des comptables des divers services appartiennent toutes au chapitre 61 et font l'objet de comptes de gestions centralisés, à part, par le directeur des Services administratifs.

A bord de l'*Indus,* le 13 septembre 1900.

Le Commissaire en chef,
Directeur des Services administratifs,
SAINTE-CLAIRE DEVILLE.

APPROUVÉ :
Pour le général commandant en chef.
Par ordre. Le chef d'état-major,
SUCILLON.

CORPS EXPÉDITIONNAIRE
DE CHINE

Direction des services administratifs.

***Instructions** complémentaires au sujet de l'établissement de la situation mensuelle des crédits engagés.*

Conformément aux dispositions de l'article 6 de la circulaire n° 11, chaque sous-ordonnateur établit, mensuellement, une situation des crédits engagés pour chacun des articles du chapitre 61, sur lesquels il a ordonnancé ou il aura à ordonnancer. Il est fait exception pour l'article 1er (solde).

La situation en question est le développement des prévisions du sous-ordonnateur. Elle doit donc aboutir exactement aux chiffres de la demande de fonds qu'elle accompagne.

Un exemple montrera dans quel ordre d'idées elle doit être dressée.

Chapitre 61. Article 2. — *Subsistances.*

Situation des crédits engagés à la date du 1er décembre 1900 pour les dépenses payables à X.... et prévues jusqu'au 1er mars 1901.

1° *Crédits engagés pendant le mois de novembre .*

DATES engagement de la dépense.	NOMS des fournisseurs et autres parties prenantes.	NATURE du contrat ou de la créance.	DÉPENSES ordonnancées.	DÉPENSES non ordonnancées payables en 1900.	DÉPENSES non ordonnancées payables en 1901.	OBSERVATIONS.
rt des dépenses ordonnancées au 1er novembre. . . .			300 000f	»	»	Chiffre donné par le registre des fonds.
oût	A	Marché de vin	12 000	10 000f	20 000f	Marché à quantités indéterminées.
tobre . . .	B	Achat sur facture de foin . .	1 000	»	»	Convention verbale.
illet. . . .	C	Contrat de location d'un hangar.	»	600	200	Du 1er juillet au 1er mars.
vembre . .	D	Achat de bois.	»	400	»	Convention verbale.
vembre . .	E	Marché de viande pour 1901.	»	»	9 800	
»	F Comptable du magasin d .	Avances pour frais d'exploitation.	20 000	»	»	
		TOTAUX.	(A) 333 000f	11 000f	30 000f	(A) Chiffre donné par le registre des fonds.

2° Relevé des droits constatés et des dernières prévisions de dépenses jusqu'au 1er mars 1901 :

			DÉPENSES incombant aux exercices 1900.	DÉPENSES incombant aux exercices 1901.
Droits constatés			333 000f	»
Droits non encore acquis et non ordonnancés			11 000	30 000f
TOTAUX			344 000	30 000
A DÉDUIRE :	1900.	1901.		
Sommes versées pour pénalités	»	»	»	»
Sommes restées sans emploi et reversées	»	»		
Cessions faites et remboursées	»	»		
RESTE			344 000	30 000
A AJOUTER :				
Dépenses prévues et non engagées pour la période du 1er décembre au 1er mars 1901	16 000f	20 000f	16 000	20 000
TOTAUX ÉGAUX à ceux de la demande de fonds			360 000f	50 000f

Détail des dépenses prévues et non engagées :

	1900.	1901.
Achat de thé	6 000f	»
Frais d'installation du magasin	10 000	20 000f
	16 000	20 000

Tien-Tsin, le 26 décembre 1900.

Le Commissaire en chef, directeur des Services administratifs,

SAINTE-CLAIRE DEVILLE.

CORPS EXPÉDITIONNAIRE
DE CHINE

Direction des services administratifs.

CIRCULAIRE N° 14.

ANNEXE IV

RÈGLES SPÉCIALES D'ADMINISTRATION ET DE COMPTABILITÉ CONCERNANT LA DIRECTION DES SERVICES ADMINISTRATIFS ET LES CORPS DE TROUPE.

ARTICLE 1er. — *Administration du personnel et comptabilité de la solde.*

L'administration des corps de troupe de la Guerre est régie par les règlements spéciaux à la Guerre. Leurs bureaux de comptabilité sont indiqués dans la dépêche (Guerre) du 30 juillet 1900, et, pour la prévôté, dans la lettre du ministre de la Guerre au commandant du 15e corps, en date du 27 juillet 1900.

Les corps de troupe de la Marine sont administrés suivant les règles en vigueur à la Marine. Leur comptabilité est arrêtée et centralisée par le directeur des Services administratifs.

Les éléments non embrigadés sont rattachés, suivant le cas, à un corps de la Guerre ou de la Marine.

Les officiers sans troupe de toutes provenances sont administrés d'après les règles ordinaires : les revues de liquidation sont distinctes suivant que les officiers sont payés sur les paragraphes 2 ou 3 de l'article 1er du chapitre 61 du budget.

ART. 2. — *Produits de succession.*

Les produits de succession sont versés à la caisse des Invalides, en ce qui concerne le personnel de la Marine, à la Caisse des dépôts et consignations, pour tous autres.

Art. 3. — *Délégations* (1).

Le service des délégations est régi par le décret « marine et colonies » du 29 octobre 1898, modifié par circulaire du 20 juillet 1899 (colonies).

En conséquence : 1° les délégations ne peuvent être consenties qu'au profit de la femme, des ascendants ou des descendants ; 2° le compte de chaque délégant est liquidé en fin de trimestre et ordonnancé au profit du payeur qui émet un mandat sur le Trésor au nom du délégataire.

Art. 4. — *Reprise des avances de solde.*

Pour la reprise des avances de solde payées au départ de France ou d'Indo-Chine, il pourra être fait usage de l'article 290 de l'ordonnance du 22 juin 1847, modif. par circ. 3 avril 1884, *B. O.* p. 548, et par décision prés. (colonies) du 18 mai 1897, *B. O.* col. p. 567.

En conséquence, la partie de ces avances non encore acquise à l'arrivée en Chine sera précomptée, par moitié, sur la solde des intéressés pendant chacun des deux mois qui suivront celui du débarquement.

Art. 5. — *Bureau de répartition* (2).

Un bureau de répartition sera institué en un point à désigner ultérieurement pour centraliser les bons de distribution de tous les comptables des subsistances.

Ce bureau dressera les bons totaux trimestriels et les fera parvenir à qui de droit (commissaire chargé de la surveillance administrative de la 1re brigade, sous-intendant du quartier général, bureaux de comptabilité, etc.).

Le même bureau centralisera les délivrances de l'habillement et du campement.

Art. 6. — *Registres de distributions.*

Une instruction spéciale du directeur des Services administratifs donnera le modèle des registres à tenir par les comptables des subsistances pour l'inscription des distributions de toutes sortes.

Chaque distribution y sera certifiée et signée par la partie prenante

---

(1) Les dispositions arrêtées relativement aux délégations ont été modifiées par la décision ministérielle du 20 septembre 1900, qui a prescrit d'appliquer le décret du 29 mai 1890, pour le personnel de l'armée de terre et le décret du 24 septembre 1896 pour le personnel de la marine.

(2) Il n'a pas été créé de bureau de répartition. Chaque gestionnaire des subsistances ou de l'habillement a fait la répartition des bons de son magasin et de ses annexes.

ou par son représentant. Les bons volants ordinaires pourront ainsi être détruits.

Les registres de bons seront adressés au bureau de répartition à mesure qu'ils seront terminés et, en tout cas, à la fin de chaque trimestre. Ils serviront à établir les bons totaux et à contrôler les comptes de gestion des comptables.

Art. 7. — *Fluctuations du taux de la piastre.*

Les changements du taux de la piastre modifient : 1° l'encaisse des comptables, des conseils d'administration et des ordinaires ; 2° la comptabilité des corps de troupe qui ont des militaires indigènes.

Les changements de taux sont portés à la connaissance des intéressés par la voie de l'ordre et d'avance.

Art. 8. — *Encaisse des comptables et des corps.*

Toutes les fois que le taux de la piastre change, l'encaisse réelle des corps et des comptables se trouve modifiée et elle cesse de concorder avec l'existant en écritures. La différence est constatée sur une pièce du modèle ci-joint par l'ordonnateur intéressé ou, à son défaut, par un délégué du directeur des Services administratifs.

Afin de rétablir la balance entre le numéraire en caisse et l'existant en écritures, il est procédé comme il suit pour les comptables des différents services :

1° Si la piastre monte, l'ordonnateur émet, au nom du comptable, un mandat de nouvelle avance d'une somme égale à la plus-value de l'encaisse. Le Trésor porte la même somme au compte « avances » du comptable, en même temps qu'il en prend charge au titre du change ;

2° Si la piastre baisse, l'ordonnateur adresse au comptable un ordre de reversement de la moins-value à titre de somme non employée sur la dernière avance. Le Trésor en délivre récépissé à ce titre et balance son compte par une sortie égale au titre du change.

S'il s'agit des fonds des corps de troupe, les bénéfices et pertes résultant du changement du taux de la piastre sont portés en recette ou en dépense aux fonds divers.

En ce qui concerne les fonds des ordinaires, les capitaines de compagnies font une opération analogue sur leur carnet d'ordinaire ; la formule à adopter est la suivante :

Le montant du boni entre les mains du capitaine au est de fr.
Il comprend au taux de : piastres, qui au nouveau taux de ,
représentent fr., d'où une { recette / dépense } de fr.

Cette mention est portée, suivant le cas, aux recettes additionnelles ou aux dépenses.

Enfin, pour permettre à l'autorité supérieure de vérifier les inscriptions du carnet, il est indispensable que les compagnies portent en tête de leur carnet les dates de tous les changements de taux.

Art. 9. — *Comptabilité des militaires indigènes.*

La solde et les accessoires de solde des militaires indigènes de la Cochinchine et du Tonkin (tirailleurs, cavaliers, conducteurs d'artillerie) sont exprimés en francs dans les tarifs en vigueur ; mais ils leur sont, sauf la masse individuelle, payés en nombres fixes de piastres, la piastre leur étant toujours comptée au taux de 3 fr. 50. La piastre étant perçue par le corps à un taux variable (le taux du jour), alors qu'elle est payée par lui à un taux fixe, il en résulte que les perceptions (N piastres × le taux variable du jour) ne concordent plus avec les allocations (N piastres × le taux fixe conventionnel).

En vue de rétablir la balance dans le décompte de libération, il faut nécessairement modifier la comptabilité du corps (feuilles de prêt, états divers de perception, feuilles de journée et revues de liquidation). Ce système de comptabilité fonctionne déjà en Indo-Chine ; toutefois, en raison des complications qu'il présente, tous les militaires indigènes du Corps expéditionnaire seront rattachés, suivant leur corps d'origine (tirailleurs, cavaliers, conducteurs), à un même conseil d'administration qui sera constitué ultérieurement (1).

Les militaires indigènes détachés à un corps européen y seront seulement en subsistance pour les vivres et les fourrages.

A Tien-Tsin, le 24 septembre 1900.

Le Directeur des Services administratifs,
Sainte-Claire Deville.

Approuvé :
Le Général commandant,
Général Voyron.

(1) Le conseil d'administration unique, pour les indigènes, n'a pas été constitué.

TRIMESTRE 1900. RECETTE N° .

FONDS DIVERS

PROCÈS-VERBAL

Constatant l'encaisse du régiment de stationné à et faisant ressortir le {gain / perte} résultant de {l'augmentation / la diminution} du taux de la piastre.

Aujourd'hui
nous
avons procédé, en présence et avec le concours de MM. les membres du Conseil d'administration, à la constatation des valeurs composant l'encaisse du régiment de stationné à
à l'effet de reconnaître la somme, en piastres, existant dans cette caisse et de signaler la {moins / plus} value résultant du changement de taux et provenant de {la diminution / l'augmentation} de par piastre à compter du
conformément à la décision du général en chef, en date du

Cette constatation a donné, après vérification, les résultats suivants :

Restant en caisse d'après le Registre-Journal.	
A ajouter :	
TOTAL.	
A déduire : { argent français en caisse . . . . / en dépenses au carnet spécial . . . . / dans les postes . . . . / .... }	
RESTE.	

Le nombre total des piastres à s'élève donc à piastres cents, ce qui, au taux de , donne une valeur de francs centimes d'où une différence de francs centimes qui sera portée en {dépense / recette} dans la caisse et les écritures du corps.

En foi de quoi nous avons dressé le présent procès-verbal qui a été signé avec nous par les membres du Conseil d'administration.

Fait à les jour, mois et an que dessus.

Le Commissaire ou *Sous-Intendant,*

Les membres du Conseil d'administration,

CORPS EXPÉDITIONNAIRE
DE CHINE

Direction des services administratifs.

ANNEXE V

INSTRUCTION PORTANT RÉPARTITION DU SERVICE POUR LA PÉRIODE DE STATIONNEMENT

1° SOLDE ET REVUES.

a) La solde des corps embrigadés ou non embrigadés de la Guerre est ordonnancée par le commissaire ou le sous-intendant de la place où se trouve le conseil d'administration ou le commandant. Cependant, le quartier général conserve l'administration de la prévôté, du dépôt de remonte et de la 16e compagnie du train. Le fonctionnaire qui ordonnance la solde d'un corps établit les prévisions de dépenses de solde et les demandes de fonds qui en découlent.

b) Les corps de la Marine, embrigadés ou non embrigadés, ont tous pour surveillant administratif le commissaire de la 1re brigade, à Pékin. En ce qui concerne les corps stationnés ailleurs qu'à Pékin, l'officier du commissariat ou fonctionnaire de l'intendance, chargé du service de la solde de la place, intervient seulement pour ordonnancer les paiements, vérifier sur pièces les registres de comptabilité, constater les existants en caisse et dresser les demandes de fonds.

c) La solde des officiers sans troupe est ordonnancée soit par le sous-intendant du quartier général, soit par le sous-intendant des étapes, soit, pour tous autres, par le service de la solde de la place où les dits officiers se trouvent en fin de mois. Les revues de liquidation et les demandes de fonds incombent aux officiers qui ont ordonnancé.

2° MATÉRIEL.

A. — *Vivres, fourrages, chauffage, éclairage, etc.*, et généralement toutes les matières délivrées périodiquement et consommées à mesure des délivrances.

Le service des magasins de chaque place où il existe un comptable gestionnaire, et celui des étapes, en ce qui concerne les magasins relevant des étapes, ordonnancent le paiement des achats faits sur place pour le compte des magasins et de leurs annexes et celui des frais d'exploitation. Ils établissent également les prévisions de dépenses.

B. — *Habillement.* — Conformément aux dispositions de l'instruction du 8 novembre 1847 et de la circulaire du 3 juillet 1849, les corps de la Marine adressent directement aux corps métropolitains chargés de les approvisionner, leurs demandes semestrielles d'habillement, de grand et de petit équipement, après avoir eu soin de les soumettre au visa du commissaire chargé de leur surveillance administrative.

Les corps de la Guerre établissent leurs demandes aux époques périodiques fixées par le commandement (art. 56 de l'Instruction du 6 décembre 1889). Ils les adressent, suivant le cas, au sous-intendant de la 2e brigade ou, s'il s'agit d'éléments non embrigadés, au commissaire chargé du service des approvisionnements, à la Direction.

Les envois et délivrances d'effets spéciaux pour l'expédition de Chine sont provoqués par la Direction.

3° TRANSPORTS.

Les salaires des coolies non affectés en différents services rentrent dans les frais d'exploitation desdits services.

Les salaires des coolies des corps et des colonnes sont réglés par les gestionnaires du service des transports des places ou des colonnes. Il appartient donc au commissaire ou sous-intendant qui ordonnance les mandats des gestionnaires d'établir les prévisions de dépenses qui en sont la conséquence.

Il en est de même pour les dépenses diverses.

Tien-Tsin, le 26 décembre 1900.

Le Commissaire en chef,
Directeur des Services administratifs,
SAINTE-CLAIRE DEVILLE.

CORPS EXPÉDITIONNAIRE
DE CHINE

Direction des services administratifs.

ANNEXE VI

INSTRUCTION SUR LA COMPTABILITÉ DES GÉRANCES D'ANNEXE DES SUBSISTANCES

(Exécution de l'ordre général n° 68.)

Les écritures des gérants d'annexe des subsistances sont tenues suivant les règles indiquées ci-après :

A. — *Carnet de caisse.*

Le carnet de caisse est destiné à l'inscription des recettes et dépenses en deniers effectuées par le gérant d'annexe. Il fait ressortir distinctement les paiements et remboursements étrangers au service des subsistances et qui sont visés au paragraphe G ci-après.

Les avances faites au gérant ne peuvent être renouvelées que dans la mesure où il justifie des dépenses effectuées. Pour obtenir une nouvelle avance de l'officier d'administration gestionnaire, le gérant d'annexe doit faire la preuve de l'emploi de tout ou partie des sommes antérieurement avancées ; il joint à sa demande d'avance des relevés récapitulatifs (modèle n° 380) appuyés des factures ou autres pièces de dépenses.

Les factures d'achats ou de paiements de travaux doivent toujours être établies au nom d'un fournisseur nominativement désigné ; elles portent reçu ou quittance des fournisseurs. Si le fournisseur est illettré, le paiement est certifié, à raison de ce fait, par le gérant d'annexe qui l'opère, en présence de deux témoins qui apposent leur signature sur la facture au moment du paiement. Les factures sont soumises au visa du commissaire ou sous-intendant, ou, à défaut, à celui du chef de poste.

Les factures d'achat de denrées et combustibles sont établies en simple expédition, d'après le modèle 416 *bis ;* elles doivent mentionner la prise en charge par le gérant d'annexe.

Les dépenses pour travaux et menues fournitures sont justifiées par un état détaillé, en double expédition, sur lequel le gérant d'annexe certifie la bonne exécution du service.

Les états de paiement des coolies ainsi que les états de paiement des gratifications aux ouvriers sont dressés en double expédition.

Toutes les dépenses sont récapitulées dans des relevés (modèle n° 380) établis en double expédition et distincts, d'une part, pour les achats de denrées et combustibles et, d'autre part, pour les autres dépenses. Il y a donc deux catégories de relevés, ceux réunissant les dépenses entrant dans la comptabilité-matières, et ceux récapitulant celles à justifier en deniers seulement.

Les changements dans le taux de la piastre entraînent, suivant le cas, une augmentation ou une diminution dans l'encaisse du gérant. Les annexes sont avisées télégraphiquement de la date à laquelle le taux de la piastre change.

Il y aura lieu, suivant les indications de l'ordre qui sera ensuite notifié par la poste, d'établir un procès-verbal constatant le nouvel existant en caisse ainsi que la somme à porter en recette ou en dépense, par suite du changement survenu. Ce procès-verbal pourra être établi dans la forme suivante :

Au 30 octobre, l'encaisse de la gérance se compose de 100 piastres au taux de 2,60, soit	260 fr.
L'ordre général n° 35 ayant porté à cette même date le taux de la piastre à 2,65, l'encaissement est dorénavant de 100 $ à 2,65. .	265
D'où une augmentation dans l'encaisse d'une somme de	5 fr.

5 fr., pris en recette sur le *Carnet de Caisse de la gérance.*

Vu et vérifié :

Le Commissaire, sous-intendant ou chef de poste, *L'officier gérant d'annexe,*

B. — *Registre de campagne (Mle n° 9) ou Carnet des entrées et sorties en matières.*

La constatation des pertes ou avaries est faite sous forme de procès-verbal, à la 1re partie du registre, et certifiée par le commissaire, sous-intendant militaire ou chef de poste.

Un extrait du procès-verbal est immédiatement adressé à l'officier d'administration gestionnaire.

C. — *Registre des bons de distribution à titre gratuit.*

Ce registre du modèle n° 404, ou tout autre approprié, est unique pour les trois services (vivres, fourrage et chauffage).

Des comptes sont ouverts par officier sans troupe, corps, détachement ou toute autre partie prenante s'administrant séparément.

Les quantités de denrées ou matières distribuées sont inscrites au moment de la distribution et reçu en est donné dans une colonne *ad hoc*, par le représentant de la partie prenante.

Chaque compte est arrêté en fin de mois et les totaux en sont reportés sur des bons récapitulatifs distincts par partie prenante et par service. (Vivres, y compris les rations individuelles de chauffage. Fourrages. Chauffage et éclairage des bureaux, casernements et postes.)

Ces bons sont signés par la partie prenante ou d'office, par le commissaire, le sous-intendant ou le chef de poste, sur le vu du registre des bons de distribution. Ils sont récapitulés à leur tour dans un bordereau (modèle n° 405) mis à l'appui de la situation mensuelle.

Si une partie prenante vient à quitter la place dans le courant du mois, son compte est arrêté immédiatement et le bon récapitulatif est soumis, autant que possible, à sa signature avant son départ.

D. — *Registre à souche des fournitures à titre remboursable* (modèle de l'instruction du 6 novembre 1900, ou modèle 310).

Toutes les fournitures à titre onéreux font l'objet d'un versement immédiat, entre les mains du distributeur, du montant desdites fournitures. Reçu en est donné à la partie prenante au moyen d'un extrait du registre à souche des fournitures remboursables. *Bordereau n° 405.* Les quantités de denrées ou matières distribuées à titre onéreux sont récapitulées sur un bordereau n° 405. Les inscriptions ont lieu dans l'ordre des distributions. Le bordereau est arrêté, décompté et certifié à la fin du mois par le gérant d'annexe et visé par le commissaire, sous-intendant ou chef de poste. Il est ensuite adressé à l'officier d'administration gestionnaire qui reste chargé du versement au Trésor du montant des bordereaux.

Selon les instructions particulières qu'il reçoit, le gérant conserve les fonds en caisse à titre d'avance ou les fait parvenir à l'officier d'administration gestionnaire.

E. — *Livrets à souche des bulletins de versement n° 10 ou factures d'expédition.*

Destinés à justifier les mouvements qui sont effectués entre les gestions et leurs annexes, et inversement, et aussi entre les gestions différentes.

Le bulletin appuie l'entrée, le talon ou la souche justifie la sortie. A défaut de livret n° 10, on fait usage, autant que possible, des formules de factures d'expédition n°s 365 et 369. La facture blanche est destinée à justifier l'entrée. La facture rose, revêtue de l'accusé de réception du destinataire, est retournée à l'expéditeur pour justifier la sortie.

F. — *Situation mensuelle.*

Les opérations du mois sont résumées dans une situation, modèle n° 420.

Cette situation, accompagnée des bordereaux récapitulatifs n° 405 des bons de distribution, est également adressée directement à l'officier d'administration gestionnaire avec les bons et autres pièces justificatives.

Les registres des gérants d'annexes doivent être ouverts, cotés et paraphés par les commissaires, sous-intendants ou chefs de poste. Toutes les pièces de comptabilité sont transmises sous le visa et la certification de ces mêmes officiers.

En cas de mutation du gérant d'annexe, il est procédé, par l'officier du commissariat, le fonctionnaire de l'intendance ou le chef de poste, à la vérification des fonds en caisse ainsi qu'au recensement du matériel et des approvisionnements de toute nature de l'annexe, en présence du gérant sortant et du gérant entrant. Les existants sont rapprochés :

1° De la situation résultant du carnet de caisse ;

2° De la situation arrêtée la veille sur le registre de campagne ou le cahier des entrées et sorties.

Il est dressé un procès-verbal contenant les explications du gérant sortant, sur les différences constatées, ainsi que les appréciations de l'officier recenseur sur la responsabilité encourue par ce gérant.

G. — *Comptabilité des dépenses pour des services autres que celui du service des subsistances.*

Il s'agit notamment des dépenses d'achat de matériel, de salaires et de main-d'œuvre qui pourraient être faites par les services *de l'habillement, du campement et lits militaires* (Exemple : achats de matelas). *Des transports* (Exemple : coolies autres que les coolies permanents du service des subsistances. Coolies des corps de troupe, location de moyens de transport). *Du génie* (Exemple : installation de postes télégraphiques, de poêles, de locaux, etc.). *De l'artillerie* (Exemple : réparation du matériel à la charge de ce service).

Ces diverses dépenses ne peuvent être engagées qu'avec l'autorisation préalable des chefs de service, dont relèvent les crédits destinés à les acquitter.

Les dépenses de cette nature sont inscrites dans la colonne « à tout autre titre » du carnet de caisse. Les pièces sont récapitulées dans des relevés distincts et adressées à l'officier d'administration gestionnaire.

La présente instruction sera appliquée à partir du 1er janvier 1901.

Tien-Tsin, le 10 janvier 1901.

Le Commissaire en chef,
Directeur des services administratifs,
SAINTE-CLAIRE DEVILLE.

CORPS EXPÉDITIONNAIRE
DE CHINE

Direction des services administratifs.

ANNEXE VII

INSTRUCTION POUR L'ÉTABLISSEMENT DES REVUES DE LIQUIDATION DES FOURNITURES EN NATURE CONCERNANT LES OFFICIERS SANS TROUPE.

Dans le but d'assurer, d'une façon uniforme, l'établissement des revues de liquidation des fournitures en nature, j'ai l'honneur de prier Messieurs les officiers du Commissariat et fonctionnaires de l'Intendance de vouloir bien se conformer aux indications ci-après :

1° La formule n° 42 de la nomenclature (Guerre) devra être appropriée en vue de son utilisation ;

2° Le crédit et le débit de la revue seront établis en rations ;

3° Les rations de même nature seront groupées dans une même colonne ainsi que le comporte la contexture de l'imprimé, savoir :

Vivres-pain, comprenant le pain, le biscuit et le pain de guerre ;

Vivres-viande, comprenant la viande fraîche et les conserves ;

Légumes, comprenant le riz, les haricots, la julienne et les pommes de terre ; le *sucre* et le *café* réunis ;

4° Le crédit des prestations en nature devra concorder exactement, comme période, avec celle des allocations en deniers, afin de permettre de contrôler l'exactitude des allocations par le rapprochement des revues en deniers et en nature ;

5° Le crédit et le débit seront établis distinctement, et séparément, par officier ou employé militaire ;

6° Le débit en rations sera établi en divisant les quantités de chacune des denrées par le taux de la ration et en groupant les denrées entrant dans la composition d'une ration de même nature, comme il est indiqué au paragraphe 3 ci-dessus ;

7° Les trop-perçus seront portés, sur les revues, à l'encre rouge, et décomptés d'après le tarif de remboursement ;

8° Le prix de remboursement des rations collectives sera calculé d'après la ration normale, savoir :

Vivres-viande	4/5 viande fraîche, soit	0k 400 à 1f 55	= 0,62
	1/5 conserve de viande, soit . . .	0 050 1 45	= 0,0725
	1/5 potage aux haricots, soit. . .	0 008 2 34	= 0,01872
	Total.		0,71122
	soit 0 fr. 71 en chiffres ronds.		
Légumes	Riz	0k 040 à 0f 22	= 0,0088
	Haricots.	0 030 0 70	= 0,021
	Julienne.	0 030 2 63	= 0,0789
	Total.		0,1087
	soit 0 fr. 11 en chiffres ronds.		
Sucre et café	Sucre	0k 040 à 0f 63	= 0,0252
	Café vert	0 024 2 43	= 0,05832
	Total.		0,08352
	soit 0 fr. 08 en chiffres ronds.		

9° Les revues des fournitures en nature, de même que celles en deniers, seront établies distinctement, par paragraphe de l'article 1er du chapitre 61 du budget, et comprendront tous les officiers payés au titre de la même rubrique budgétaire ;

10° L'arrêté de la revue sera établi en rations conformément au modèle chiffré.

Tien-Tsin, le 1er mai 1901.

Le Commissaire en chef,
Directeur des services administratifs,
SAINTE-CLAIRE DEVILLE.

CORPS EXPÉDITIONNAIRE
DE CHINE

État-major.

1er BUREAU.

ANNEXE VIII

ORDRE GÉNÉRAL N° 162

Le général, commandant en chef le Corps expéditionnaire,

Vu l'instruction du 22 août 1900 sur l'alimentation en campagne;

Vu l'instruction du 6 décembre 1889 sur le service de l'habillement en temps de guerre;

Vu l'ordonnance du 22 juin 1847 et le décret du 10 juin 1889 (Guerre) sur la comptabilité des corps de troupe en campagne;

Vu le décret du 10 février 1890;

Vu l'ordre général n° 76 fixant l'organisation des Services administratifs du Corps expéditionnaire;

Vu les propositions formulées par le commissaire en chef, directeur des Services administratifs;

Considérant la réduction apportée au Corps expéditionnaire par suite du rapatriement de la 2e brigade;

DÉCIDE:

ARTICLE 1er. — L'organisation des Services administratifs du Corps expéditionnaire réduit comprendra, après le départ de la brigade de terre:

Une direction des Services administratifs;

Le service de la solde des troupes coloniales;

Le service des approvisionnements, comprenant:

Le service des subsistances militaires comportant une seule gestion, et le service de l'habillement comportant une seule gestion.

(Service transitoire), la sous-intendance des éléments métropolitains, (et provisoirement) un délégué des Services administratifs à Shanghaï.

De plus, la gestion des subsistances de Pékin et les annexes de Pao-ting-Fou et de Tong-Kou seront maintenues aussi longtemps que l'effectif de chaque garnison ne permettra pas d'établir un magasin géré par un officier d'approvisionnement de la garnison.

Le détail de cette organisation est donné par les tableaux A et B ci-après;

CORPS EXPÉDITIONNAIRE
DE CHINE

TABLEAU A, *présentant la répartition, par service, du personnel (officiers et fonctionnaires) des Services administratifs du corps d'occupation, après le départ de la brigade de terre.*

DIRECTION.	SERVICE de la solde des TROUPES COLONIALES.	SERVICE des SUBSISTANCES.	SERVICE de L'HABILLEMENT.	SERVICE des ÉLÉMENTS MÉTROPOLITAINS. (Service transitoire.)	SERVICE de SHANGHAI.
M. le commissaire principal de la marine Dubled. M. l'officier d'administration de 1re cl. des bureaux de l'intendance Péron, chef de bureau.	M. le commissaire de 1re cl. Duvigeant, chef de service. M. l'officier d'administration de 2e cl. des bureaux de l'intendance Aillaud, chef de bureau.	M. le commissaire de 1re cl., Saint-Girons, chef du service des approvisionnements. M. l'officier d'administration de 2e cl. des bureaux de l'intendance Henque, chef de bureau. *Place de Tien-Tsin.* M. l'officier d'administration de 1re cl. des subsistances Astoul, gestionnaire. M. l'officier d'administration de 2e cl. des subsistances Deney, adjoint au gestionnaire. (Provisoiremt à Pao-Ting-Fou.) *Magasins provisoirement conservés à Pékin.* M. l'officier d'administration de 1re cl. des subsistances Gonce, gestionnaire. *A Pao-Ting-Fou* (annexe). M. l'officier d'administration de 2e cl. des subsistances Deney. *A Tong-Kou* (annexe). M. l'officier d'administration de 3e cl. des subsistances Boudal.	M. l'officier d'administration de 2e cl. du service de l'habillement Gœhring, gestionnaire.	M. l'adjoint à l'intendance Chayrou, chef du service. Un adjudant des bureaux de l'intendance, chef de bureau. Le fonctionnaire ci-dessus sera particulièrement chargé du règlement de toutes les questions d'ordre administratif se rapportant aux troupes de l'armée de terre, rapatriées ou non.	M. le commissaire de 2e cl. Bougourd, délégué du Service administratif. M. l'officier d'administration de 2e cl. des subsistances Raisin (gérant d'annexe).

Tableau B, *présentant la répartition des commis et ouvriers militaires d'administration et du personnel des troupes coloniales, après le départ de la brigade de terre.*

CATÉGORIE de PERSONNEL.	DIRECTION				SERVICE de la solde des troupes COLONIALES.					SERVICE DES SUBSISTANCES.																SERVICE de L'HABILLEMENT.				SOUS-INTENDANCE des éléments MÉTROPOLITAINS.				SERVICE de SHANGHAI.				TOTAUX.	OBSERVATIONS.
										TIEN-TSIN.				Magasins provisoirement conservés. PÉKIN.				PAO-TING-FOU.				TONG-KOU.																	
	Adjudants.	Sergents.	Caporaux.	Soldats.	Adjudants.	Sergents-majors.	Sergents.	Caporaux.	Soldats.	Adjudants.	Sergents.	Caporaux.	Soldats.	Adjudants.	Sergents.	Caporaux.	Soldats.	Adjudants.	Sergents.	Caporaux.	Soldats.	Adjudants.	Sergents.	Caporaux.	Soldats.	Adjudants.	Sergents.	Caporaux.	Soldats.	Adjudants.	Sergents.	Caporaux.	Soldats.	Adjudants.	Sergents.	Caporaux.	Soldats.		
Sous-officiers des troupes coloniales (2)	»	»	»	»	»	1	4	»	»	»	»	»	»	»	»	»	»	»	»	»	»	»	»	»	»	»	»	»	»	»	»	»	»	»	»	»	»	5	(1) Spécialement chargé de l'administration du détachement. (2) En plus du personnel des commis et ouvriers d'administration, 5 sous-officiers d'infanterie ou d'artillerie coloniale, choisis parmi le personnel des secrétaires, sont affectés aux travaux de liquidation des comptes des troupes coloniales. Le sergent-major Foige et les sergents Allouette, Lauer, Fourny et Vialet, de l'infanterie coloniale, restent affectés au bureau des revues.
Boulangers	»	»	»	»	»	»	»	»	»	»	1	2	10	»	»	1	1	»	»	1	1	»	»	1	1	»	»	»	»	»	»	»	»	»	»	»	»	19	
Bouchers	»	»	»	»	»	»	»	»	»	»	»	1	1	»	»	»	1	»	»	»	1	»	»	»	1	»	»	»	»	»	»	»	»	»	»	»	»	5	
Distributeurs	»	»	»	»	»	»	»	»	»	»	1	1	1	»	»	»	»	»	»	»	»	»	»	»	»	»	»	»	»	»	»	»	»	»	»	»	»	3	
Tonneliers	»	»	»	»	»	»	»	»	»	»	»	»	1	»	»	»	1	»	»	»	1	»	»	»	1	»	»	»	»	»	»	»	»	»	»	»	»	4	
Menuisiers	»	»	»	»	»	»	»	»	»	»	»	»	1	»	»	»	»	»	»	»	»	»	»	»	»	»	»	»	»	»	»	»	»	»	»	»	»	1	
Ouvriers en fer	»	»	»	»	»	»	»	»	»	»	»	»	1	»	»	»	»	»	»	»	»	»	»	»	»	»	»	»	»	»	»	»	»	»	»	»	»	1	
Commis des bureaux	1	»	»	»	»	»	1	1	1	1	1 (1)	1	2	»	»	»	1	»	»	»	1	»	»	1	1	»	1	1	1	1	1	1	»	»	1	1	2	23	
Conducteurs de voitures	»	»	»	»	»	»	»	»	»	»	»	»	3	»	»	»	»	»	»	»	»	»	»	»	»	»	»	»	»	»	»	»	»	»	»	»	»	3	
Ordonnances	»	»	»	2	»	»	»	»	2	»	»	»	3	»	»	»	»	»	»	»	»	»	»	»	»	»	»	»	1	»	»	»	2	»	»	»	»	10	
Totaux	1	»	»	2	»	1	5	1	3	1	3	5	23	»	»	1	4	»	»	1	4	»	»	2	4	»	1	1	2	1	1	1	2	»	1	1	2		
Totaux	3				10					32				5				5				6				4				5				4				74	

Art. 2. — La direction des Services administratifs est placée à Tien-Tsin ; il pourra être créé, dans les autres villes de garnison, des annexes aux gestions énumérées à l'article 1er, confiées à des officiers d'approvisionnement de la garnison.

Art. 3. — Comme conséquence de cette réorganisation sont ou seront supprimées :

1° *La direction actuelle des services administratifs du corps expéditionnaire.* — Le personnel en sera progressivement diminué et la prise du service du commissaire principal, en tant que directeur des services administratifs du corps réduit, sera effectuée à une date qui sera ultérieurement fixée ;

2° *La sous-intendance du quartier général,* qui sera supprimée à la date de l'embarquement du général commandant en chef. Les officiers maintenus à l'état-major de la brigade mixte seront, à partir de cette date, administrés comme les autres officiers sans troupe, par l'un des services de la solde de la place ;

3° *La gestion des étapes.* — Elle est supprimée à la date du 1er juillet en vertu des dispositions antérieures ;

4° *La gestion de Pao-ting-Fou.* — Elle est supprimée à la date du 1er juillet et transformée en annexe ;

5° *La gestion de Pékin,* qui deviendra une annexe de Tien-Tsin à une date qui sera fixée par le commissaire, directeur des Services administratifs ;

6° Ultérieurement les *annexes de Yang-Tsoum et de Tong-Kou* seront supprimées dès que l'effectif de chaque garnison le permettra.

Art. 4. — Le personnel en surnombre sera rapatrié au fur et à mesure des réductions résultant des dispositions des articles ci-dessus.

Art. 5. — Le nombre des chevaux de selle affectés au personnel des Services administratifs reste fixé suivant les dispositions de la circulaire n° 73, celui des coolies affecté au détachement de la 15e section suivant les dispositions de l'ordre général n° 104.

Les 25 arabas et 25 harnachements réglementaires provenant du convoi de la boulangerie de campagne et actuellement détenus par les Services administratifs, seront laissés à la disposition du service des subsistances de la place de Tien-Tsin. De plus, 25 mulets seront affectés à ce service.

Fait au quartier général, à Tien-Tsin, le 9 juillet 1901.

Le Général de division, commandant en chef,
Voyron.

Pour ampliation :
Le chef d'état-major,
G. Sucillon.

TABLE DES MATIÈRES

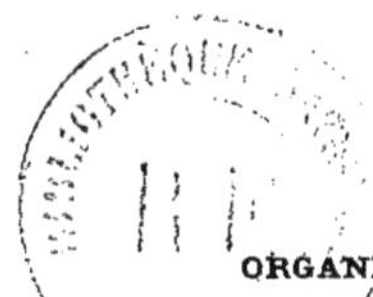

PREMIÈRE PARTIE

ORGANISATION GÉNÉRALE DU SERVICE

I. — Personnel.

II. — Constitution des approvisionnements.

III. — Fonctionnement du service.

DEUXIÈME PARTIE

DÉTAILS DU SERVICE

I. — Fonds.

II. — Vivres.

III. — Fourrages.

IV. — Chauffage et éclairage

V. — Habillement. — Campement. — Couchage.

VI. — Matériel des services administratifs.

TROISIÈME PARTIE

COMPARAISON AVEC LES ARMÉES ÉTRANGÈRES

QUATRIÈME PARTIE.

ANNEXES

Nancy, imprimerie Berger-Levrault et Cie.

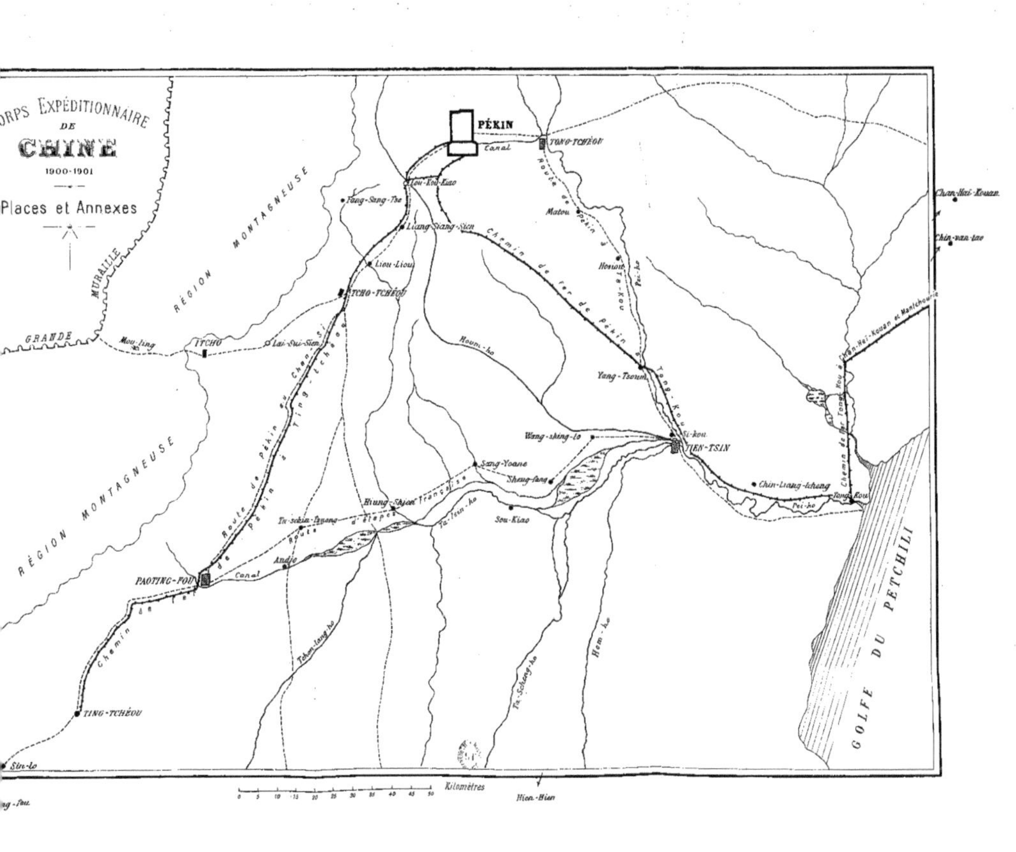

ORPS EXPÉDITIONNAIRE
DE
CHINE
1900-1901
Places et Annexes
GRANDE
MURAILLE
RÉGION MONTAGNEUSE
RÉGION MONTAGNEUSE
PÉKIN
Canal
TONG-TCHÉOU
Lou-Kou-Kiao
Liang-Siang-Sien
Liou-Liou
TCHO-TCHÉOU
Mou-ling
ITCHO
Lai-Sui-Sien
Chemin de fer de Pékin
Route de Pékin à Ta-Kou
Matou
Hosiou
Pei-ho
Houm-ho
Yang-Tsoun
Tang-Kou
Si-kou
TIEN-TSIN
Wang-shing-lo
Sang-Yoane
Sheng-fang
Sou-Kiao
Route de Pékin au Chan-Si
Route de Pékin à Ting-tchéou
Route d'étapes
PAOTING-FOU
Canal
Andjé
Chemin de fer
TING-TCHÉOU
Sin-lo
Tchen-tang-ho
Hem-ho
Chin-Liang-tchang
Pei-ho
Tong-Kou
Chemin de fer Tong-Kou à Chan-Hai-Kouan et Mantchourie
Chan-Hai-Kouan
Chin-van-tao
GOLFE DU PETCHILI
Kilomètres
0 5 10 15 20 25 30 35 40 45 50
Hien-Hien

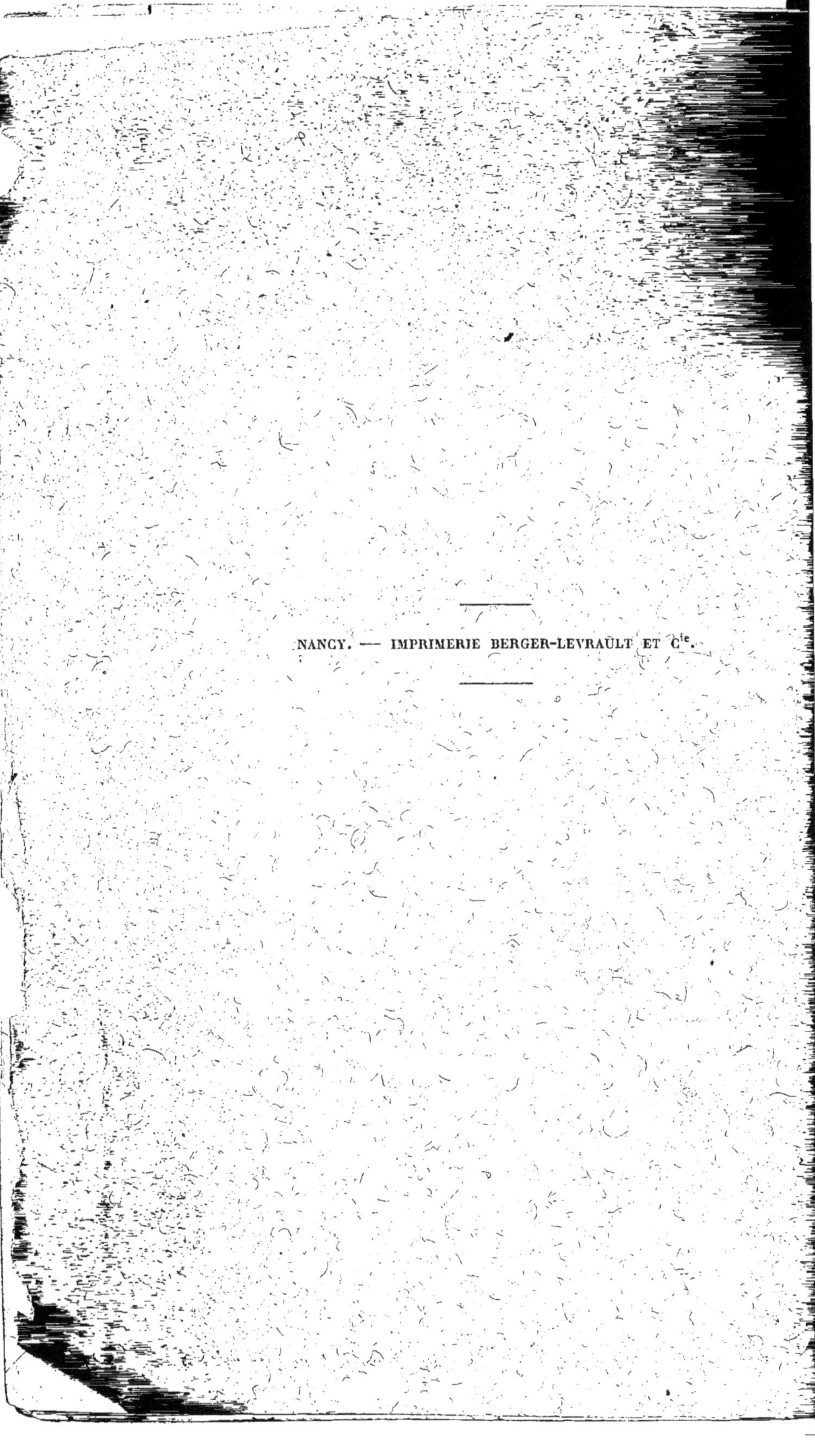

NANCY. — IMPRIMERIE BERGER-LEVRAULT ET Cie.

www.ingramcontent.com/pod-product-compliance
Ingram Content Group UK Ltd.
Pitfield, Milton Keynes, MK11 3LW, UK
UKHW020118200726
13856UKWH00002B/604

9 782011 915542